LE MARCHÉ AUX VOLEURS

DU MÊME AUTEUR

AUX ÉDITIONS ALBIN MICHEL

Tous coupables
(Dossier O.R.T.F., 1944-1974), 1974

Les Finances du P.C.F., 1977

La France communiste, 1978

Les Secrets de la banque soviétique en France, 1979

La Mafia des syndicats, 1981

850 jours pour abattre René Lucet, 1982

Lettre ouverte d'un « chien » à
François Mitterrand...
au nom de la liberté d'aboyer, 1993

Mitterrand et les 40 voleurs..., 1994

Rendez l'argent !, 1995

Le Gang du cancer, 1996

Main basse sur l'or de la France, 1998

Les Voyous de la République
Carnets secrets 1, 2001

CHEZ D'AUTRES ÉDITEURS

Les Corrompus
La Table Ronde, 1971

Dossier S... comme Sanguinetti
Éditions Alain Moreau, 1973

Jean Montaldo

LE MARCHÉ AUX VOLEURS

Albin Michel

22, rue Huyghens, 75014 Paris
www.albin-michel.fr
ISBN 2-226-13650-9

En hommage à
Anne Plecy († 10 mai 2002),
modèle de courage et de ténacité.

En mémoire du fidèle
Jacques Roseau († 5 mars 1993),
notre mémoire assassinée.
Dix ans déjà.

« À force de tout voir,
on en vient à tout supporter,
à force de tout supporter,
on en vient à tout approuver. »

Saint Augustin

« Si c'est notre fric qu'y sont en train d'arroser, les p'tits comiques, ça va saigner. »

Raoul Volfoni (Bernard Blier),
in *Les tontons flingueurs*,
film de Georges Lautner,
dialogues de Michel Audiard.

1.

À vous tous,
les fossoyeurs de la Bourse
et de la petite épargne

MESDAMES, mesdemoiselles et messieurs les fossoyeurs de la Bourse, de l'épargne et de nos économies,

« Pigeon », au même titre que les millions d'investisseurs de toute nationalité que vous avez si joyeusement plumés, sans retenue et en toute impunité, je revêts ma tenue de deuil pour vous dédier ce livre, de la même manière que je le fis en 1993 avec notre ancien président de la République, prince de la défausse et de l'arnaque à tout va, dans ma *Lettre ouverte d'un « chien » à François Mitterrand au nom de la liberté d'aboyer*[1]. Vous supporterez que je vous y parle avec les mots qui conviennent chaque fois que, chasseur dans l'âme, je me vois contraint de cibler de si beaux, de si avérés faisans vénérés.

Je sais, ô belles figures de l'argent facile, ô champions sans foi ni loi de l'argent roi, que, après avoir lu cette missive, vous ne vous sentirez pas pour autant obligés de nous rendre nos sous, je veux parler de ces milliards d'euros et de dollars que vous vous êtes appliqués — avec quel professionnalisme ! — à nous barbo-

1. Éditions Albin Michel.

ter pour les dilapider. Aussi, je profiterai de l'occasion pour vous dire crûment ce que je sais de vous, de vos us et coutumes, des vilains desseins qui vous ont permis d'amasser dans vos besaces toujours plus d'argent, aux dépens de vos victimes cruellement étrillées.

Non, je n'aurai pas la naïveté d'espérer que remonteront un jour à la surface les sommes colossales que vous nous avez soutirées, donnant à la Bourse un air de cour des miracles, de marché aux voleurs, en nous faisant habilement miroiter l'eldorado.

Nos petits et grands trésors, fruits d'années de labeur et de sacrifices, vous les avez dévorés dans une mémorable grande bouffe, vous les avez engloutis dans le plus grand naufrage financier — et par voie de conséquence industriel — de tous les temps, désastre dont vous ne pouvez vous laver les mains, l'ayant soigneusement organisé.

C'est ce bel exploit, mes bons amis, que je veux ici conter. Vous le savez : notre mémoire collective et les dernières lignes de vos bilans gardent — ne vous en déplaise ! — le souvenir des montants faramineux que vous avez fait perdre au peuple des gogos qui garnissent depuis des lustres votre parc d'attractions. Je dis « perdre » et non « voler », pour ne pas aggraver, d'emblée, mon propos.

Soyez cependant assurés que je ne passerai pas sous silence les vilenies qui ont jalonné l'histoire récente de vos cupides entreprises, toutes destinées à vous permettre de vous pavaner et de vous enrichir aux dépens de malheureux actionnaires grugés que vous n'avez cessé de flouer.

Alors, posons franchement les questions qui fâchent : seriez-vous « tous tricheurs », seriez-vous « tous complices », seriez-vous « tous coupables » ?

Que non !

Fort heureusement pour notre fierté nationale et nos portefeuilles, certains de vos pairs, clairvoyants et intègres, n'ont pas perdu la tête. Ils ont su préserver leurs entreprises (dont nous sommes actionnaires) et sauvegarder notre épargne.

Aussi, à défaut de vous avoir entendus fustiger les brebis galeuses qui trop souvent polluent et envahissent vos conseils d'administration, vos salons et salles de marché, je me ferai un devoir de les identifier à votre place. Non en procureur, mais en observateur tenace de votre exemplaire épanouissement, en révélateur de vos dérives, de vos violations systématiques de la loi, de votre corruption ou de vos détournements de fonds publics et privés en bandes organisées, maux terribles qui, chaque jour davantage, enfoncent nos sociétés dans les noires profondeurs de la sentine.

Le temps est venu de fixer les responsabilités des uns et des autres dans la gigantesque arnaque qui a ruiné des millions de personnes et ébranlé les économies du monde.

Briser la conspiration du silence, quant tout concourt à faire de l'omertà le credo de nos bourreaux, est chez moi une habitude.

Le deuil qu'en bon « pigeon » plombé (et plumé !) je porte symboliquement aujourd'hui, c'est celui des centaines de milliards que vous vous êtes appliqués à dilapider dans des jongleries intercontinentales, mégalomanes et insensées. Elles ont abouti, sans le moins du monde gêner vos bonnes consciences, à la faillite financière sans frontières dont vous avez maintenant le toupet de nous faire supporter la charge.

Au-delà des fortunes immenses ou modestes que

vous avez défaites, au-delà des retraites que vous avez ruinées, au-delà des bas de laine que vous avez scientifiquement vidés, usant d'une panoplie d'instruments diaboliques dignes tantôt du docteur Folamour, tantôt des pires méthodes d'Al Capone et des gangsters des années trente, ma colère est aussi celle des millions de mères et pères de famille qui, par votre faute, sont déjà ou vont se retrouver demain sans emploi ni ressources.

N'attendez pas de moi, m'exprimant au nom de la foule de vos proies, une plainte venant du sommet de la montagne. Je vous surveille et vous connais depuis fort longtemps. Je sais que ce n'est pas un lointain cri de détresse qui pourrait arrêter vos prédations dans les maquis giboyeux de la Bourse et de la Finance, là où vous savez pouvoir satisfaire sans peine votre insatiable faim de loup et votre inextinguible soif de trophées.

Muni d'une bonne lunette de vue, j'entends dresser ici la liste de ceux d'entre vous qui représentent le mieux cette nouvelle race de criminels en col blanc. Croupiers indélicats, vous avez dépouillé vos victimes sur des tables de jeu truquées, vous vous êtes plu à nous ratisser... jusqu'au dernier centime, avec la bonne conscience de notre naïf consentement.

Vos noms se bousculent sous ma plume. Comment les citer tous ? Vous voici, pêle-mêle, sur ma table de travail :

• Vous, messieurs les P-DG des plus grandes entreprises nationales ou privées qui avez jonglé non avec votre propre argent mais celui des autres, qui avez failli à votre devoir de bonne gestion, à votre obligation de transparence et de vérité. Vous, les Michel Bon à France Télécom, Jean-Marie Messier chez Vivendi

Universal, Serge Tchuruk à la tête d'Alcatel, Nicolas Gaume, de Kalisto en faillite, Bernard Arnault et son co-associé Pierre Besnainou de Liberty surf, et vous tous les autres naufrageurs d'entreprises qui ne méritez plus le nom de « patrons ».

• Vous, messieurs les présidents de nos grandes banques : Michel Bouton à la Société générale, Michel Pébereau de BNP-Paribas, Jean Peyrelevade au Crédit Lyonnais, pour ne citer que les plus en vue, vous dont les services rechignent à nous prêter quelques milliers d'euros quand nous en avons besoin pour acheter un appartement ou financer nos petites entreprises, mais qui avez engagé des dizaines de milliards dans cette épouvantable déconfiture boursière, financière et industrielle, sacrifiant au passage le portefeuille et les capitaux que nous vous avons confiés dans vos fonds communs de placement et sicav[1].

• Vous, mesdames et messieurs les analystes financiers (américains) des Merrill Lynch, Goldman Sachs, Salomon Brothers ou JP Morgan, ou (en France) de la BNP Paribas, du Crédit Lyonnais, de chez Oddo-Pinatton, Aurel-Leven, Chevreux-Crédit agricole, et autres CDC Ixis (sous-marque de la Caisse des dépôts et consignations) — j'en passe et des pires —, vous qui, depuis tant d'années et avec une tranquille constance, nous avez fait prendre des vessies pour des lanternes, des actions gonflées à l'hélium pour des stars du CAC 40. Non sans — bien sûr ! — toucher au

1. Sicav : société d'investissement à capital variable qui détient un portefeuille diversifié de valeurs mobilières (actions de sociétés cotées en Bourse). Elle est détenue, collectivement, par des épargnants et gérée par un établissement spécialisé agréé par les organes de surveillance des marchés financiers.

passage, à coups de prime et de salaires insolents, la dîme de vos délires et patents mensonges.

• Vous, messieurs les pointilleux dirigeants de la COB, la Commission des opérations de Bourse, gendarmes d'opérette et autorité de contrôle de la Bourse de Paris. Vous qui, voluptueusement installés dans l'ancien siège du Club Méditerranée, place de la Bourse, face au temple de l'argent — là où, à Paris, le crime fut consommé —, avez si bien interprété le rôle de « gentil organisateur » de cette pénible déroute, sous la houlette de votre président d'alors, Michel Prada, énarque fier-à-bras dont je garde en mémoire ses impudentes déclarations lors de son départ, le 16 octobre 2002, au quotidien économique *Les Échos* : « La COB a parfaitement rempli sa mission dans le domaine de la surveillance de l'information financière. » Textuel ! Insupportable contentement de soi, vous en conviendrez, au regard du constat que j'entends ici dresser. En réponse à la question : « Vous ne nourrissez donc absolument aucun regret ? », le pandore en chef Michel Prada n'assurait-il pas, serein : « Sincèrement, non ! Je n'ai aucun remords. (...) Une fois encore, les données fournies au marché et visées par la COB ont été correctes. » Ben voyons ! Et tant pis, messieurs, si, dans nombre de cas, les bénéfices des entreprises cotées ont été bidouillés, voire falsifiés, tandis que leurs dettes abyssales étaient dissimulées.

• Vous aussi, messieurs les experts-comptables et les commissaires aux comptes qui, anesthésiés par la lourdeur de vos honoraires, avez baissé les yeux et couvert les criminelles tromperies de P-DG devenus fous et de conseils d'administration où plastronnent de petits marquis... incompétents et irresponsables, abonnés aux jetons de présence. Alors que la loi vous y obligeait, vous vous êtes gardés de tirer la sonnette d'alarme, de dénoncer des stratégies suicidaires, puis des comptes et des bilans que vous saviez fantaisistes, quand ils n'étaient pas intentionnellement « faux ».

• Vous, mesdames et messieurs les procureurs et les juges du pôle financier du tribunal de Paris, trop souvent endormis dans le confort des anciens locaux (rénovés à grands frais) du journal *Le Monde*, rue des Italiens. Magistrats, « gardiens de l'ordre public », vous étiez pourtant l'ultime garde-fou qui pouvait empêcher ces erreurs, ces dérives monstrueuses et funestes. Au lieu de quoi, sauf quelques courageux, tel Renaud Van Ruymbeke — dont les compétences tranchent avec les insuffisances de beaucoup —, vous vous êtes refusés à sévir, à identifier les vrais responsables, à remonter jusqu'aux parrains (en robes longues, cols blancs et queues-de-pie) de puissants réseaux d'accapareurs de fortune nichés au sommet de l'État. Par paresse souvent, par lâcheté parfois, quand ce n'était pas sur ordre, vous n'avez rien fait. Vous avez laissé traîner, pendant des années, des instructions judiciaires capitales, tels le scandale du raid boursier sur la Société générale, en 1988, qui a attendu quatorze années pour être jugé, ou — davantage encore ! — les emblématiques affaires du Crédit Lyonnais et du Crédit foncier de France, procédures dans lesquelles vous faites, encore aujourd'hui, assaut d'ingéniosité pour avancer... à la vitesse des gastéropodes.

• Vous enfin, monsieur le Premier ministre Lionel Jospin, et vous, les Dominique Strauss-Kahn, Christian Sautter et Laurent Fabius..., arrogants gouvernants qui, de 1997 au printemps 2002, avez tout su, tout vu, mais qui avez laissé faire et — c'est bien là le comble ! — tout dissimulé ou tout caché.

Oui, c'est à vous tous que j'adresse ces lignes, vous les vampires du palais Brongniart.

Naufrageurs associés de nos illusions et de nos patrimoines, vous souffrirez ensemble que j'expose vos responsabilités respectives dans la catastrophe systémique qui vient de balayer nos années de travail et d'épargne.

2.

À vous, mes professeurs,
les gnomes communistes
de la banque rouge...
qui avez introduit le ver dans le fruit

À vous les patrons mégalos et financiers fripons, assassins de la grosse et de la petite épargne, ce n'est pas un néophyte qui vous adresse ces pages. Voilà plus de vingt ans que je vous observe et vous scrute. Dès 1978-79, une première expérience m'avait éclairé sur les pratiques de votre petit monde. Histoire à peine croyable qu'il me faut aujourd'hui raconter, tant elle me semble révélatrice du fonctionnement obscur des marchés financiers, en France et dans le monde.

Ma carrière de « pigeon » voyageur au-dessus de vos nids de vipères commence quand il me faut faire fructifier le produit de mes premiers succès de librairie : *Les finances du PCF*[1], puis *La France communiste*[2]. Ironie de l'histoire, c'est grâce au parti de Georges Marchais — dont j'avais révélé qu'il était le plus riche, grâce à l'utilisation systématique de méthodes commerciales et financières (rackets, fausses factures, trafics d'influence, etc.) empruntées au capitalisme le plus sauvage — que je fais de nouvelles et croustillantes

1. Éditions Albin Michel, 1977.
2. Éditions Albin Michel, 1978.

découvertes sur les coulisses des grandes places boursières.

Mes premiers et plus brillants professeurs en investissements furent donc, sans le savoir, les « gnomes » de la BCEN, la Banque commerciale de l'Europe du Nord, dite Eurobank, la banque de l'URSS à Paris.

Pour la rédaction de mon futur livre sur *Les secrets de la banque soviétique en France*[1] — où le PCF dissimulait alors des centaines de comptes et recevait d'importants « concours financiers » de Moscou —, j'avais ramassé, chaque nuit, ses sacs-poubelle en papier kraft — de trente litres chacun — garnis de documents les plus confidentiels. Cinq mois d'un harassant travail de fourmi ouvrière.

Mon acide formique est alors en ébullition. Quand, en janvier 1979, ma cueillette prend fin, j'ai le bonheur de pouvoir publier un ouvrage qui repose sur des pièces incontestables, des vérités établies, non de simples rumeurs. Dans des remises louées en hâte, j'ai entassé, classé, répertorié, déchiffré... 500 kilos de listings informatiques et microfiches, de carnets de rendez-vous et agendas, de bordereaux et ordres d'intervention en bourse, de rapports et comptes rendus des divers comités de direction de l'établissement, qui a rang de première banque étrangère sur la place de Paris.

Cette documentation exceptionnelle me fournit une vue panoramique sur ce qui se trame derrière les murs des ambassades des pays de l'Est (Bulgarie, Roumanie, Hongrie, Tchécoslovaquie, Pologne et Allemagne de l'Est) où les Russes exercent un pouvoir sans

1. Éditions Albin Michel, 1979.

partage. J'ai même la fierté de dénicher une vaste spéculation sur le rouble, monnaie de singe revendue aux agences de voyages occidentales à une parité fictive de un dollar pour un rouble — avec d'énormes commissions de change à la clé — et, surtout, de récupérer les noms des milliers de soldats et d'officiers envoyés par Fidel Castro en Angola. Je découvre que ce corps expéditionnaire est payé directement par Moscou, à travers un compte de transit, au nom de l'ambassade de Cuba à Paris.

Pendant que la puissante CIA et nos services secrets dépensent des millions de dollars pour souvent de piètres résultats, je vais pouvoir démontrer qu'avec un peu de chance et beaucoup de volonté le petit David peut défier le grand Goliath. À condition d'agir avec prudence et méthode. Sans rien laisser au hasard.

Je sais aussi que toute fuite, toute maladresse avant la publication de mon livre mettraient ma vie en danger. Car dans le Moscou de l'époque — où tout divertissement est accompagné de la douce musique des chaussures à clous des agents du KGB —, la vodka du soir aggrave la paranoïa ambiante. M'attaquant à ce monde impitoyable que j'eus l'occasion de découvrir lors de deux voyages clandestins de l'autre côté du rideau de fer, en 1964 (Allemagne de l'Est) et 1973 (Tchécoslovaquie), j'ai conscience d'être à la merci du pouce renversé de l'empereur de toutes les Russies, Leonid Brejnev.

Déguisé en clochard la nuit, j'ai pris mes quartiers sur le banc public à côté duquel deux employés (un Noir et un Blanc) de l'insouciante banque soviétique déposent quotidiennement deux à trois chariots de sacs-poubelle dont j'apprécie la qualité du papier, tant ils résistent au poids des paquets de documents dont ils sont bourrés. À l'heure du laitier, peu avant le passage de la benne à ordures, je n'ai qu'à en prendre livraison, les empiler dans ma Renault 5 transformée en break.

Pour cette mission périlleuse, je sollicite l'avis de mon ami et avocat Patrick Devedjian, futur ministre du président Jacques Chirac dans le gouvernement de Jean-Pierre Raffarin. Patrick me met en garde :

« Attention, tu joues avec le feu. Tu n'as pas le droit à l'erreur. Il te faut pouvoir prouver l'origine de ces archives. Les communistes ne vont pas manquer de t'accuser de cambriolage. Je connais deux huissiers courageux qui devraient accepter de t'accompagner et de dresser les constats attestant que tu ramasses sur le trottoir où ils sont jetés les sacs-poubelle d'où tu extrais la totalité des documents originaux sur lesquels ton livre repose. »

En plus de ces deux officiers ministériels — dont Max de Saint-Denis, président de la chambre syndicale des huissiers de justice —, j'ai prié mon fidèle photographe François Roboth de fixer sur pellicule ces scènes désopilantes. Imaginant les têtes qui s'allongeront au Kremlin et à l'état-major du PCF, place du Colonel-Fabien, quand mon livre paraîtra, j'en oublie la fatigue et le manque de sommeil.

Avec le concours d'un assistant polyglotte et muet comme une tombe antique, je passe d'interminables heures à trier les grains de ma moisson miracle. Dans la masse des pièces que je récolte sans désemparer pendant des mois, j'ai la surprise de découvrir, au petit matin du jour de Noël 1978, un cadeau providentiel : le programme secret, pour l'année 1979, des spéculations de l'Union soviétique sur le marché international de l'or.

Je rappelle au lecteur que l'URSS est alors le premier producteur mondial de ce métal précieux.

Interloqué, j'apprends que les Soviétiques prévoient une hausse sensible de l'or au long de l'été 1979, puis, après une brève accalmie, un nouveau bond, cette fois vertigineux, en décembre de la même année, faisant atteindre au métal jaune des sommets jamais conquis. Discrètement, j'interroge deux amis banquiers, spécialistes de la question, et consulte deux experts du monde communiste, le diplomate-écrivain Ricardo Paseyro et feu mon autre maître Branko Lazitch. Tous deux ont grandement contribué à ma formation. Leurs conclusions sont identiques.

Abasourdis par les documents que je leur montre, les banquiers émettent une hypothèse :

« Ces anticipations de deux brusques flambées des cours de l'or au cours de l'année prochaine semblent indiquer l'imminence d'une crise grave entre l'Est et l'Ouest, voire une prochaine attaque de l'Armée Rouge quelque part dans le monde. En dehors des Soviétiques — qui seraient vraisemblablement les agresseurs —, nul ne peut prévoir aujourd'hui, avec une si grande précision, six-douze mois à l'avance, une aussi forte hausse de l'or dont les cours sont habituellement stables. »

Auprès de Ricardo Paseyro et Branko Lazitch, je recueille le même avis :

« À coup sûr, le Kremlin doit tramer un mauvais coup. Les Soviétiques sont des malins. Ils suivent un plan longuement préparé. Sachant quand ils vont passer à l'acte, il se pourrait bien qu'ils projettent de financer une prochaine entreprise guerrière en réalisant de gros profits sur les marchés financiers occidentaux, où ils sont laissés libres d'agir. »

À la fin de 1978, l'or est le principal baromètre économique de l'inquiétude mondiale. Troublé et ayant toujours en mémoire le vieux précepte de Lénine : « Nous pendrons les capitalistes avec la corde qu'ils nous ont vendue », je tente d'alerter nos autorités gouvernementales. Sous les lambris dorés, on me rit au nez. La droite au pouvoir n'a cure de ce que je raconte. On me prend au pire pour un mythomane, au mieux pour un journaliste-romancier. Loin de me décourager, cette aphasie ne fait qu'aiguiser mon ardeur à aller plus loin dans mes investigations. Tout jeune, m'inspirant de l'inventivité des grands reporters de *Paris Match* et des plus grands journaux — qui m'avaient très tôt accueilli dans leur cénacle lors de la guerre d'Algérie —, j'avais appris d'eux que rien — jamais ! — ne s'obtient quand, jeté par la porte, on ne revient pas par la fenêtre.

Paru en janvier 1979, mon livre sur *Les secrets de la banque soviétique en France* a l'effet d'un coup de tonnerre : *L'Express* de Jean-François Revel et Olivier Todd, de même que *Le Figaro Magazine* de Louis Pauwels lui consacrent leurs couvertures et de très longs articles, assortis des fac-similés des documents explosifs que j'ai collectionnés. J'ai pris soin de ne pas évoquer dans cet ouvrage, ni dans mes articles et interviews, ce que je sais du « plan or » spéculatif des dictateurs de Moscou pour l'année 1979. Aventure rocambolesque, que je raconte pour la première fois, ici, vingt-trois ans après.

Pour en avoir le cœur net, la prudence me commande d'attendre qu'ils le mettent en application. J'imagine que les dirigeants de la banque soviétique à Paris n'ont pas commis la folie d'avertir leurs maîtres, au Kremlin, qu'ils m'ont aussi livré dans leurs sacs-poubelle les dizaines de pages du plan démoniaque imaginé à Moscou, en vue d'engranger des profits astronomiques sur les marchés à terme de l'or, en Occident, et de nourrir ainsi — avec notre argent ! — les caisses de « la révolution en marche ».

Riche de mes droits d'auteur qui s'accumulent depuis 1977, c'est par défi et pour aller jusqu'au bout dans mon enquête que je décide de suivre pas à pas les directives secrètes de leurs grands argentiers, en investissant quelque 350 000 francs de l'époque, soit l'équivalent de 115 000 euros (754 350 francs en francs constants). À ma banque, le CCF des Champs-Élysées, j'ordonne l'achat de quinze lingots d'or de un kilo chacun. La fondée de pouvoir n'en croit pas ses oreilles. Elle tente de me mettre en garde :

« Vous avez perdu la tête ! Depuis que le président Richard Nixon, le 15 août 1971, a supprimé la convertibilité or-dollar, le métal jaune stagne et n'est plus qu'un placement stérile. Qu'allez-vous faire de tous ces lingots ? Ça pèse lourd et c'est difficile à garder. Mettez plutôt votre argent dans nos sicav maison qui rapportent des intérêts. »

Sans rien lui dire de mes découvertes, j'écarte en riant l'objection et demande à louer un coffre dans les sous-sols de la banque pour y empiler mon magot dont nul ne peut connaître l'existence, les achats et vente d'or, en argent liquide, étant alors protégés par un anonymat légal et absolu. Je l'ai presque oublié quand, en vacances en Grèce, résonnent, au milieu de l'été, les premiers bruits de bottes des Soviétiques en Afghanistan. Aussitôt l'or s'envole sur les marchés. J'ai enfin l'explication attendue — mais maintenant incontestable — des graphiques imprudemment abandonnés par les agents soviétiques dans leurs poubelles parisiennes.

À Mykonos, devant mon carafon d'ouzo, je m'enivre de joie. Je me sens tout à coup intelligent comme Socrate, riche comme Crésus, et me vois déjà admis au Polo de Bagatelle et au Cercle Interallié. Il me faut agir vite, ne pas perdre la tête. J'ai, présent à l'esprit, le vieux proverbe des paysans de Val-d'Isère : « Foin engrangé ne craint pas la gelée ! » Aussi, je décide d'arrêter là mes bains et ablutions pour rentrer à Paris et retrouver mes documents secrets. Je vais pouvoir y continuer mes travaux pratiques, en suivant, à la lettre, les recommandations aurifères des camarades financiers du secrétaire général du Comité central du Parti communiste de l'Union soviétique et président du Présidium du Soviet suprême, l'immortel Leonid Brejnev.

Au début de septembre 1979, mon capital or a carrément triplé. La revente de mes quinze lingots, pour une valeur d'environ 900 000 francs de l'époque, me vaut d'être reçu au CCF avec le tapis rouge. Perturbée par ce qu'elle considère comme « une chance insolente », la fondée de pouvoir ne manque pas de me répéter son conseil d'investissement dans les sicav-actions de la banque « gérées en bon père de famille » :

« Vous rendez-vous compte de votre chance ? insiste-t-elle. Vous avez risqué 350 000 francs, puis récupéré votre capital investi et vous avez gagné finalement, sans impôt, 600 000 autres francs. En moins d'une année ! C'est du 200 %, voire plus ! Du jamais vu ! Il faut vous calmer, monsieur Montaldo ! Vous êtes jeune, considérez cette performance comme un heureux accident. On ne va pas à la Bourse comme à la Loterie nationale. Sinon, on s'y ruine. »

J'écoute, amusé. Loin de me laisser séduire par la perspective de gains bien plus modestes (« 3 à 4 % l'an ») que je sais forcément aléatoires et à tout le moins dérisoires au regard de la manne qui m'est promise par mes bienfaiteurs du Politburo de l'Union soviétique, je prie poliment mon interlocutrice de conserver mes liquidités « dans la perspective, lui dis-je, d'un autre achat d'or, le temps d'attendre une accalmie des marchés ». Tête de mon vis-à-vis, qui, manifestement, croit avoir affaire à un obsédé des jeux de hasard. Compatissant, je tente de la rassurer :

« Non, détrompez-vous, je ne suis pas un flambeur. Piètre joueur de poker, je ne fréquente ni les champs de courses, ni les casinos et je ne suis pas davantage un adepte du Loto. Je vous expliquerai plus tard. »

Au début d'octobre, ce qui devait arriver arrive : bien que toujours « entourés », les transactions et les cours de l'or se sont calmés sur les places financières spécialisées : Chicago, Londres, Paris, Zurich. À la date qui m'est indiquée sur les graphiques miraculeux des savants du Parti communiste de l'Union soviétique, je suis aveuglément leurs directives et demande au CCF de réinvestir la totalité de mon pactole dans le rachat de mon stock d'or, augmenté d'un petit assortiment d'autres barres. Car entre-temps — et comme annoncé par la banque de Moscou — la spéculation (à la baisse) a repris le dessus, la situation en Afghanistan ne s'étant guère aggravée. D'où une sensible détente des cours du métal fin.

Ce repli n'a fait qu'augmenter ma puissance de frappe financière et me permet de regarnir mon coffre d'une impressionnante pile de lingots cerclés d'élastiques, sous lesquels sont glissés leurs bordereaux d'identification et d'origine, avec « numéro d'essai, marque du fondeur, poinçon et titre de pureté ». Ainsi, après avoir consciencieusement remisé tout mon pactole sur le « rouge », il ne me reste qu'à attendre, avec les fêtes de la fin de l'année 1979, le plus sucré des gâteaux qu'il va m'être donné de goûter dans les arrière-cuisines de la grande délinquance financière... et étatique.

La suite de cette aventure ? Un feu d'artifice à nul autre pareil, entre Noël et la Saint-Sylvestre, quand l'Armée Rouge envahit l'Afghanistan. Jamais le monde, depuis la crise de Cuba, en 1962, n'a été si proche d'une nouvelle guerre mondiale. Tel est du moins le sentiment général des marchés, là où les spéculateurs sont rois, là où les tricheurs peuvent réaliser les plus grands casses, là où l'inquiétude moutonnière de la multitude fait la fortune des malins. Cette fois, embarqué clandestinement dans les soutes des flibustiers de Moscou, j'ai une vue imprenable sur leur caverne d'Ali Baba.

Au début du mois de janvier 1980, les cours de l'or que j'ai connus un an auparavant à environ 200 dollars l'once atteignent les 850 dollars. Revendu au plus haut, à 99 000 francs l'unité, anonymement et sans fiscalité — en même temps que celui des Soviétiques ! —, mon tas de lingots me rapporte la somme rondelette de 3,5 millions de francs, investissement initial déduit. Avec, en prime, la jouissance d'avoir pu établir, en risquant mes propres deniers, la terrible réalité des spéculations financières du bloc soviétique dont les vecteurs nucléaires sont alors braqués sur nous.

Ces secrets, j'ai pris soin de les révéler en partie à la fin de l'hiver 1979 lors d'une grande conférence publique, à Bruxelles, devant les dignitaires de l'OTAN, l'Organisation du traité de l'Atlantique Nord, en présence des chefs des services secrets occidentaux. Paroles enregistrées mais... dans le vide, puisque, comme je l'avais craint, aucune mesure n'a été prise pour empêcher les « golden boys » du Parti communiste de l'Union soviétique de remplir les caisses de leurs maîtres en réussissant, sans coup férir, le plus machiavélique crime financier découvert par mes soins... et sur le tas, en costume de pochard.

Évoquant cette première expérience dans les hautes sphères de la finance, où des bandits de grand chemin sont encore aujourd'hui — et plus qu'hier — autorisés à dépouiller les détenteurs d'or, de matières premières, d'actions et de capitaux, j'entends déjà les sarcasmes des gens de cour, des laudateurs syndiqués qui, à force de marcher à reculons devant vous — vous, les ardents assassins de l'épargne populaire —, vous ont finalement permis de n'en faire qu'une bouchée.

Gagner de l'argent grâce aux Soviétiques — et avec eux ! — ne m'avait pas gêné. Tout au contraire, j'en éprouvais un divin plaisir et n'en faisais nul complexe. Pas ingrat, jouant jusqu'au bout la carte de la transparence, je n'ai pas manqué d'adresser, par l'intermédiaire de l'ambassadeur de l'URSS en France, une lettre de « remerciements très reconnaissants » à Leonid Brejnev, où je lui expliquais « dans quelles conditions et avec quels ludiques moyens j'avais réussi à percer les secrets de son puissant appareil, pourtant réputé hermétique. Ce qui m'a rapporté, en plus de la satisfaction du travail bien accompli, des profits substantiels, proportionnels à ceux de vos inventifs comptables ».

Loin d'indisposer mon honorable correspondant, tsar de tous les goulags, cette lettre — qui n'était pas la première — me rapportait un passeport pour la vie. Car en ayant coutume d'informer le camarade Leonid du résultat de mes investigations, je faisais aussi savoir à ses redoutables services (KGB inclus) que ma plume indépendante n'était pas celle d'un gentleman cambrioleur, doublé d'un mercenaire de Washington, Londres, Paris ou Berlin-Ouest. Ce que ne cessaient de clamer les dirigeants du PCF et leurs « compagnons de route », adeptes du proverbe, arme rituelle des vieux staliniens : « Qui veut noyer son chien l'accuse de la rage. »

Dix-huit ans plus tard, en 1997, Jean-François Revel prend l'initiative de publier dans ses *Mémoires*[1] la toute première lettre (inédite) que j'avais envoyée, le 11 avril 1979, à Leonid Brejnev, par l'intermédiaire de l'ambassadeur de l'URSS en France. J'y répliquais aux imbéciles accusations lancées contre moi par le président-directeur général de la banque de l'État soviétique, le communiste Guy de Boysson, dans deux courriers (19 février et 7 mars 1979) à Revel, ès qualités de directeur de l'hebdomadaire *L'Express*. Incapable de répondre à nos révélations autrement que par des insultes et de basses diffamations, Boysson distingue mon « livre des précédents essentiellement par le fait qu'il [*Montaldo*] y publie des documents dérobés frauduleusement dans notre banque ». Ne pouvant

1. Jean-François Revel, *Mémoires. Le voleur dans la maison vide*, Éditions Plon, pp. 465 à 480.

réfuter la réalité et le contenu des documents parus dans *L'Express* et dans mon livre, le banquier de Moscou stigmatise cette « publication, produit d'un vol pur et simple ». À quoi bon, me dis-je, polémiquer avec le valet puisque rien ne m'empêche de prendre son maître à témoin. Avec Revel, nous peaufinons, en nous tordant de rire, mon aimable missive reçue par le chef de la mission diplomatique de l'URSS, boulevard Lannes à Paris :

« Nous savons, Monsieur l'Ambassadeur, que votre gouvernement vous a chargé de veiller au maintien des bonnes relations entre votre pays et le mien. C'est pourquoi je vous prie de lui communiquer les copies des constats d'huissiers attestant la légèreté à peine croyable, vous en conviendrez, de M. de Boysson et des autres dirigeants, français et soviétiques, de votre banque en France. C'est bien dans les "sacs-poubelle" déposés chaque jour par vos employés sur le trottoir même de la banque, aux fins d'enlèvement par les services de la voirie, que j'ai trouvé *la totalité* des documents originaux et confidentiels (plusieurs centaines de kilos) qui constituent la base de mon livre.

« Pour pouvoir offrir une autre preuve matérielle, aussi incontestable, de cette cueillette commencée en octobre 1978, lors de la grande grève des éboueurs, j'ai conservé tels quels une importante quantité de ces "sacs-poubelle" : 243 à Paris ; un peu plus en province et ailleurs. Certains ont été mis sous scellés sur le trottoir même de la banque, immédiatement après leur sortie.

« Veuillez, Monsieur l'Ambassadeur, communiquer à votre gouvernement que je ne tiens pas à les conserver. Trop de personnes semblent s'y intéresser. Je vous propose donc (la BCEN étant bien la banque de votre

État) la restitution de ce qui m'appartient aujourd'hui tout à fait légitimement et en toute propriété, les objets abandonnés sur la voie publique devenant le bien de celui qui s'en empare. Je vous demande, en seule contrepartie, un visa d'entrée dans votre pays. Je souhaite y présenter mon livre sur *Les secrets de la banque soviétique en France* à l'Union des écrivains de l'URSS, conformément aux accords d'Helsinki garantissant la libre circulation des hommes et des idées. Si vous consentez à me délivrer ce visa (veuillez pour cela me signifier votre accord), je vous remettrai la moitié des "sacs-poubelle" de votre banque lors de mon départ et l'autre moitié à mon retour. Ainsi, la démonstration sera complètement faite de mon indépendance et nous aurons œuvré ensemble pour une meilleure entente entre nos deux peuples. »

En conclusion du chapitre de ses *Mémoires* consacré à notre ancienne collaboration, Jean-François Revel raconte :

« Aucune réponse à cette lettre rédigée sur un coin de bar ne parvint jamais à Jean. Mais à moi, beaucoup plus tard, si. En décembre 1992, durant un séjour à Moscou, rencontrant dans une réception un diplomate ex-soviétique qui me dit avoir été en poste vers 1978-1980 à l'ambassade de Paris, je lui demandai s'il avait par hasard lu, en ce passé lointain, notre lettre provocatrice et humoristique. Secoué d'une hilarité complice, il tomba dans mes bras — la vodka aidant — et sanglota en balbutiant : "Merci, merci ! Pauvre Boysson ! Comme on s'amusait en ce temps-là ! C'était plus rigolo que la perestroïka." »

Cette première expérience m'a marqué. Elle a fait de moi un journaliste et écrivain non seulement célèbre, mais prospère. Elle m'a laissé entrevoir la vulnérabilité de nos marchés financiers ouverts aux quatre vents. J'ai appris qu'une organisation politique criminelle, parfaitement structurée, peut y gagner bien plus d'argent — avec bien moins de risques — que dans les trafics d'armes, de pétrole, de drogue, ou n'importe quelle téméraire entreprise d'extorsion de fonds. Le plan or des Soviétiques m'a stupéfié. Et ouvert les yeux en me projetant dans un univers inaccessible au commun des mortels. Je venais de découvrir grâce à eux, en les suivant à la trace, qu'avec une bonne matière grise et beaucoup d'audace, ils n'avaient fait qu'anticiper les effets de leur intervention à Kaboul en prenant des positions massives sur le marché à terme de l'or et à des cours de braderie. Initiés, par excellence, ils étaient dans les fauteuils d'orchestre, sans aucun risque d'être soupçonnés de connaître, à l'heure près, le moment précis où les cours de l'or allaient commencer à exploser, sans craindre d'être dérangés dans leur révolutionnaire entreprise de déstabilisation du monde libre, conquête territoriale... financée par une audacieuse spéculation, au nez et à la barbe de l'ennemi capitaliste.

Ainsi, j'ai été dépité d'observer que les nations du monde libre — par opposition à celles du bloc de l'Est, ceinturées par un infranchissable « rideau de fer » et soumises à une implacable collectivisation des moyens de communication, de production et d'échange — ne voyaient pas quel formidable don elles faisaient à l'empire des Soviets et à son glacis de pays sous le joug dont les soldats, en civil et costumes trois pièces, parfois travestis en magnats du négoce international (tel le faux « milliardaire » mais vrai communiste Jean-Baptiste Doumeng), étaient laissés libres d'agir chez nous, à leur guise, heureux comme des poissons dans l'eau.

Fort de ce que je venais de vérifier, ayant fait de la patience et du temps mes meilleurs alliés, mon flair de chien de chasse m'incitait à ne pas abandonner ma traque. Cette découverte m'avait aussi fait comprendre la nécessité de m'initier au fonctionnement des Bourses et aux multiples métiers de la Finance.

Dès le départ, plusieurs indices me font entrevoir que ce monde à part, où je rencontre des personnages passionnants, parfois hauts en couleur, doit être le ventre mou de nos démocraties, tant il me paraît vivre en vase clos, avec ses grandes familles, ses clans et ses bandes, ses rites et ses lois non écrites, son jargon abscons et ses instruments dont la sophistication progressive les rend forcément inaccessibles au vulgum pecus. Ajoutées les unes aux autres, ces caractéristiques ne peuvent que participer à la destruction des défenses immunitaires de ce corps social indispensable à la bonne marche de nos économies, tout en renforçant le pouvoir de nuisance de malfaiteurs toujours à l'affût. Abandonnant donc provisoirement ma course contre les chevaliers d'industrie, les docteurs *honoris causa* de la fausse facture, les ministres et les élus corrompus, j'entreprends de pénétrer ce milieu réputé inaccessible.

C'est à cette époque que je découvre la Bourse de Paris, le fameux palais Brongniart où je fais la connaissance de gestionnaires de fortunes dont beaucoup vont devenir mes professeurs, puis de fidèles informateurs ou amis. Mon histoire de Tintin au pays des Soviets les impressionne autant qu'elle les amuse.

Leur univers balzacien va m'offrir les meilleurs moments de ma vie professionnelle. À la criée, pas encore informatisée, la Bourse est, dès son ouverture à 12 h 30, un fantastique théâtre. Ses acteurs s'y tutoient, s'échangent dans les clameurs et un bruit assourdissant des paquets d'actions, des millions de titres, des milliards de francs et de dollars. Tous ont pour sain principe le respect de la parole donnée. Sur de petites fiches codées remplies à la va-vite, chaque transaction est notée à une vitesse supersonique.

Lors de fréquents séjours à New York, je me rends à Wall Street, qui partage avec la City de Londres la position de leader mondial dans les échanges des valeurs mobilières. Là, une législation rigoureuse existe déjà, la mentalité anglo-saxonne voulant que seul compte le respect des lois votées et que soit considérée comme « criminelle » toute infraction aux règlements régissant le fonctionnement de la Bourse, le *Stock Market.*

À Paris, l'univers dont je deviens familier me fait connaître d'incroyables moments : c'est d'abord, lors de la première élection de François Mitterrand à la présidence de la République, une insensée descente aux enfers.

Quarante-huit heures auparavant, le vendredi 8 mai 1981, lors de l'ultime séance de bourse qui a précédé le second tour décisif de l'élection présidentielle, plusieurs sondages confidentiels et concordants (de la Sofres et de l'Ifop) ont pourtant circulé dans les charges des agents de change. Avec le statut d'officiers ministériels, ils sont alors les seuls habilités à intervenir sur le marché de la Bourse, pour le compte des particuliers et des institutions financières (banques et compagnies d'assurances). À la veille du week-end, ces estimations donnent comme certaine la défaite du président sortant, Valéry Giscard d'Estaing. Mais, contre toute attente, les ânes n'ayant pas soif, ils continuent de prendre leur espoir pour une certitude. J'assiste, médusé, à un spectacle saugrenu. Anticipant la reconduction de Valéry Giscard d'Estaing dans son mandat, le gros des gestionnaires de fortunes, même parmi les plus prudents et les plus avisés, achète massivement les actions des entreprises (banques, assurances et firmes d'armement) que François Mitterrand, le Parti socialiste (dont il était le premier secrétaire) et les communistes se sont engagés à nationaliser à **100 %**, dès leur arrivée aux affaires.

À l'ouverture des marchés, le lundi, au lendemain de la victoire historique de Mitterrand, le 10 mai 1981, la communauté financière joue à se faire peur en « réservant à la baisse » l'ensemble des sociétés cotées. Un épouvantable jeu de massacre. Les moutons se pressent pour se jeter dans le vide. Pendant plusieurs jours, aucune valeur ne peut être échangée. Dirigées vers les profondeurs de la terre, des flèches inscrites à la craie sur les immenses tableaux noirs du marché à la criée accompagnent, séance après séance, des cours indicatifs de faillite. Les plus belles entreprises, les joyaux de la couronne, sont jetés par-dessus bord. Persuadés que les Français viennent de se suicider en appelant au pouvoir un homme acquis aux idées collectivistes, en consacrant un tribun expérimenté qui ne manquera pas de mettre illico en application le *Programme commun* de la gauche unie — où le Parti communiste a obtenu une politique résolument marxiste et anticapitaliste —, les intervenants professionnels, suivis comme un seul homme par l'armée des gros et petits porteurs, pulvérisent leurs portefeuilles dans une panique indescriptible, qui, à mes yeux, finit par devenir grotesque.

Par la suite, je remarque que ma présence à la Bourse indispose des financiers que je crois être de fervents libéraux et des adversaires résolus du socialisme marxiste. De même qu'à la télévision, nous assistons à d'étonnants et risibles retournements de veste. Les anges de la collaboration volent de nouveau au-dessus de nos têtes. Certains se mettent à me battre froid. Et même à me considérer comme un gêneur, un « dangereux client ». Je dis « client », car je n'ai pas — bien sûr ! — d'autre statut que celui d'investisseur privé, qui se fait un devoir d'intervenir lui-même, physiquement, sur le marché, sans confier à un professionnel habilité le mandat de gérer ses avoirs.

Cette hostilité manifeste finit par éveiller chez moi de sérieux doutes. J'observe, écoute et note tout en silence. Les années passent, mon petit réseau de relations s'étoffe. J'ai tout de même la satisfaction de pouvoir compter sur le « parquet » et autour de la corbeille de brillants et intègres professionnels qui ont fini par m'admettre comme un des leurs, m'ouvrant à l'occasion de sulfureux dossiers impliquant des financiers malfaiteurs. Tous savent que je respecterai le secret de mes sources, tel le prêtre celui de la confession. Et tous sont prévenus de ma manie de pousser jusqu'à leur terme mes investigations. Ils y voient l'occasion inespérée — ah ! comme ils avaient raison — de se débarrasser des agioteurs en chaussures bicolores qui, à partir de 1982-83, année de naissance du socialisme d'affaires, commencent à s'épanouir dans les travées, y faisant régner la loi de la jungle, avec l'argent facile pour point de mire. Cependant, nul parmi nous ne se hasarderait à imaginer que, en peu d'années, tout ce beau monde allait se retrouver défait, ruiné de réputation, submergé par le nombre des copains-coquins dont la Bourse dématérialisée, puis informatisée, va faire la fortune, sans que personne ne leur crie : « Halte au feu ! »

En novembre-décembre 1982, une première grande affaire me mobilise : on m'informe qu'un important agent de change spécule massivement comme un « laquais » — ce qui lui est formellement interdit — avec l'argent de ses clients, dont feu l'ancien président de la République du Sénégal, membre de l'Académie française, le socialiste Léopold Sédar Senghor, et la riche propriétaire, non moins respectée, d'un de nos plus grands groupes de presse. L'homme ne m'est pas inconnu : il a déjà tenté de dévorer mes gains sur le marché de l'or, avant d'entreprendre — vaine tentative ! — de me bouter hors l'enceinte de la Bourse. Les sommes en jeu sont, pour l'époque, considérables. L'agent indélicat les a utilisées pour, notamment, prendre une substantielle participation personnelle (25 % du capital) dans une société sidérurgique dont il est le « spécialiste » et l'« agent coteur de sa holding », laquelle a fini par piquer du nez en raison de graves difficultés. Ce faisant, il a enfreint l'article 85 du *Code du commerce* qui interdit à un agent de change toute opération de commerce ou de banque. Il y est clairement spécifié qu'il ne peut « s'intéresser directement ou indirectement (...) dans aucune entreprise commerciale ».

Tout étant découvert, je le fais savoir. Aussitôt l'animal est prié, à la demande de ses pairs et sur un « arrêté » en date du 14 décembre 1982 signé par le ministre des Finances (Jacques Delors), ministre de tutelle de la Compagnie des agents de change, de ne plus remettre les pieds dans sa charge. Du même coup, l'acrobate est « suspendu de corbeille pour deux mois », voire interdit « pour l'exemple » dans l'enceinte prestigieuse et inviolable où les agents de change cotent eux-mêmes, en petit comité, accoudés à une ronde rambarde recouverte de velours rouge, les valeurs de référence et d'indice du marché, qui vont devenir, plus tard, le CAC 40.

La belle époque de la Bourse de Paris s'achève. Nous vivons ses dernières années de relative transparence. Des « golden boys » sans foi ni loi rivés à leurs écrans et multiples outils informatiques vont détrôner les agents de change de grand-papa.

Aux États-Unis, le mal n'est pas moins dévastateur. Mais là-bas, au moins, les autorités de contrôle, agents fédéraux et magistrats se mobilisent pour identifier et envoyer derrière les barreaux les Michael Milken, Ivan Boeski, Dennis Levine et Martin Siegel, figures de proue de la plus grande conspiration criminelle de l'histoire de la Finance. Pour noyauter des multinationales et gagner des centaines de millions de dollars, ces redoutables prédateurs, stars des marchés, ont recouru à des techniques ultra-sophistiquées. Se trouve impliqué le gratin du monde des affaires et des plus grandes banques du globe, dont Drexel Burnham Lambert. Grâce à l'application de lois implacables, tout a été rapidement découvert, puis jugé et sévèrement condamné. Futur maire de New York — qui s'illustrera le 11 septembre 2001, lors de l'attaque des tours jumelles de Manhattan par les deux avions suicides détournés par les commandos d'Oussama Ben Laden —, le procureur fédéral Rudolph Giuliani a lui-même supervisé les plus sévères répression et campagne anti-corruption qu'ait connues Wall Street depuis sa création [1].

Quoi qu'il en soit, le constat est effrayant : de proche en proche, l'appât du gain n'a pas tardé à prendre partout et définitivement le dessus. Toutes les places sont touchées.

À Paris comme à New York de gros intervenants sont contraints de rendre des comptes. Et plusieurs charges d'agents de change vont vaciller, leurs dirigeants — Louis Baudoin, Thierry Tuffier, Éric de Lavandeyra et combien d'autres — s'étant laissé envoûter par les sirènes démoniaques de l'argent roi. Autour et à cause d'eux, sous l'œil mi-clos de l'administration du Trésor, leur autorité de tutelle, un essaim de « golden boys » s'est tranquillement employé à butiner, à qui mieux-mieux, l'épargne de leurs clients et le fonds de garantie (autant dire de solvabilité !) de la prestigieuse et riche Compagnie des agents de change, vieille assemblée (en sursis) dont les membres sont collectivement solidaires et responsables de leurs fautes sur leurs biens propres.

En 1989, les inquiétants dessous de « l'affaire Baudoin » me conduisent à inaugurer, avec le livre *La chute d'un agent de change* de l'actuel directeur de la rédaction du *Figaro,* Jean de Belot [2], la collection de

---

1. Voir aux Éditions Albin Michel, 1992 : James B. Stewart (prix Pulitzer), *Finance connection,* collection « Jean Montaldo présente », traduction française de *Den of thieves,* publié par Simon & Schuster, New York, 1991.

2. Éditions Albin Michel, collection « Jean Montaldo présente ».

livres-documents que je lance chez Albin Michel. À travers l'histoire pathétique de la chute de Louis Baudoin, un des agents de change en vue à Paris, cette enquête audacieuse révèle comment d'honorables financiers se sont acoquinés avec des spéculateurs délinquants, des banquiers indignes, des personnalités politiques et des hommes d'affaires jusque-là réputés insoupçonnables, des escrocs de haut vol, des margoulins patentés et d'authentiques figures du grand banditisme reconvertis dans la surveillance de la gestion patrimoniale. Un vrai roman noir... où cependant tout est vrai, rigoureusement établi et vérifié. Comme à l'accoutumée, la justice, prévenue de tout, a détourné son regard, limitant ses investigations à la poursuite — timide ! — de quelques comparses.

Aveugle, sourd et muet, le président Mitterrand (dont les amis proches s'enrichissent dans d'innombrables délits d'initiés et spéculations frauduleuses) laisse faire ses ministres qui, eux, ne font rien pour arrêter le bal des prédateurs.

Résultat ? Le gros de la troupe échappe au glaive de la loi. La porte reste ouverte pour de nouvelles aventures.

Les années quatre-vingt prennent fin, marquées par l'effondrement des marchés boursiers mondiaux, le 19 octobre 1987. Ce cataclysme révèle les infractions commises par une ribambelle de pseudo-professionnels, spéculateurs délirants et voyous.

Alors qu'aux États-Unis la législation boursière — dont le très sévère *Securities Act* de 1934 — ne cesse d'être renforcée pour permettre de tordre le cou aux requins amateurs d'opérations illicites, en France rien n'est entrepris pour que soient punis, sans discernement d'appartenance sociale ou politique, les dizaines, centaines d'individus — P-DG, directeurs financiers, experts-comptables, commissaires aux comptes, banquiers d'affaires... — convaincus d'avoir cuisiné de « **faux bilans** », usé de « **prévisions mensongères** » ou recouru à des « **délits d'initiés** » pour s'enrichir, à coups de milliards de francs et de dollars, sur le dos d'investisseurs et d'actionnaires traités comme des cochons de payants.

Ainsi, par la faute de gouvernants socialistes corrompus, en proie à une démente vénalité, en raison aussi de la frénétique volonté de pouvoir des banques et des grandes institutions financières — jalouses des prérogatives de la puissante Compagnie des agents de change dont elles n'ont fait qu'une bouchée —, l'ancien système, qui avait certes besoin d'être modernisé, mais qui présentait pour les épargnants lésés de solides garanties, est enterré, permettant à des incompétents, à des aigrefins, à des tricheurs de tout poil de nous pigeonner... à l'infini et à l'envi.

3.

À vous, les P-DG marrons, Landru de la Finance... qui avez carbonisé nos portefeuilles

C'EST d'abord vers vous, messieurs les P-DG marrons, que je tourne mon regard. Pyramidaux, vos dossiers vous accablent. Ils vous interdisent les circonstances atténuantes.

Voilà des années que, flambeurs invétérés, vous tournez le dos à la raison. Jouant les magiciens dans le grand cirque de la Bourse transformée en marché aux voleurs, vous n'étiez en réalité que des tireurs d'élite, des snipers embusqués pour foudroyer d'une seule balle tout pigeon à votre portée.

Voulez-vous des faits ? J'en ai ras la musette.

Commençons par votre « fabuleux destin », Nicolas Gaume, vous, le plus jeune des P-DG admis en bourse pour finalement y pigeonner les épargnants. Vous êtes, bien sûr et selon la loi, « présumé innocent »... tant que la justice (qui ignore bien des choses que je vais maintenant exposer) n'a pas définitivement qualifié vos agissements.

Dans votre genre, monsieur Gaume, vous êtes un artiste ! Le tableau grand-guignolesque de vos prouesses mérite, sans conteste, la mention spéciale du jury.

Preuve que, dans votre monde de paillettes, la consécration n'attend pas le nombre des années.

Votre aventure, Nicolas Gaume, est, à bien des égards, représentative des brigandages qui ont conduit à la spoliation de millions d'actionnaires. Je la mets en avant, même s'il est vrai que, dans votre cas, les sommes soutirées aux épargnants sont roupie de sansonnet au regard de celles englouties dans les opérations et comptes frelatés de France Télécom (sous le règne de l'inégalable Michel Bon) ou de Vivendi Universal (au temps du splendide et subliminal Jean-Marie Messier).

Nous sommes le vendredi 27 septembre 2002, 74, rue Stendhal à Paris. Au marteau, les commissaires-priseurs Richard et Ludovic Morand, flanqués de leurs confrères bordelais, maîtres Christian Jean-Dit-Cazaux, Alain Briscardieu et Gérard Sahuquet. Ils sont chargés de disperser au feu des enchères les ultimes décombres de feu la société Kalisto dont vous, l'illustre Nicolas Gaume, fûtes, jusqu'en janvier 2002, le président fondateur. Pour une poignée d'euros, les quelques amateurs présents se partagent un important lot de « matériel de bureau » : banque d'accueil, bureaux, relieuse, table informatique, chaises, fauteuils, armoires métalliques, ventilateur Calor sur pied, portemanteaux, fontaines à eau et extincteurs... Le clou de la vente ? La table de ping-pong que, petit génie de l'informatique, vous mettiez à contribution pour activer vos neurones.

Sic transit gloria mundi : ainsi passe la gloire de ce monde.

Voilà, monsieur l'apprenti sorcier, tout ce qui subsiste, en ce triste jour du début de l'automne 2002, de la prétendue étoile montante de l'Internet et des jeux vidéo, adulée en son temps, jusqu'au Medef (le patronat français) et dans les plus hautes instances gouvernementales. Je choisis de m'arrêter sur votre aventure, tant elle me paraît exemplaire.

Pendant les années plaquées or de la folie Internet, votre *success story* s'étale dans toutes les gazettes et sur les sites web spécialisés. P-DG en herbe, vous avez tout pour plaire. Né de parents fortunés, vous vous présentez au quotidien *Les Échos*[1] comme le « petit-fils d'un plombier-zingueur et de vendeurs de légumes sur les marchés ». Première liberté prise avec la réalité. Le lionceau Nicolas Gaume oublie de mentionner que son nom de famille brille déjà sur les bords du très chic bassin d'Arcachon où 4 000 « villas Gaume » sur mesure et de standing ont été construites, au Pyla (le quartier le plus huppé) et au Cap-Ferret, par le groupe Gaume. Car votre grand-père, Louis Gaume, établi à Arcachon depuis 1911, a fait merveille, dès 1920, avec pour partenaires financiers Henri de Rothschild, propriétaire du célèbre Château-Mouton, et son fils Philippe. Tous deux l'avaient aidé à développer de vastes opérations immobilières et hôtelières (Haitza, Oyana, La Corniche), en style baroque.

Petit-fils de Louis Gaume, vous jouez maintenant les modestes. Pour impressionner son monde, mieux vaut se dire le descendant de petites gens. Vous venez d'introduire en bourse 37,83 % du capital de votre société vendue aux investisseurs comme une perle rare : son « chiffre d'affaires a plus que doublé en deux ans, passant de 22 millions de francs en 1996 à plus de 55 mil-

1. 1er juillet 1999, « Enjeux *Les Échos* », n° 149, p. 32.

lions en 1998 ». Son entrée en bourse est du même coup à la hauteur de vos prétentions... financières : elle vous rapporte la coquette somme de 44 960 000 francs (6 854 000 euros), à un cours d'introduction de 14,90 euros (97,74 francs, étant entendu que dans cet ouvrage je m'applique à convertir en euros les francs d'alors et les dollars, qui ont aujourd'hui à peu près la même valeur).

Aux investisseurs, le beau Nicolas jure qu'il fera nettement mieux, avec, affirme-t-il, 100 millions de francs, voire plus, de chiffre d'affaires. Le double de celui de l'année précédente. Et avec un résultat d'exploitation traditionnellement positif, voire exceptionnel. Bambin des affaires, vous êtes un bon vendeur. Vous savez faire : longue silhouette, cheveux au vent, vous êtes un adepte de la nouvelle activité estampillée « dot.com[1] » — comprenez la « nouvelle économie » — dont on vous dit l'enfant prodige mais non prodigue.

Avec vous, nous dit-on, le risque est nul de retrouver nos placements nettoyés au Karcher. Votre parcours relève du conte de fées. Il fait rêver et met en confiance. Le voici, tel que vous l'avez écrit, sur le tas. Mais aussi tel que je l'ai vérifié et reconstitué, me référant aux meilleures sources. Histoire à l'eau de rose qui se terminera, pour vos actionnaires, en cauchemar.

1. *Dot.com* (mot de la « nouvelle économie ») : société commerciale dont l'activité a lieu exclusivement sur Internet. L'expression « point-com » fait référence au point (*dot* en anglais), suivi de l'abréviation du mot « commercial » (*.com*) à la fin de l'adresse Internet, dite « adresse URL ».

Selon la légende qu'il aime à propager, les parents de Nicolas Gaume lui ont offert son premier microordinateur (Mac II) à 9 ans, l'âge où, d'ordinaire, les enfants jouent au papa et à la maman. Lui s'initie à l'informatique. Il baigne depuis dans l'univers des jeux vidéo. Certes, à 19 ans, il a échoué à HEC, l'École des hautes études commerciales. Mais à quoi bon les diplômes ? Pour se consoler, il fonde en 1990 — il n'a que 19 ans — sa première entreprise, Atreid Concept, spécialisée dans la sous-traitance des jeux vidéo. Avec, dira-t-il, 500 francs en poche et un capital de 30 000 francs. Futur Kalisto Entertainment, Atreid Concept bénéficie de l'appui du groupe américain Apple. Sur la plage du bassin d'Arcachon — où Nicolas a ses attaches —, la rencontre providentielle d'un des dirigeants d'Apple lui permet de décrocher ses premiers contrats, en plus de l'apport de quelques subsides : 1,5 million de francs débloqués par le Californien Steve Jobs en personne, le gourou fondateur de la firme à la pomme bariolée. Enfin, en 1992, en même temps qu'il tente de lancer ses propres jeux vidéo, Nicolas crée sa marque, Kalisto, du nom de la constellation la plus brillante du cosmos, par référence à la mythique Callisto, fille de Lycaon, roi d'Arcadie, qui fut changé en loup à cause de son crime. Callisto dont Zeus s'était épris avant de la placer avec son fils parmi les étoiles, prenant respectivement les noms de Grande Ourse et de Petite Ourse, les seules constellations à toujours demeurer au-dessus de l'horizon, sans jamais plonger dans les profondeurs de l'Océan.

Kalisto ! Un merveilleux symbole et une belle assurance donnée aux petits porteurs que leurs économies seront à l'abri des portes de l'enfer. Ah, le bel esprit que voilà !

La suite de votre trajectoire n'est pas moins attrayante. Après un court passage (entre 1994 et 1996) sous le pavillon du Britannique Pearson (propriétaire du *Financial Times* et du quotidien économique français *Les Échos*), Atreid Concept, devenu entre-temps Mindscape-Bordeaux, prend le nom de Kalisto Entertainment. La fusée est sur son site de lancement.

Quand vous recevez la presse lors de votre entrée en bourse, le 25 juin 1999 — « l'année charnière » —, qui pourrait se douter de l'imposture dont les épargnants vont être les victimes ? Professionnel pourtant aguerri, l'envoyé spécial des *Échos* ne tarit pas d'éloges :

« Ses jeux vidéo enchantent l'Amérique et il côtoie les grands de ce monde : Steven Spielberg, Bill Gates et Steve Jobs, "*les deux plus grands entrepreneurs*" qu'il ait rencontrés. Alerté, Jacques Chirac l'emmène à deux reprises lors de ses voyages présidentiels au Japon. Il en revient avec un contrat de 21 millions de francs en poche, signé par le géant nippon NEC. Nicolas Gaume séduit. Y compris Ernest-Antoine Seillière, qui nomme au conseil exécutif du Medef ce "*jeune entrepreneur décomplexé, porteur de l'esprit d'entreprise, cette étrange alchimie d'aventure, d'autonomie et de compétence*". "Alchimiste" : le patron de Kalisto utilise le même terme pour définir son métier. Plus occupé par la quête de la pierre philosophale que par les honneurs, ce patron au ton posé préfère le pouvoir de conviction aux effets de manches. Il accueille avec lucidité son entrée précoce dans l'establishment patronal. "*Le Medef, c'est une force de propositions,* concède-t-il, *et on peut y rencontrer des gens bien. Comme à la CGT.*" Mais ce célibataire a d'abord une prédilection pour le grand large. Et il ne craint pas de s'y perdre. »

Pour ce qui est de l'aventure, nous en aurons pour notre argent. Avec sueurs froides garanties sur facture... du côté des 40e rugissants et des 50e hurlants. Car Nicolas Gaume n'est pas un marin de lac. En avant donc pour l'enfer des mers australes !

Paré de tous les atouts, jusque dans la grande presse économique et financière, le « petit prince de la high-tech » est la coqueluche que tout le monde s'arrache. Au ministère des Finances, le socialiste Dominique Strauss-Kahn ne jure que par lui, et le sénateur PS Henri Weber vante sur son site du palais du Luxembourg ses deux jours de stage passés chez Kalisto, les 11 et 12 décembre 2000. Nicolas Gaume est partout. Il est célébré à l'Institut et joue les « monsieur » — alors que dans ses comptes tout est déjà consommé — dans les vénérables maisons du Bordelais. Le 8 décembre 2000, il est reçu avec tous les honneurs au Château-Haut-Bailly-Léognan par le comte Alexandre de Lur Saluces, grand chancelier de l'académie du vin de Bordeaux et « conseiller » de la Banque de France, honoré de recevoir « un conférencier, M. Nicolas Gaume, qui va nous parler des nouvelles technologies vecteurs d'émotions », à charge pour le président de Kalisto de répondre ce soir-là à la question somme toute fondamentale : « La convivialité du vin est-elle soluble dans Internet ? »

Mémorable moment, suivi d'un dîner arrosé — à la santé des actionnaires de Kalisto, dont plusieurs sont présents — à coups de Château-Carbonnieux 1998, Château-Olivier 1996, Château-Fieuzal 1995, Château-

Larriver-Haut-Brion 1995 et, pour fermer le ban, un Château-Brane-Cantenac 1986.

Devant ces dignes membres du syndicat des viticulteurs, le P-DG s'enivre de belles paroles. Propos éblouissants du *big master* de la vidéo et discours de miel. Chacun en ressort rassuré. Le caïd de Château-Kalisto se garde de faire part à ses hôtes de la composition de sa « boisson d'homme » façon... « Teddy de Montréal, un fondu qui ne travaillait qu'à la dynamite » et « Jo le trembleur » dans *Les tontons flingueurs* : 50 kilos de patates, un sac de sciure de bois, de la pomme et de la betterave, pour... 25 litres de 3 étoiles à l'alambic.

Nicolas est à son zénith. Il est le prophète d'Hypérion, père du Soleil, de la Lune et de l'Aurore. Il n'est que de l'écouter pour s'en persuader : grâce à lui, lumière d'un monde nouveau, nous aurons bientôt un nouveau ciel et une nouvelle terre. Nicolas est un messie. Avec lui « les maisons auront des toits d'or », et « sans que les champs soient semés, leurs fruits mûriront à jamais, dans une félicité parfaite ».

Le conseil d'administration de Kalisto inspire confiance. Qui, dès lors, pourrait s'en méfier ? Le patron du géant français Danone, Franck Riboud, y siège aux côtés du producteur-animateur de l'émission *Capital* de M6, Emmanuel Chain, d'ordinaire plus avisé dans ses excellentes enquêtes sur le monde des affaires. Leurs noms sont affichés sur les plaquettes d'activité de Kalisto, avec celui de Denis Lepigeon — un nom qui ne s'invente pas — « en préretraite depuis le 1er juillet 1999 de son poste de responsable de la gestion des ressources humaines du Crédit Lyonnais ». La banque du groupe Kalisto !

Lors de son introduction en bourse à 1,49 euro (9,77 francs) le 25 juin 1999 — sous le haut parrainage du Crédit Lyonnais, établissement bancaire dont l'agence de Bordeaux gère depuis des lustres la fortune familiale —, l'action Kalisto se met en orbite autour du Soleil. Les petits porteurs se ruent sur cette pépite. Les cours flambent immédiatement. Le cours de l'action est multiplié par 20, lorsque le rapport annuel de l'exercice 1999 est publié (le 28 mars 2000). Kalisto s'arrache autour de 25 et 30 euros (164 à 197 francs). Hausse démentielle de 2 000 %, par rapport au cours d'introduction. Duperie sur toute la ligne. Car, tout, depuis le départ, ne repose que sur du vent.

Si Nicolas Gaume est aux anges, les investisseurs, eux, ont été trompés dans les grandes largeurs, mais ils n'en savent encore rien. Fin 1999, six mois à peine après son appel public à l'épargne et son introduction en bourse, les résultats arrêtés par l'alpiniste « branché » de Kalisto et ses commissaires aux comptes ne sont que mensonges. En signe de remerciement, le quêteur a gentiment mitonné à l'intention de ses actionnaires un cadeau empoisonné : un faux compte de résultats (certifié), un bilan truqué comme une table de jeu dans le Macao des années trente. Il y intègre des marchés inventés qui ne verront jamais le jour. Les documents que je découvre lors de mon enquête prouvent à l'évidence l'intention de tromper les milliers d'actionnaires, rameutés avec le concours du Crédit Lyonnais-Bordeaux (qui n'y a vu que du feu). Celui-ci n'a pas manqué de leur vanter l'avantage fiscal du PEA (plan d'épargne en actions) où toute plus-value sur valeur mobilière est exonérée d'impôt si son titulaire n'y touche pas avant la fin de la cinquième année d'existence.

Menée de main de maître, l'entourloupe marche à fond la caisse... jusqu'en 2001. Pour les investisseurs, petits et grands, le bouillon sera amer, total, le jeudi 11 avril 2002, quand le tribunal de commerce prononcera la liquidation judiciaire de Kalisto. L'action vaut zéro et les actionnaires grugés n'ont plus que leurs yeux pour pleurer. Le jour des derniers échanges autorisés en bourse, 2 722 166 actions Kalisto restent collées au « parquet » du palais Brongniart comme les dérisoires confettis d'une fête dont son organisateur, Nicolas Gaume, a tout fait pour qu'elle finisse en jeu de massacre.

Le dossier Kalisto est aujourd'hui, mais bien trop tard, entre les mains de la justice.

Reste à savoir, messieurs les P-DG marrons, comment le jeune homme qui avait obtenu le visa n° 99-762 de la Commission des opérations de bourse, le 9 juin 1999, et dont les comptes avaient été déclarés « sincères » par le prestigieux cabinet d'audit Ernst & Young, a pu, sans coup férir, duper son monde.

Avec à la boutonnière, si je puis dire, le ruban bleu-blanc-rouge délivré par l'un des trois plus grands auditeurs et commissaires aux comptes du monde, Nicolas Gaume va pouvoir parader et ramasser la monnaie.

L'épais dossier que j'ai sous le coude et qui, à ma connaissance, demeure pour partie ignoré des magistrats, nous éclaire sur les méthodes de forbans, j'irai jusqu'à dire de brigands, qui ont cours à la Bourse de Paris. Aux États-Unis, des faits similaires conduiraient leurs auteurs derrière les barreaux.

Tout au long de son éphémère parcours boursier, l'étoile filante Nicolas Gaume, illuminé des jeux vidéo, dévoré par son ego et une ambition démesurée, n'aura cessé de jongler avec ses illusions et l'argent des autres, avec des promesses fallacieuses.

Quand il introduit Kalisto sur le Nouveau marché de la Bourse de Paris, en juin 1999, le « Paganini » des prévisions et résultats bidons annonce aux investisseurs un chiffre d'affaires qu'il estime « prudemment » à 98,1 millions de francs pour 1999, 128 millions pour l'année 2000, et 145,2 millions de francs pour 2001. Dans sa brochure complémentaire, en date du 28 mai 1999, le Crédit Lyonnais Securities Europe — toujours présent dans les bons coups — confirme (souligné en gras) : **« Dès 1999, la société devrait afficher un chiffre d'affaires proche de 100 millions de francs (+ 80 %, 15,24 millions d'euros) lui permettant très rapidement de se distinguer de la plupart des studios indépendants (...). Le rythme de croissance annuel moyen ressort à plus de 30 % pour la période 1998/2000.** » Sans sourciller, l'analyste du Crédit Lyonnais, Jean-François Grangeon (qui est aujourd'hui aux abonnés absents), ajoute (page 6) : « In fine, le profil de croissance bénéficiaire ressortirait à plus 75 % pour la période 1997/2001, et plus 40 % pour 1999/2002. »

De son côté, Nicolas Gaume ne va pas se priver d'appuyer sur le champignon. Le 24 juin 1999, il revêt son costume trois pièces pour en mettre plein la vue aux clients internautes du site *Boursier.com,* le plus visité avec *Boursorama.* La raison première de son entrée en bourse ? Je vous la donne en mille : « Renforcer nos fonds propres ! » assure-t-il.

On sait maintenant ce qui est advenu. Et nous allons voir comment il s'y est pris pour vider ses caisses, en même temps que nos goussets, en nous faisant miroiter « un chiffre d'affaires de 20 millions d'euros en l'an 2000 ». Textuel ! Formidables prévisions à court terme du Crédit Lyonnais puis de son protégé. Comme aimait à le dire l'ami Michel Audiard : « Les cons, ça ose tout. C'est même à ça qu'on les reconnaît. » Comme les faisans.

Ces promesses n'étaient qu'un traquenard pour attirer les victimes. En réalité, la majeure partie de ses chiffres d'affaires et bénéfices si complaisamment étalés n'était que poudre aux yeux. Fin 1999, quand arrive la fin de l'année fiscale et qu'il doit sans plus tarder arrêter les comptes qu'il devra présenter à ses nouveaux actionnaires, Nicolas est pris à la gorge. Ses 100 millions de francs de chiffre d'affaires annoncés ne sont pas en caisse, loin de là. Seuls une quarantaine de millions ont été engrangés. Le caractère douteux des 60 autres millions ne sera établi que bien trop tard et pour partie — par la COB, à l'été 2002 —, quand la volaille aura été plumée et flambée au chalumeau.

Plutôt que d'affronter la réalité, le mécontentement de ses actionnaires et la sanction immédiate du marché, le chouchou de la « nouvelle économie » franchit sans coup férir la ligne blanche.

Premier tour de poker-menteur le 31 décembre 1999 : un contrat intitulé « Square » est miraculeusement signé avec une société japonaise. Il vient à point nommé pour renflouer fictivement à hauteur de 3 millions de dollars (environ 21 millions de francs) le chiffre d'affaires défaillant. Piqûre d'EPO[1] ! Gaume

1. EPO : abréviation de Érythropoïétine. Hormone interdite par le mouvement Olympique et dont l'utilisation par un sportif est réprimée par la loi pénale. Risques : infarctus ; embolies pulmonaires ; thrombose ; cancer ; mort subite.

fonctionne déjà comme Richard Virenque sur le Tour de France : à coups de produit dopant. Car cette commande n'est que sable du désert. Elle n'a existé que dans le cerveau du P-DG aux abois. Aucun document officiel n'est enregistré pour en attester la réalité, hormis un contrat-lettre d'agrément (*letter of agreement*) daté du 15 novembre 1999, mais réalisé quinze jours après, à la veille de l'arrêté annuel des comptes. Dans les semaines qui suivent, les commissaires aux comptes s'interrogent sur ce prétendu client nippon. Réponse : ce n'était qu'un projet qui n'a pas eu de suite. D'ailleurs, dans les comptes arrêtés par Square le 31 mars 2000 (date de la fin de l'année fiscale au Japon), le contrat avec Kalisto est absent. Et pour cause ! Le prestidigitateur Nicolas Gaume l'a sorti de son chapeau pour enfumer ses actionnaires, « en toute bonne foi [1] ». Comment ? En maquillant ses résultats, explique la COB, « dans le poste "créances clients" et en "chiffre d'affaires" dans les comptes au 31 décembre 1999 publiés au *BALO* (*Bulletin d'annonces légales et officielles*) le 29 mars 2000, M. Gaume estimant que la créance sur Square était certaine ».

Malgré cette « créativité » comptable, il manque encore une cinquantaine de millions de francs à l'artiste pour tenir ses prévisions pharaoniques. Son chef comptable, Philippe R., s'arrache les cheveux : « Tu m'imposes des solutions qui vont me faire perdre mon honneur. » Qu'à cela ne tienne. Au volant de son bolide incontrôlable, le Schumacher des jeux vidéo n'hésite pas à franchir une nouvelle fois et encore plus

1. Cf. *Bulletin mensuel COB*, novembre 2002, nº 373, pp. 133 à 144.

franchement la ligne blanche, avec carambolage et délit de fuite au premier virage.

Son second tour de passe-passe est autrement plus acrobatique. Cette fois, c'est une mystérieuse société suisse, Goal Screen, qui est mise à contribution. Nouveau miracle : à la fin de 1999, elle passe commande à Kalisto, pour quelque 60 millions de francs (exprimés en dollars), de deux jeux vidéo et de brevets. Ce contrat venu des alpages helvétiques permet à Nicolas Gaume de finir d'habiller les comptes de sa poupée Kalisto. Ainsi, quand le 28 mars 2000 sera publié officiellement son rapport annuel, son entreprise cotée pourra fièrement annoncer pour l'exercice 1999 un chiffre d'affaires de 108 millions de francs, en progression de 100 % par rapport à 1998 (où il était de 54 millions). Mieux encore, la poule aux œufs d'or Kalisto affiche un résultat opérationnel de 19 millions de francs pour 1999 contre 1,3 million en 1998. Multiplication par 15 : qui dit mieux ?

Chez Nicolas Gaume, comme dans la chanson de Jacques Dutronc, il y a des cactus partout. Et de taille ! En l'espèce, le contrat Square au Japon. Quant à la commande du Suisse Goal Screen n'est encore qu'un miroir aux alouettes, un faux-semblant pour continuer à soutirer encore plus d'argent aux nouveaux actionnaires ayant acquis 37,83 % du capital de Kalisto lors de son introduction en bourse, le 25 juin 1999, quelques mois auparavant.

Dirigé par un homme de paille, le Franco-Libanais William R., Goal Screen n'est qu'une société de façade, de mèche avec la société Go Média, holding personnelle de Nicolas Gaume et de son état-major. Entre mes mains, une imprudente lettre manuscrite en fait foi, qui détaille l'opération, tentant in extremis, mais en vain, de dédouaner Nicolas Gaume. Datée du 23 février 2001, signée et rédigée à la hâte par l'administrateur Jean-Paul H., elle était destinée « à messieurs les membres du conseil d'administration de Kalisto Entertainment »... qui ne semblent pas l'avoir reçue. Étrange société cotée qui dissimule, même à l'ensemble de ses administrateurs, ses savantes recettes comptables. On comprend, à la lecture de cette pièce à conviction, que l'obscure firme helvétique et Kalisto sont complices. C'est avec 60 millions de francs venus de Go Média que Goal Screen va pouvoir régler la fausse commande des deux jeux vidéo et de brevets, gardant au chaud une dizaine de millions de francs au titre des commissions à distribuer (offshore ?) aux monteurs de l'opération. N'oublions pas que nous sommes en Suisse... la patrie des chocolats. Je dis « fausse commande » car les jeux mentionnés dans le contrat bidon — une simple feuille de papier — n'ont jamais fonctionné. Remplis de bugs, ils ont depuis longtemps été mis au rebut.

Évidemment, Goal Screen n'a pas le moindre fifrelin en caisse pour régler à Kalisto les 50 millions de cette opération en trompe l'œil. Comment faire ? En août 2000, à la demande du directeur financier, responsable de la holding, Jean-Paul H., qui se doit de combler au plus vite le trou laissé dans la caisse, le méphistophélique Nicolas Gaume, via sa société Go Média, fait vendre discrètement en bourse suffisamment d'actions pour engranger les fonds nécessaires. Opération brillamment réussie, car entre-temps les comptes truqués et enjolivés ont été publiés, provoquant l'envol stratosphérique, avant que la holding Go Média refile au marché pour 60 millions de francs d'actions Kalisto, pendant l'été 2000. Du grand art ! Assorti d'un superbe délit d'initié, puisque Nicolas Gaume était le premier à connaître l'état précomateux de sa société cotée.

Extorqué aux petits porteurs, qui viennent d'être une seconde fois trompés, le gros de cet argent frais est immédiatement transféré chez Goal Screen, en territoire helvétique. Il ne reste plus à la société-écran des bords du Léman qu'à régler à Kalisto les 50 millions de francs de la commande fantôme. Ce renvoi d'argent (à Bordeaux) permet à Nicolas Gaume de récupérer ses fonds qui ont transité par la Suisse pour renflouer les caisses de Kalisto et, in fine, boucler son tour de passe-passe. Dans les jours qui suivent, alors que sa trésorerie vient tout juste d'être frauduleusement rééquilibrée sur le dos des actionnaires (auxquels des titres Kalisto ont été vendus pour transformer le produit de cette cession en chiffre d'affaires) le président de Kalisto, Nicolas Gaume soi-même, rachète avec ce même argent pour 46 millions de francs d'actions de sa société détenues par Dan K., directeur *Business Affairs* de la maison et membre de son comité de direction. Du même coup, la trésorerie de Kalisto se retrouve de nouveau plombée. Cette fois à titre définitif. Le pourquoi de ce rachat ? Une promesse qu'il lui faut impérativement honorer, pour éviter que Dan K. effondre le cours de l'action Kalisto en bourse par des ventes massives, ce qui aurait pour effet d'attirer l'attention.

Au siège de Kalisto, autour de la table de ping-pong et du ventilateur Calor, nul ne bronche. Sauf une poignée de collaborateurs intrigués et bientôt effrayés, dont les responsables des finances et Henri M. du département Internet, quand ils découvrent — petit à petit — ce qu'ils savent être des méthodes de forbans. De leur côté, les commissaires aux comptes du prestigieux cabinet Ernst & Young, de même que les banquiers du Crédit Lyonnais et de JP Morgan, ne voient toujours rien. Mieux : au début de l'été 2000, le Crédit Lyonnais va jusqu'à accorder une ligne de crédit (garantie ?) de 131 millions de francs à Kalisto Entertainment, dans l'attente de la réalisation des plans lumineux de Nicolas Gaume.

Pourtant, dès septembre 2000, la situation financière de Kalisto est désespérée et les malversations patentes. Sa trésorerie s'épuise, en frais fixes et divers. Le procureur de la République de Bordeaux est alerté le 26 septembre par les commissaires aux comptes Jean-Louis Peyre et Claude Hazard du grand cabinet Ernst & Young, qui lui dénoncent l'irrégularité du contrat Square. Mais ils ne signalent pas l'opération Goal Screen dont ils ne peuvent connaître l'existence, puisqu'ils n'ont pas accès aux écritures de la holding Go Média. Du côté du Palais de justice, c'est le silence radio. Rien ne se passe. Le 28 septembre, la Commission des opérations de Bourse est prévenue par les mêmes : « Un certain nombre de pratiques, écrivent-ils, conduisent à penser que les comptes annuels de la société Kalisto au 31 décembre 1999 ne donnaient pas une image fidèle de la société. » Ils précisent qu'elles « les avaient amenés à saisir le premier procureur adjoint du tribunal de grande instance de Bordeaux ». Le 28 avril 2000, alors que Nicolas Gaume avait acquis « la certitude » que les 3 millions de dollars générés par le prétendu contrat Square « ne seraient pas honorés, pas payés » — et pour cause —, il s'était gardé de « communiquer cette information au public ». De même, le 24 novembre suivant, lors de la publication des comptes du premier semestre 2000, il persistera à cacher « la situation de non-recouvrement » de sa miraculeuse créance Square.

Bref, les institutions responsables de la République sont prévenues, mais pas le public, qui continue, lui, de s'échanger des actions Kalisto, sans être averti de ce qui se passe dans les coulisses de la société. De son côté, la COB n'ordonne pas l'arrêt des cotations. Elle attendra le 12 janvier 2001 pour ouvrir — trop tard ! — « une enquête sur l'information financière et le marché du titre Kalisto à compter du 31 décembre 1999 ».

Le 4 décembre 2000, le feu s'est déjà étendu à tous les étages. Nicolas Gaume a reçu une lettre personnelle et confidentielle d'un de ses plus proches collaborateurs, Pierre R., directeur financier récemment chargé de remettre de l'ordre dans la maison. Tout, cette fois, est écrit noir sur blanc :

« Il est clair aujourd'hui que la situation financière de Kalisto est critique, avec une trésorerie exsangue et une profitabilité fortement négative sur les opérations courantes (...). Sur le très court terme, je crois que si, d'ici le 15 décembre, nous n'avons pas signé les contrats commerciaux prévus (...), il faut organiser une annonce officielle de la situation au personnel et aux actionnaires. Cela aura pour conséquence une suspension du cours de l'action, la nomination d'un administrateur provisoire et des négociations avec les banques et les actionnaires. »

En cette fin de l'année 2000, de ce courrier de la dernière chance Nicolas Gaume ne tient aucun compte. Il le garde dans son tiroir, sans même en aviser son conseil d'administration. Et pour cause : Pierre R., son auteur, de même que la plupart des administrateurs de la société, ignorent tout des faux contrats. Pierre R. a simplement constaté, à l'analyse des comptes, en prenant ses fonctions en août 2000, que « la société était menacée de déconfiture à très court terme ». Lui aussi a été « impressionné et abusé par la qualité de la signature du cabinet Ernst & Young sur les comptes certifiés de la société ».

Témoignage accablant, qui me convainc de pousser l'enquête plus avant.

Au lieu de suivre les conseils de son intègre collaborateur récemment recruté et de tenter, in extremis, de sauver ce qui pourrait l'être, Nicolas Gaume s'enfonce dans les déficits, les non-dits et toujours plus de mensonges. L'homme est pris à son propre piège. À force de manipulations pour maintenir à flot sa capitalisation boursière et continuer de s'enrichir, à force de duper son monde grâce aux appréciations fantaisistes qui lui sont accordées — sans contrôle — par des analystes financiers aveugles, à force de valorisations artificielles de son affaire justifiées par des commandes inexistantes, il s'enlise dans un processus infernal, avant que la faillite ne le rattrape.

Fin 2000, de la même manière qu'un an auparavant, le « golden boy » du bassin d'Arcachon est bien en peine d'afficher un chiffre d'affaires autre que squelettique par rapport à ses « prévisions » assorti de bénéfices qui, depuis l'introduction en bourse, n'ont été que virtuels, puisque, en réalité, en rouge foncé. Qu'à cela ne tienne ! Fort de son carnet d'adresses et de ses relations dans les hautes sphères de l'économie, le bluffeur sort de son sac à dos un mirifique contrat avec Wanadoo, la filiale Internet du géant France

Télécom. À l'en croire, une commande d'un « jeu en ligne » de course automobile, pour un montant d'environ 15 millions d'euros, est en vue. Bien sûr, le contrat espéré ne pourra être conclu avant la fin de l'année, mais le joueur de flûte en est certain et le proclame urbi et orbi : « Wanadoo va signer le bon de commande en janvier ou février, ce qui nous permettra de l'intégrer dans les comptes de l'exercice 2000 qui dépasseront ainsi les 25 millions d'euros. »

Coup de théâtre : les commissaires aux comptes — auxquels on ne la fait pas deux fois — refusent d'avaliser cette nouvelle mystification. Fin février, le ballon d'oxygène tant attendu n'est toujours qu'une chimère, malgré une tardive lettre d'intention du P-DG de Wanadoo, le 28 décembre 2000, laissant espérer une étroite porte de sortie. Nicolas Gaume et son bras droit Jean-Paul H. sont contraints, pour la première fois, de tomber le masque et d'avouer — partiellement — la vérité : au lieu des 25 millions d'euros annoncés, le chiffre d'affaires de Kalisto pour l'année 2000 ne dépasse pas les 3 millions. Quant aux bénéfices qui devaient croître — dixit le Crédit Lyonnais — de 40 % entre 1999 et 2000, tel le carrosse qui se transforme en citrouille, ils deviennent une perte terrifiante de 27 millions d'euros, soit neuf fois le chiffre d'affaires. Pas gêné, le camelot n'en perd pas pour autant son aplomb : « C'est en prenant des risques que Kalisto s'est développé », déclare-t-il à Olivier Toscer du *Nouvel Observateur*[1]. Et il ajoute, imperturbable et sans rire, pouvoir justifier ses comptes « en regardant n'importe qui dans le blanc des yeux ».

Dans le blanc des yeux ? Les miens sont bleus. Et

1. 14 mars 2002.

ceux des actionnaires volés par Kalisto, noirs de colère.

Dans les mois qui suivent, filou jusqu'au bout, Nicolas Gaume va encore tenter d'abuser actionnaires, analystes financiers, journalistes spécialisés et même les magistrats du tribunal de commerce de Bordeaux, en leur faisant miroiter un plan de la dernière chance à dormir debout. Le 11 juin 2001, l'acrobate girondin se serait trouvé un filet de sauvetage. Et pas n'importe lequel : le fonds d'investissement américain Global Emerging Market (GEM) serait prêt à injecter 15 millions d'euros (98,4 millions de francs) dans Kalisto.

Lors de l'assemblée générale des actionnaires de la société, le 28 juin 2001, les commissaires aux comptes d'Ernst & Young et Alain Vincent, effrayés par la tournure des événements, s'empressent de tirer leur révérence. Il faut dire que la situation est bien plus noire qu'ils ne le craignaient. Les comptes sont d'une opacité congolaise. Ils recèlent plusieurs grenades dégoupillées, prêtes à exploser et qui commencent à fumer : les fameux 50 millions du tour de passe-passe avec la société suisse Goal Screen se sont — nous l'avons vu — évanouis dans la nature ; les jeux maison, qui devaient faire de Kalisto un Microsoft tricolore et de son P-DG le Bill Gates français, sont dans les limbes, Kalisto étant incapable de financer et de développer les programmes annoncés ; la gestion de la société est catastrophique ; suréquipée en matériels et en bureaux, Kalisto dispose de 500 micro-ordinateurs pour quelque 250 personnes ; l'entreprise dépense beaucoup plus qu'elle ne peut espérer de rentrées financières, car pour chaque franc encaissé il y en a deux de consommés ; face au chiffre d'affaires pour une bonne part fictif de l'année 1999, puis à l'impossibilité de remplir les objectifs de l'exercice 2000, les coûts (salaires, loyers, investissements...) sont bien réels (12 à 15 millions de francs par mois).

Après ces pitoyables gesticulations qui finissent par ruiner la société et ses actionnaires, le rideau tombe, comme le couperet de la guillotine. En février 2002, la COB — enfin réveillée ! — oppose son veto « faute de garanties » au fumeux et tellurique plan de sauvetage concocté par le petit génie français de la « nouvelle économie ». Et, le 8 février 2002, Kalisto est contrainte de déposer son bilan, avant sa liquidation judiciaire — autrement dit son enterrement — le 11 avril.

À Paris, à Bordeaux et au Texas où la société avait ses bureaux, ses salariés restent sur le carreau. Pour les actionnaires et les créanciers l'ardoise s'élève à 50,31 millions d'euros (330 millions de francs, selon le tribunal de commerce).

Au moment de sa gloire, enivré par l'air des sommets, Nicolas Gaume s'était trouvé une autre lubie : la vente de vin sur Internet. Le 12 janvier 2000, au moment même où il jongle avec les contrats fictifs pour habiller son bilan et abuser les actionnaires de Kalisto, il trouve malgré tout des fonds pour créer la société Migratech installée, comme Kalisto, à la Cité mondiale de Bordeaux. Il prend la présidence de son conseil de surveillance. À ses côtés, en qualité de membre du conseil, je découvre un nom qui m'est familier et que je ne m'attendais pas à retrouver en si bonne compagnie : Philippe Maugein, frère et associé en affaires de l'illustrissime Patrick Maugein, héros de mes deux derniers livres[1]. Installé à Londres, ce dernier, corrézien heureux et fier de l'être — étranger aux manigances de Nicolas Gaume ici contées —, joue aujourd'hui au magnat du pétrole, à la tête de sa société Soco International[2] cotée à la City. Soco qui s'active dans des pays aussi fréquentables que la Libye du colonel Kadhafi ou la Corée du Nord du dernier stalinien de la planète, l'implacable dictateur Kim Jong-Il, qui tente de ranimer la guerre froide et ses réacteurs nucléaires. Il y a peu, le touche-à-tout Patrick Maugein osait se présenter (en pure forfanterie, sans que la justice plusieurs fois prévenue s'en alarme) comme un « *freelance diplomatic agent* » (agent diplomatique indépendant) du président de la République Jacques Chirac. Singulier et prétendu « agent » qui déclare convoiter, à ce titre, « un pourcentage de 10 % » sur les affaires qu'il traite.

Associé de Nicolas Gaume dans l'Internet, Philippe Maugein est présent aux côtés de son frère Patrick dans la Compagnie française et internationale de distribution (CFID), une société longtemps installée à Paris, sur les Champs-Élysées, dont le papier à en-tête lui sert, depuis 1997, pour tenter — au nom du gouvernement français qui ne l'a bien sûr pas mandaté — d'éblouir, voire parfois d'intimider ses nombreux correspondants : P-DG, hommes politiques, magistrats, journalistes, éditeurs et j'en passe. Sans que personne, en dehors de ma modeste personne, ait songé à lui demander compte de ces impostures. Étrange justice

1. Voir *Main basse sur l'or de la France*, Éditions Albin Michel, septembre 1998, et *Les voyous de la République, Carnets secrets, 1*, Éditions Albin Michel, juin 2001, pp. 267 à 270.

2. Cf. sur Internet : http://www.socointernational.co.uk/.

française qui continue de harceler le président Chirac pour des broutilles qui auraient été commises à l'Hôtel de Ville de Paris, quand il en était le maire avant 1995, mais qui refuse ostensiblement — comme dans tout État de droit digne de ce nom — de vérifier, auprès des personnes et institutions visées ou mises en cause par « l'agent diplomatique indépendant » Patrick Maugein, le bien-fondé de ses démarches, en France et à l'étranger, en vue d'empocher des millions de dollars de commissions... indues. Mon enquête continue...

Amis, Nicolas Gaume et Philippe Maugein se sont associés à un autre fils de famille bordelais, Emmanuel Etcheparre, rejeton d'un des fondateurs de la société Lectra Systèmes (cotée en bourse). Avec Migratech — qui n'est pas liée à Kalisto —, Gaume et ses partenaires ont lancé un site baptisé « Winealley » réservé aux amateurs de vins. Enflure des mots ! Sur Internet, « www.winealley.com » se proclame « le premier club mondial du vin sur Internet ». Cette ivresse du Net ne va pas durer. Le 8 février 2002, la société « vineuse » de Nicolas Gaume et Compagnie dépose son bilan. Elle est mise en liquidation judiciaire deux mois après. Ses performances sont dignes de Kalisto dont les obsèques ont lieu au même moment : pour 2001, Migratech n'a pas publié ses comptes, en violation de la loi ; lors de l'exercice précédent, la société avait royalement réalisé 3 888 euros de chiffre d'affaires pour des pertes trois cents fois supérieures (957 560 euros).

Merveilleux et édifiant dossier Kalisto sur lequel planchent depuis mars 2002 les policiers de la brigade financière de Bordeaux, en même temps que les petits actionnaires se mobilisent pour demander réparation.

J'y ai trouvé ce que ni la COB, ni les commissaires aux comptes, ni les banquiers aveuglés par leur avidité, ni les analystes financiers stipendiés (250 000 francs la brochure sur papier glacé), ni la justice assoupie, ni les hommes politiques n'ont voulu voir. Pourtant, il n'était pas besoin d'être diplômé de Harvard ou de l'ENA pour comprendre que Nicolas Gaume, comme nombre de ses clones de la « nouvelle économie », vivait au-dessus de ses moyens et ne brassait que du vent.

À ce titre, avant de refermer le dossier de cette pénible affaire, je ne résiste pas au plaisir de livrer, agrémentée de mes propres commentaires [*signalés entre crochets et en italiques*], l'intervention du ministre de l'Économie, des Finances et de l'Industrie, Dominique Strauss-Kahn, le 7 juillet 1999, lors de la réception, dans ses salons à Bercy, de l'illustre Nicolas Gaume. Ce jour-là, en présence d'une centaine de patrons de sociétés cotées, DSK entend célébrer comme il se doit — avec les honneurs de la garde ! — l'entrée en bourse de la société Kalisto, « centième cotation au Nouveau marché de Paris ». Un discours de Dominique Strauss-Kahn comme on les aime, à encadrer au-dessus de la cheminée :

« Je suis particulièrement heureux de vous accueillir aujourd'hui à Bercy à l'occasion de la centième cotation sur le Nouveau marché. Vous êtes ici au ministère de la production et de l'innovation, car, comme nous nous sommes habitués à le dire depuis un an, “Bercy c'est cyber” ! [*sic*].

« Votre objectif, à vous entrepreneurs, c'est de transformer la technologie et la science en chiffre d'affaires, en résultats et en valorisation boursière [*et dans le cas de Nicolas Gaume, de transformer l'or en plomb*] ; ma responsabilité, mais aussi la vôtre en réalité, c'est de transformer la science et la technologie en croissance et en emplois. [*Mais dans quelques mois Kalisto sera en faillite et tous ses employés sur la paille.*] Voilà pourquoi la centième cotation au Nouveau marché me paraissait une excellente occasion de réunir les différents acteurs de l'innovation de la place. [*En bref, "les bons, les brutes et les filous" !*]

« Cette centième cotation, c'est une jeune entreprise de jeux vidéo, Kalisto, qui illustre la nouvelle croissance. Avec ses 170 salariés, Kalisto réalise un chiffre d'affaires de 60 millions de francs, dont 90 % à l'export. J'ai coutume de remettre, ici même dans cette salle, des décorations à ceux qui ont œuvré pour le développement économique de notre pays. [*Voilà comment des aventuriers de la Finance s'en repartent parfois avec l'ordre du Mérite et la Légion d'honneur.*] Ces cérémonies sont souvent l'occasion d'évoquer des moments forts de la vie personnelle ou professionnelle des récipiendaires. J'ai pensé que ce lieu pouvait nous inspirer et qu'il ne serait pas inintéressant d'évoquer quelques moments forts vécus par le jeune Nicolas Gaume pour construire Kalisto, tels qu'il me les a décrits. [*DSK aurait été mieux inspiré de tout faire vérifier par ses services.*] C'est passionnant ! [*Comme dans un roman de gare*] :

« En 1990, il visite dix banques commerciales ; pas une n'accepte d'ouvrir un compte à cette jeune entreprise. [*Preuve qu'il existe tout de même des banquiers sérieux et clairvoyants !*] Il se rend à la chambre de commerce de Bordeaux en 1990, un vendredi soir, à dix minutes de la fermeture. [*Comme c'est intelligent !*] Après quelques questions pressantes, son interlocuteur lui répond : "Vous savez, mon pauvre monsieur, ce n'est plus à la mode de créer une entreprise." [*Voilà ce qui se passe quand un vieux con rencontre un jeune con !*]

« En 1994, il contacte plus de dix sociétés de capital-risque ; aucune n'est intéressée par Kalisto. [*Les renards qui aiment les bons fromages avaient flairé la patate !*] Nicolas Gaume retire le sentiment que le fond du dossier était alors moins intéressant pour eux que sa forme. Deux remarques de ses interlocuteurs de l'époque l'ont frappé : "Présenter un dossier de jeux vidéo à mon conseil d'administration, vous n'y pensez pas, ça n'est pas sérieux" [*bien vu !*] ; et puis aussi "Rappelez-moi votre âge... 23 ans... c'est bien ce que je pensais. On ne peut pas être sérieux à 23 ans". [*Encore mieux vu : ce financier lucide s'épargne, ce jour-là, une ardoise astronomique.*]

« Voilà d'où vient la centième cotation au nouveau marché. Voilà qui sont les acteurs de la nouvelle croissance. [*Des flèches, en somme, doublés de sérieux pistolets !*] » (...)

« Lors des trophées de "Croissance Plus"[1], la semaine dernière, je me disais que finalement il y avait sans doute dans la salle les deux premières valeurs du CAC 40 dans quinze ans. [*Mais surtout les plus belles faillites des XXe et XXIe siècles réunis !*] Peut-être ces entreprises sont-elles ici aujourd'hui encore. Le problème, c'est que je ne sais pas exactement lesquelles. Je vous donne rendez-vous à chacun d'entre vous dans disons quinze ans. Je parie qu'il y en a deux parmi vous qui seront, sinon les deux premières, en tout cas les deux parmi les grandes valeurs. [*Et moi, cher Dominique, je*

1. Croissance Plus : l'association qui regroupe les valeurs montantes de la « nouvelle économie », dont, à l'époque, la société Kalisto de Nicolas Gaume.

parie ma culotte qu'il y en a bien deux qui finiront au dépôt, et pas dans quinze ans !]

« Je voudrais redire ici ma conviction que l'on mesure mal que nous sommes en train de vivre le même changement que nos économies ont vécu lorsqu'on est passé d'une économie agricole à une économie industrielle. [*En ces termes agrestes, Strauss-Kahn explique à sa manière que nos économies sont passées de l'ère de la traite à celle de la tonte des gogos.*] Il y avait tout un ensemble de perruques poudrées [*Bertrand Delanoë ou Gilles de Robien ?*] pour expliquer que ce n'était pas possible qu'un champ de blé vaille moins que cette usine textile qu'on était en train de construire à côté. [*Voilà pourquoi aujourd'hui, à Bercy, les crânes sont chauves et les prétentieux toujours d'attaque !*] Tous les physiocrates ont développé ça longtemps. C'était l'agriculture, le bétail, la forêt. L'usine, ça ne pouvait pas valoir grand-chose. Le vocabulaire de l'époque ne le permettait pas, sinon on aurait bien trouvé quelques-uns de ceux-là pour dire qu'il y avait là une sorte de bulle et qu'elle finirait par éclater. [*Je vois qu'en matière de bulle, le ministre des Finances de Lionel Jospin est un fin théoricien, je dirais même un gourmet !*] La bulle industrielle évidemment n'a pas éclaté, parce que ce n'était pas une bulle. Je me demande si on doit vraiment considérer que, sur les valeurs qui sont celles aujourd'hui cotées au Nasdaq ou au Nouveau marché, s'il y a certes des fluctuations importantes, il y a un phénomène de bulle ? Et s'il n'y avait pas de bulle — je crois qu'il n'y a pas de bulle [*Ah ! le visionnaire, le brillant économiste que voilà !*] —, et si la réalité était bien dans la valeur de ces entreprises telle qu'on l'apprécie aujourd'hui ? Si c'est vrai, nous vivons une vraie révolution au sens très profond du terme. »

Voilà comment, messieurs les P-DG marrons, Landru de la Finance, qui avez carbonisé nos portefeuilles, le benjamin de votre bande a su s'y prendre pour gruger son monde, y compris le brillant esprit qu'est d'ordinaire Dominique Strauss-Kahn, cela dans un but d'enrichissement et avec... la bénédiction de ses pairs, quand ce n'étaient les autorités de contrôle de la Bourse, insouciants et ballots gendarmes en vacances au palais Brongniart.

Voilà comment un arnaqueur, qui n'est pas — loin s'en faut ! — un cas isolé, a pu faire les poches des épargnants en utilisant la Bourse comme un flingue de concours. Sans avoir à rendre sa carte, barrée de tricolore, de « conseiller du commerce extérieur de la France », nommé par décret du Premier ministre Lionel Jospin, le 4 février 1999, quatre mois avant son entrée tonitruante à la Bourse de Paris où son nom reste à tout jamais marqué d'une bulle... noire.

Pendant que la justice est censée faire la lumière sur « l'affaire Kalisto », la COB fait savoir, le 11 décembre 2002, dans une décision de sanction parue au *Journal officiel*, qu'elle a condamné Nicolas Gaume le 24 septembre précédent à verser 300 000 euros (1,96 million de francs) pour avoir « faussé le bon fonctionnement du marché et porté atteinte à l'égalité d'information et de traitement des investisseurs ou à leurs intérêts », et pour avoir communiqué « au public une information qui n'était pas exacte, précise et sincère ».

Charitable et magnanime, la Commission des opérations de Bourse — qui n'a pas vu l'essentiel (je veux parler de l'opération Goal Screen, repérée et forcément signalée, en 2001, par le commissaire aux comptes de Go Média) — conclut :

« Il y a lieu toutefois de prendre en compte la situation particulière de M. Nicolas Gaume dont le jeune âge et la relative inexpérience dans le domaine financier ne lui ont pas permis de percevoir les conditions peu satisfaisantes [*sic*] dans lesquelles l'exceptionnelle rapidité de la croissance de son entreprise a été accompagnée par ses différents partenaires, sa responsabilité personnelle devant ainsi être atténuée au regard de la pertinence des conseils auxquels il était légitimement en droit de prétendre. »

Incroyable COB qui méconnaît que le Crédit Lyonnais est votre associé dans la holding luxembourgeoise Kalisto finance, laquelle détient 17,46 % de votre entreprise (contre 26,67 % pour la holding française Go Média) et qui feint d'ignorer que la loi est la même pour tout le monde, que l'on ait 20 ou 80 ans. Quelle est donc cette institution défaillante qui trouve maintenant des excuses à un vide-gousset patenté, au prétexte qu'il n'a pas de ride ? Personne n'a relevé, ces dernières années, « le jeune âge et la relative inexpérience dans le domaine financier » de Nicolas Gaume, lorsqu'il prenait l'avion avec le président de la République dans des voyages officiels, lorsqu'il siégeait au conseil exécutif du patronat français ou lorsqu'il se faisait nommer par le Premier ministre « conseiller du commerce extérieur de la France ». Et surtout, lorsqu'il introduisait en bourse son affaire, pour récolter l'argent des épargnants. À l'âge de Nicolas Gaume, Alexandre le Grand était déjà entré dans l'histoire de nos civilisations, Bonaparte avait commencé la conquête de la moitié de l'Europe et Mozart composé certaines de ses plus belles œuvres.

Pour votre défense, Nicolas Gaume, vous assurez n'avoir « ni recherché ni obtenu aucun avantage financier résultant des opérations critiquées ».

Puisque vous le dites, cher Nicolas !

C'est sans doute votre « jeune âge » qui vous fait oublier les titres que vous avez vendus et revendus, pour des millions d'euros, au préjudice de milliers d'épargnants proprement garrottés... qui aujourd'hui tentent de récupérer une partie de leur mise dans une assignation contre le Crédit Lyonnais devant le tribunal de commerce de Paris, lui réclamant 3,7 millions d'euros, en sa qualité de banque introductrice et de financement de Kalisto. Singulier Crédit Lyonnais dont le cabinet Deminor a finalement découvert qu'il était votre associé dans la holding basée au Luxembourg[1]. Étrange, inquiétant mélange des genres.

Au nom de vos victimes, je vous le demande : rendez l'argent ! Tel est le prix du repentir... et celui de notre pardon.

---

1. *Les Échos*, 24 janvier 2003, p. 24 : « Kalisto : le Crédit Lyonnais assigné en justice ».

4.

À vous, les requins de Liberty surf,
bonsaï du premier marché
qui se faisait passer pour un séquoia géant

SOYONS équitables : à la Bourse de Paris et sur les marchés financiers en général, le roi de l'esbroufe Nicolas Gaume n'est pas un extraterrestre.

Encore plus fort que le filou de Kalisto, une pléiade de prédateurs avides ont profité de l'explosion de l'Internet — extraordinaire outil de communication — pour dévoyer à leur profit les marchés boursiers et lessiver les épargnants. Dans sa cour de récréation, Nicolas Gaume n'aura été, par le volume des sommes dilapidées, qu'un joueur lilliputien.

La liste est longue des sorciers qui ont utilisé la Bourse pour s'enrichir personnellement, des grandes valeurs de la cote où ce ne sont pas des millions mais des milliards d'euros qui ont été cruellement arrachés aux tirelires des Français, leurs dirigeants manifestant un souverain mépris pour la piétaille de leur actionnariat.

Je m'arrêterai ici sur un échantillon encore une fois représentatif des brigandages qui ont sali la réputation de la Bourse française au long de ces années délétères.

Avant d'en venir aux trois « génies » qui ont fini par tout faire sauter — je veux parler de vous, messieurs les présidents déchus de Vivendi Universal et de

France Télécom, ou de vous le patron d'Alcatel —, penchons-nous sur quelques pillages en règle. Avec moins d'éclat, ils ont tout aussi cruellement siphonné les économies de centaines de milliers d'actionnaires abusés. Avec l'imprimatur, voire la complicité, des grandes banques et — encore une fois ! — des autorités chargées de la surveillance du marché.

Nous sommes le 16 mars 2000. Jour de réjouissances à la Bourse de Paris. Le « premier marché » — l'ancien marché à « règlement mensuel », celui qui regroupe l'élite des valeurs de la cote, les Michelin, L'Oréal, Air Liquide, Total, Bouygues, Dassault, Lagardère, etc. — accueille un nouveau venu. Avec tambours et trompettes. L'événement restera dans les mémoires. Pour la première fois, le gotha des valeurs bleu-blanc-rouge accueille en son sein un astre de la « nouvelle économie » : la société Liberty surf, qui s'affiche comme le « premier fournisseur français d'accès à Internet ». L'entreprise est parée des plus beaux atours. Son fondateur, Pierre Besnainou, est, nous dit-on, un des phares des valeurs dites TMT (Technologies, Médias, Télécommunications) sur lesquelles repose la « Net économie » française. Il ambitionne de conquérir les cinq continents. Habillé chez les meilleurs faiseurs, lustré, gominé et peigné, Pierre Besnainou entre dans la basilique de l'argent avec pour partenaires majoritaires deux poids lourds des affaires : le magnat de l'industrie du luxe Bernard Arnault et le géant britannique de la distribution, Kingfisher, propriétaire en France des magasins Darty. Ensemble et à parts égales, Arnault, via sa société Europaweb, et Kingfisher ont pris 91,08 % du capital de Liberty surf : une assurance tous risques pour le nouvel intronisé.

Avant qu'on lui ouvre toutes grandes les portes de la Bourse, Pierre Besnainou n'a ménagé ni son temps ni sa peine pour faire reluire les cuivres de son entreprise auprès des investisseurs potentiels. Depuis le 1er mars, il sillonne le monde. L'Europe d'abord : Londres, Genève, Milan et Francfort. L'Amérique ensuite avec escales à Boston, Chicago, San Francisco et Los Angeles. En deux semaines, des centaines de banquiers et analystes des plus grandes institutions financières mondiales se pressent pour l'entendre, rameutés par la Deutsche Bank que nous retrouverons bientôt dans les salades de Vivendi Universal, sous l'ineffable Jean-Marie Messier. Première banque d'outre-Rhin, la Deutsche Bank pilote l'opération. C'est elle qui préside aux cérémonies et signe le dossier officiel de présentation. Ses vendeurs et fondés de pouvoir sont sur le pont pour placer, tous azimuts, les titres de Liberty surf, le dernier « joyau » sorti des ateliers de la Bourse française. Il leur faut convaincre les gérants de sicav, fonds communs de placement et caisses de retraite de tirer profit de cette occasion unique d'entrer de plain-pied dans l'économie du troisième millénaire. Il y a de l'électricité dans l'air. Dans son livre *Les flingueurs du Net*[1], où il relate ces années de poudre, Laurent Mauriac raconte : « Depuis six mois, il [*Pierre Besnainou*] concentre toutes ses forces pour que ce moment [*son introduction en bourse*] arrive. Il savoure ce qui restera un exploit dans l'histoire économique française. En moins d'un an, cet homme agité et volubile a transformé une simple idée lancée lors d'une réunion en un groupe européen parachuté sur le marché boursier le plus prestigieux, à Paris. »

---

1. Paris, Calmann-Lévy, octobre 2002.

Habile vendeur, Pierre Besnainou pressent que l'euphorie de la « Net économie » sera brève et qu'il n'y a pas de temps à perdre. Homme pressé — ce qui lui évite d'avoir à trop s'étendre sur son « business plan » — le président de Liberty surf annonce des lendemains qui chantent aux épargnants. Voici venu le temps des grandes conquêtes : « Liberty surf entend se développer sur les cinq plus grands marchés du continent : France, Grande-Bretagne, Allemagne, Italie et Espagne, soit un marché de 140 millions d'internautes en 2003 », proclame-t-il. Lyrique, Pierre Besnainou veut devenir « la référence des fournisseurs d'accès des portails d'Internet, au même titre que CNN [*la grande chaîne américaine d'informations continues*] pour la télévision ou *The Financial Times* pour l'information financière ». À la question : « En avez-vous les moyens ? », il répond avec aplomb : « J'ai le soutien de mes puissants actionnaires, qui se sont engagés à ne vendre aucun titre avant un an. » Et à tout le monde il promet, fier comme Artaban, « des bénéfices pour 2003 ». Dans trois ans !

Arrive le 16 mars 2000, le jour de l'introduction. Avant l'ouverture des cotations, le résultat de la souscription est publié : 640 000 particuliers se sont disputé les 12,2 millions de titres proposés (15 % du capital de la société). L'addition de leurs demandes totalise 74 millions d'actions. L'offre des actions Liberty surf a été souscrite sept fois. Pierre Besnainou exulte de joie : « En dehors des privatisations, l'introduction de Liberty surf s'avère être le plus grand succès populaire pour une introduction en bourse. » En fin de journée, à l'issue de ce baptême du feu, son titre enregistre un franc succès. Introduit à 41 euros

— le prix payé par les souscripteurs, mécontents d'avoir vu leurs demandes réduites —, il termine à 53,15 euros, soit un bond olympique de 29,63 %. La plus forte hausse du marché.

Le P-DG peut se frotter les mains. Cette introduction lui permet de valoriser illico Liberty surf 3,39 milliards d'euros (22,25 milliards de francs !) — un record — et de faire rentrer dans ses caisses 500 millions d'euros (3,28 milliards de francs). Après quelques heures de cotations, Liberty surf fait mieux encore : sa valeur en bourse atteint les 4,56 milliards d'euros (quelque 30 milliards de francs !), autant que le Bibendum centenaire Michelin et bien plus que la compagnie nationale Air France. À ce prix, il serait possible aujourd'hui de mettre la main sur 100 % de TF1 — la première chaîne de télévision française qui, elle, gagne chaque année de l'argent — ou d'acheter quatre fois le grand-père des grands-pères, Havas. Du jamais vu en bourse — une folie ! — pour une société à peine née, dont le chiffre d'affaires n'a pas dépassé les 19,9 millions d'euros en 1999, avec — vous me lisez bien — 32,5 millions d'euros de « pertes nettes » ! Comme chez Kalisto de Nicolas Gaume, un an auparavant, mais cette fois à une échelle géante, les épargnants tombent dans une embuscade. Tel Roland à Roncevaux, ils ne s'en remettront pas.

L'affaire Liberty surf n'est qu'un remake du grand film de Woody Allen *Prends l'oseille et tire-toi.* Une fois tiré son feu d'artifice sur le premier marché, le P-DG Pierre Besnainou range ses promesses dans son album-souvenir. Il compte, pour s'en sortir, sur la présence sécurisante de ses puissants et riches actionnaires majoritaires, Bernard Arnault et Kingfisher, qui lui ont livré le miel pour attraper les mouches.

Si à Bordeaux, chez Nicolas Gaume, l'action Kalisto a au moins fait illusion pendant quelque temps, chez Liberty surf, après une brève flambée, la dégringolade du titre est quasi immédiate. Chute libre sans parachute ! D'un « plus haut » de 76 euros, quelques jours après l'introduction, le titre Liberty surf va s'enfoncer inexorablement jusqu'à 6,40 euros, à la fin janvier 2001 — neuf mois plus tard seulement ! —, lors du rachat de l'entreprise par l'Italien Tiscali, pour une poignée de pois chiches. Jamais les petits porteurs ne pourront retrouver leur mise, ce qui ne gêne pas le moins du monde Pierre Besnainou. Le 3 juin 2000, ne déclare-t-il pas à l'hebdomadaire *La Vie financière*, alors que son action vient de s'effondrer une première fois à 33 euros (après trois mois seulement d'existence en bourse) : « Liberty surf se comporte particulièrement bien dans la tempête. Le groupe est aujourd'hui incontournable en Europe. » Incroyable toupet !

À l'instar du jeune Nicolas Gaume à Bordeaux et du bataillon des naufrageurs de la « nouvelle économie » — les Fi-Système, Gemplus, Integra, Créanet et autres Completel —, Pierre Besnainou n'est qu'un marchand d'illusions, un aventurier de la Finance. Son objectif ? Ramasser en bourse le plus d'argent possible en exploitant au maximum un effet de mode et d'aubaine, en exploitant la hausse irraisonnée des valeurs nées de l'Internet. À croire ses boniments, Liberty surf serait, dans ce secteur encore en friche et aux perspectives illimitées, un « leader incontournable ». Présenté comme la troisième merveille de la planète Internet, son groupe sort à peine du berceau. Il est constitué de sociétés rachetées au son du clairon et... au prix fort. Derrière une apparence sérieuse, sa stratégie — l'Internet gratuit — n'est qu'une chimère. Autant promettre aux actionnaires qu'ils vont gagner au Loto sans avoir à acheter le billet.

Le 16 mars 2000, jour d'introduction de Liberty surf à la Bourse de Paris, Concerto et associés — organisme qui « publie en permanence les recommandations, études et avis de 900 analystes, gestionnaires et traders appartenant à 200 établissements financiers parmi les plus influents » — présente sur son site Internet *Selectbourse* (propriété du CCF) la société de Pierre Besnainou comme « l'un des futurs grands du secteur » :

« Pour la plupart des analystes qui suivent la valeur, Liberty surf fait partie des acteurs qui joueront un rôle dans le futur. Grâce à diverses acquisitions, le groupe arrive aujourd'hui selon eux à proposer une offre complète aussi bien en termes d'accès que de contenus. (...) Ils restent au total très positifs sur la valeur et pensent que le titre pourrait rapidement grimper, alors même qu'il se traitait la semaine dernière entre 128 et 140 euros sur le marché gris [1], le marché de préintroduction des titres. »

Prodigieux experts qui oublient l'essentiel : force est de constater que dans l'euphorie ambiante, il ne s'est pas trouvé un analyste sérieux, pas un banquier d'affaires pour mettre le public en garde, le prévenir que même dans l'Internet il est impossible de réaliser des profits en offrant un service gratis... financé par d'hypothétiques contrats publicitaires. Unique signe

1. Marché gris : marché de gré à gré des valeurs introduites en bourse, avant leur première cotation officielle.

annonciateur du désastre : la démission, le 17 octobre 2000, du directeur financier de Liberty surf, qui ne veut plus continuer de cautionner une gestion à la dérive. Les pertes de Liberty surf pour l'année 2000 dépassent les 227,2 millions d'euros (près de 1,5 milliard de francs !) ; son résultat d'exploitation est négatif de 156,4 millions d'euros (1,026 milliard de francs !) : un coup de poignard dans le dos des petits actionnaires.

Les seuls gagnants dans ce jeu de bonneteau pour investisseurs naïfs seront les associés de départ de Liberty surf qui se partagent le gros de son capital et ne veulent pas supporter son coûteux lancement : le P-DG Pierre Besnainou (2,61 % du capital) et, en premier lieu, ses deux faire-valoir, l'illustre Bernard Arnault et Kingfisher (45,54 % chacun). Entré dans la société pour trois francs six sous, ce brelan d'as va quitter le champ de bataille les poches pleines, en ne laissant derrière lui que des cadavres. Non sans se partager, en janvier 2001, une grosse valise de millions d'euros : 180 millions en janvier 2001 (1,18 milliard de francs) pour Bernard Arnault et autant pour Kingfisher ; 4 millions (plus de 26 millions de francs) pour Pierre Besnainou, le solde lui étant réglé en actions Tiscali.

Bravo monsieur Arnault ! Faire de l'argent, ramasser toujours plus de sous — mais à quoi bon ? —, jusque dans les pires sinistres boursiers et sur le dos des épargnants (en compagnie, de surcroît, d'un homme d'affaires au passé controversé), n'est pas donné à tout le monde. Du cousu main, pas très chic... vous en conviendrez. Il n'est pas digne du patron, il est vrai somme toute méritant, du premier groupe mondial du luxe et de la maison Dior. Dérapage accidentel ?

Le 14 février 2001, quand il tire sa révérence, ayant abandonné les commandes de Liberty surf aux Italiens de Tiscali, Pierre Besnainou ne perd rien de sa superbe. On n'attendra de lui ni remords ni la plus petite compassion à l'égard des petits porteurs qu'il a rameutés onze mois auparavant, eux dont le seul tort aura été de croire à ses prophéties. Le bateleur continue de faire son cinéma. Il est, pour de vrai, la superstar dans *La vérité si je mens.* « Personne, dit-il avec toujours la même arrogance, ne conteste notre fabuleux succès industriel et commercial. Tous les engagements pris lors de l'introduction en bourse ont été tenus. »

Ben voyons !

Certes, le gourou des plumés de la « Net économie » est « désolé » de la chute du cours de l'action, mais, ajoute-t-il avec mépris et mauvaise foi : « Le marché ne m'a pas sanctionné : Liberty surf est le titre qui a le mieux résisté, mieux que T-on line, Terra ou Tiscali. »

Cynique, inconscient du mal qu'il a fait, des dégâts qu'il laisse derrière lui, le nouveau riche du premier marché de Paris continue de plastronner. Voilà maintenant qu'il manifeste sa fierté : « Le 9 janvier 2001 [*date de la vente de Liberty surf à Tiscali*], il y avait [*pour lui*] un chèque du repos, le bonheur de concrétiser une deuxième vie professionnelle. »

Impudent, l'homme qui a ruiné une foultitude d'investisseurs joue jusqu'au bout les importants. Il serait un manager recherché, un P-DG que l'on s'arrache : « Je compte maintenant prendre des vacances. J'ai reçu plusieurs propositions de reprises d'entreprises ou de postes d'administrateur. »

Ce jour-là, Pierre Besnainou oublie l'ardoise qu'il abandonne en bourse. Lui, que les professionnels et épargnants grugés surnomment désormais « Pierre-baise-nous-tous », vient de raser et léser des milliers d'investisseurs modestes, convaincus qu'ils faisaient un investissement d'avenir, le placement de leur vie. En à peine dix mois, ils se sont fait laminer.

Du désespoir de ses victimes, Pierre Besnainou n'a cure. Pire encore : quelques jours avant la cession de Liberty surf à Tiscali, il déclare avec son habituelle roublardise : « L'entreprise n'est pas à vendre. » Commentaire immédiat et assassin du chroniqueur des *Échos*[1] sous le titre approprié « L'or, la myrrhe et le ciment » : « Après avoir cru bon, au milieu de l'été dernier, de renvoyer le dirigeant de Tiscali à ses chères études, alors qu'il venait de lui soumettre une offre de rachat sur la base de 45 euros par action [*soit 10 % de plus que le cours d'introduction à 41 euros*], le voilà à nouveau en discussion avec le groupe sarde. Au moment où Belgacom témoigne également de son appétit pour Liberty surf. Ces sollicitations sont d'autant mieux accueillies par le "provider" français que son cours de bourse a été divisé par six depuis son introduction en bourse. Et qu'il a bien besoin de redorer son blason boursier, tant vis-à-vis des petits porteurs que du groupe Arnault et de Kingfisher qui vont retrouver leur liberté d'ici à deux mois. C'est dire si l'honneur, Pierre Besnainou peut maintenant le ran-

1. 28 janvier 2001.

ger dans sa poche et mettre son mouchoir par-dessus. »

L'insolent P-DG brade finalement le paquet à Tiscali pour 7,20 euros. Ah, le brillant homme d'affaires, le gestionnaire avisé que voilà !

À la détresse des actionnaires de Liberty surf ratissés jusqu'au dernier centime par « Pierre-baise-noustous » et ses deux compères, Bernard Arnault et Kingfisher, s'ajoute un scandale plus insupportable encore : l'inqualifiable attitude des plus hautes autorités, la fameuse Commission des opérations de Bourse (COB) et son alter ego, le Conseil des marchés financiers (CMF). Sans oublier celle de l'autorité de tutelle : le ministre de l'Économie et des Finances, Christian Sautter. Tous ont sciemment laissé entrer le renard dans le poulailler, en s'asseyant sur le règlement et le bon sens.

Qui dit Bourse, dit « appel public à l'épargne ». Chacun sait que la Bourse de Paris — et a fortiori son premier marché — ne peut fonctionner comme une maison de tolérance. Seules doivent être admises à la cote les entreprises solidement établies, offrant de surcroît toutes les garanties de solvabilité et de bonne gestion. Selon le règlement du premier marché — le plus noble ! —, tout nouveau venu doit avoir trois années d'existence et présenter l'historique de ses comptes avec, bien entendu, des résultats positifs. Or, créée en avril 1999, Liberty surf, l'hydre à mille têtes de Pierre Besnainou, Bernard Arnault et Kingfisher, n'est âgée, en mars 2000, que de onze mois ! En outre, son bilan n'est qu'un abîme de pertes à faire fuir le banquier le moins regardant. Pourtant, contre toute attente, la société se voit autoriser l'entrée à la Bourse de Paris par le grand escalier. Coupable dérogation !

Certes, quand, gênée aux entournures, la COB délivre son visa — reproduit sur la note d'information de l'opération —, elle prend la précaution de l'assortir d'un « avertissement ». Le gendarme de la Bourse y attire l'attention des souscripteurs sur « les caractéristiques de la société, notamment son absence d'historique et les risques qui peuvent en résulter ». Extraordinaire hypocrisie de la maréchaussée boursière qui se met au balcon pour voir défiler ceux qui menacent l'ordre public ! Formidable institution qui croit pouvoir se laver les mains de ses misérables compromissions avec... le savon de Ponce Pilate.

Présidée depuis 1995 par l'énarque et inspecteur général des Finances Michel Prada, ce grand commis de l'État dont je soulignais plus avant la tenace bonne conscience[1], la COB et son régiment d'enquêteurs n'ont aucune excuse. Passe encore qu'ils aient fermé les yeux sur l'absence de trois années de comptes positifs, au prétexte — fallacieux ! — que 75 % du chiffre d'affaires de Liberty surf venaient de deux de ses filiales qui, elles, avaient les trois années requises d'ancienneté. Passe aussi — seconde faveur exceptionnelle ! — que Liberty surf n'ait été autorisée à n'introduire sur le marché que 15 % de son capital au lieu des 25 % requis habituellement. En revanche, la COB ne peut prétendre — sans se ridiculiser totalement — qu'elle a tout ignoré du curriculum vitae peu commun de l'honorable Pierre Besnainou.

1. Cf. *supra*, p. 18.

Sur ma table de travail, le parcours accidenté de Pierre Besnainou se lit comme un scénario de série B. Venu d'Afrique du Nord comme moi — lui de Tunisie, moi d'Algérie —, ce fils de marchand de vélos n'est pas, à proprement parler, un perdreau de l'année. Quadragénaire, baroudeur des affaires, c'est un touche-à-tout. Arrivé à Paris à moins de 20 ans, il exerce d'abord de petits métiers. Ambitieux, il se lance dans le commerce et devient « Mister gadget », au début des années quatre-vingt, en important, de Hong Kong, de la petite électronique et des articles de bazar. Son heure de gloire survient en 1986, quand il crée Kaisui, marque de téléviseurs à prix cassés, importés d'Asie puis fabriqués dans ses propres usines, en France et en Tunisie. Kaisui inonde les grandes surfaces avec ses produits bas de gamme. Dans la presse, il se décrit volontiers comme le David qui ose défier les géants Philips ou Thomson. Période faste. Son bagout fait merveille. Dans leur livre *Milliardaires d'un jour (Splendeurs et misères de la nouvelle économie)*[1] — captivant voyage à l'intérieur de la « Net économie » —, les journalistes Grégoire Biseau et Doan Bui dressent du personnage un portrait saisi sur le vif :

« Avec ses cheveux gominés, son cigare, son sourire carnassier, sa verve méditerranéenne, Pierre Besnainou pourrait vendre n'importe quoi à n'importe qui. Un croisement entre le comique Patrick Timsit et Bernard Tapie ! »

La comparaison n'est pas osée. En 1994, le roi du téléviseur à bas prix vend 350 000 postes dans l'Hexagone : environ 10 % du marché. Cette bonne fortune ne peut durer. Le 13 mars 1995, le groupe

1. Éditions Grasset, avril 2002.

Kaisui électronique et sa galaxie de sociétés — Kaisui France, Kaisui recherche et développement, la Compagnie de participations et d'investissements (CPI), Europe electronics, la Société internationale de distribution et d'exportation (Sidex), et les autres... — croulent sous les pertes et doivent déposer leur bilan. Faillite cuisante, générale ! Pour tout compliquer, Kaisui a écopé d'un redressement des Douanes pour un montant de 19,4 millions de francs. On lui reproche d'avoir importé illégalement de Hong Kong des châssis de téléviseurs. L'affaire finit entre les mains de l'administrateur judiciaire de Nanterre, Olivier Sauvan[1]. Kaisui sera reprise, à vil prix, par le groupe français Sagem.

Condamné à payer plusieurs millions de francs pour combler le passif de ses sociétés, Pierre Besnainou est « interdit de gérer » des sociétés, le 11 février 1998, par le tribunal de commerce de Nanterre. Jugement confirmé, le 18 mars 1999, par la cour d'appel de Versailles qui réduit à sept ans la durée de l'interdiction. Mais — surprise ! —, à peine neuf mois plus tard, un nouveau jugement du tribunal de commerce de Nanterre (le 14 décembre 1999, soit trois mois avant son entrée en bourse !) prononce la « réhabilitation » de Pierre Besnainou.

Un chanceux ! Un an auparavant, l'ancien patron

---

1. Olivier Sauvan a été retrouvé mort au pied d'une falaise en Sicile, au début de 2002, après avoir mystérieusement disparu. En 1997, victime d'un système dont il n'était pas le cerveau et dont il ne comprit que trop tard les tenants et aboutissants, il avait été mis en cause, avec son associé, l'administrateur judiciaire Jean-Michel Goulletquer (radié et écroué), dans la retentissante déconfiture de leur étude, la deuxième de France.

de Kaisui avait déjà vu la cour d'appel trancher en sa faveur son différend avec les Douanes. Affaire pendante, devant la Cour de cassation...

Étrange affaire Liberty surf ! Comment un citoyen avec des antécédents si pimentés a-t-il pu bénéficier, trois mois plus tard, d'une décision dérogatoire de la COB pour introduire sa société en herbe sur le marché le plus prisé de la Bourse de Paris ?

Certes, cet homme, comme tout autre, n'a pas à pâtir, ad vitam aeternam, de fautes anciennes. Cependant, la prudence et le respect du public, dont il sollicitait les fonds, ne commandaient-ils pas à la COB et au CMF de tenir compte de son passé singulièrement contrasté ? Et, à tout le moins, de lui refuser un inhabituel passe-droit ? C'est après tout 500 millions d'euros (3,3 milliards de francs !) que Pierre Besnainou et ses puissants associés s'apprêtaient à ramasser sur le tapis vert de la Bourse. Une paille !

Insolite bonté d'âme... dont Pierre Besnainou a joyeusement profité, alors qu'il aurait suffi d'interroger la mémoire des tribunaux de Nanterre (et d'ailleurs !) pour se faire une idée précise de ses capacités réelles d'entrepreneur.

Ne venez pas, messieurs les importants censeurs de la COB, ni vous, messieurs les inutiles pontifes du CMF, nous seriner que seules vos écritures comptent et qu'il suffisait de bien lire vos ***notices***, de prendre connaissance de vos avertissements sans frais pour savoir qu'il ne fallait pas que nous trempions nos biscuits dans un champagne que vous saviez frelaté.

Cessons là les calembredaines et appelons un chat un chat !

Au nom de la cohorte des victimes de votre impéritie, je vous accuse, messieurs, d'avoir failli à votre mission : la protection de l'épargne et de l'intégrité des marchés financiers. Vous n'étiez ni dupes ni en position d'ignorer à qui vous aviez à faire. À quoi servent donc vos personnels, les budgets qui vous sont octroyés, les pouvoirs discrétionnaires qui vous sont conférés ? À votre intention, vous messieurs de la COB — et pour l'information du lecteur —, je rappelle ici le règlement n° 98-01 qui définit vos obligations lorsque vous apposez votre « visa » pour toute introduction en bourse :

« Aux termes de l'article 8 de ce règlement, la Commission peut, préalablement à la délivrance de son visa, demander des investigations complémentaires aux contrôleurs légaux ou une révision effectuée par un cabinet spécialisé extérieur, désigné avec son accord, lorsqu'elle estime que les diligences des contrôleurs sont insuffisantes. »

Au lieu de cela, vos éminences se sont inclinées bas devant le baron noir des défunts téléviseurs Kaisui, considérant que Liberty surf, sa PME de pacotille, était digne du premier marché de Paris... dont vous êtes les gardiens. Plus encore : vous avez poussé la faiblesse jusqu'à l'autoriser à introduire son action en bourse, à un cours qui donnait à Liberty surf une valeur (« capitalisation boursière ») totalisant deux cent cinquante-six fois son chiffre d'affaires !

Non, je n'exagère pas : pour la énième fois, votre hypocrite laisser-aller a fait le lit d'un chevalier d'industrie ; votre laxisme a permis que le premier marché de la Bourse de Paris devienne un coupe-gorge, un marché aux voleurs (endimanchés) où trois « frères Raptout » allaient pouvoir, à tout loisir, dilapider

3,3 milliards de francs. Avec votre... papale bénédiction !

« Hypocrite » ? Je donne à ce mot le sens qui s'applique le mieux aux conséquences de votre démission face aux forces de l'argent roi [1] :

« Vous ressemblez à des sépulcres blanchis. Audehors, ils paraissent beaux ; au-dedans, ils sont pleins d'ossements, de cadavres et de toute sorte de pourriture. Vous de même, vous paraissez justes ; au-dedans, vous êtes pleins d'hypocrisie et d'iniquité. »

Oui, messieurs, les scories qui gangrènent votre institution vous ont conduits à attacher plus de prix à de riches orgueilleux qu'au cortège des humbles dont la soumission vous paraissait acquise.

1. Matthieu, XXIII, 27-28.

5.

À vous, Marc Lassus,
le président de Gemplus...
qui avez perdu vos puces, mais pas la boule

Au champ du déshonneur de la Bourse de Paris figure, gravé dans le marbre, le scandale du numéro un de la carte à puce Gemplus, dont l'action valut jusqu'à 7 euros, peu après son introduction en bourse, le 8 décembre 2000, avant de s'effondrer à 0,37 euro, fin septembre 2002. Une chute de 1 500 %, en moins de deux ans : de la belle ouvrage ! Dépouillés comme en plein bois, des milliers de petits épargnants ont vu fondre leurs économies. Dans le même temps, deux des dirigeants du groupe, dont vous, Marc Lassus, l'un des fondateurs de la société, se partageaient, en guise de cadeaux de Noël et aux frais de l'entreprise, des tombereaux de stock-options à un prix d'ami, pour un montant gigantesque de 113 millions d'euros (741 millions de francs !).

Au lecteur non initié, je signale que les stock-options sont une possibilité offerte aux cadres dirigeants de l'entreprise de souscrire ses propres actions, sans passer par la Bourse et à un cours fixé à l'avance. Les titulaires les paieront et en demanderont livraison, à condition, bien entendu, que la cotation du titre sur le marché, où il pourra être revendu, soit supérieure au prix d'exercice convenu. L'opération s'avère très rentable pour les détenteurs de stock-options si les performances de la société sont au rendez-vous, entraînant une hausse continue de l'action, à un cours largement au-dessus de celui qu'ils ont payé à la société à l'échéance convenue. De son côté, l'entreprise est tenue de livrer les titres à la date prévue. Aussi se doit-elle, soit de les avoir en réserve, soit de prendre la précaution d'acquérir des options d'achat (« call ») si celles-ci existent sur le marché, pour pouvoir disposer de ces paquets d'actions en temps utile, soit — solution la moins coûteuse — procéder à une augmentation de capital pour créer de nouvelles actions destinées à être distribuées aux bénéficiaires des stock-options. Cette dernière solution ne coûte rien, sauf qu'elle gonfle le nombre de titres en circulation et « dilue », c'est-à-dire diminue légèrement, la part des résultats distribués aux anciens actionnaires.

Si au contraire, comme dans le cas de Vivendi Universal que j'exposerai plus loin, les comptes virent à l'orange, puis au rouge vif, provoquant la panique des investisseurs et par voie de conséquence une chute du titre au-dessous du prix d'exercice des stock-options, les souscripteurs n'ont plus intérêt à acheter le quota de titres qui leur a été réservé. D'où, chez Gemplus, l'intérêt de se servir copieusement en stock-options, dès la première année d'entrée en bourse, avant que l'affaire ne tourne au vinaigre.

Venant s'ajouter à combien d'autres, la triste histoire de Gemplus est, elle encore, celle de dirigeants cupides, cherchant à s'enrichir sur le dos de la société et de ses actionnaires, qui ont conduit à la débandade l'une des stars de la high-tech française.

Au printemps 2000, vous, monsieur Marc Lassus,

quand vous annoncez la prochaine arrivée en bourse de Gemplus, à Paris et à New York, le futur semble pavé d'or et d'argent. Depuis 1988, date de sa création à Gémenos, petite localité des Bouches-du-Rhône, avec l'aide financière des pouvoirs publics, votre entreprise surfe sur le succès de la carte à puce, cette invention française du génial touche-à-tout Roland Moreno. Pour les cartes bancaires Visa et Master Card, pour les téléphones mobiles, les cartes de santé, les systèmes de contrôle d'accès..., partout dans le monde, les puces électroniques sont des outils fabuleux. Les usagers y emmagasinent codes secrets, répertoires téléphoniques, agendas et une multitude de services informatiques. Gemplus les écoule par millions d'unités, jusque dans la lointaine Chine, devenue l'un de ses principaux clients.

Fort de ses 33 % d'un marché mondial en ébullition, le chiffre d'affaires de Gemplus ne cesse de croître. Il dépasse 1,1 milliard d'euros (7,2 milliards de francs) en décembre 2000, au moment de son introduction en bourse. Alléchés par de si brillantes performances et par un tour de table prestigieux — outre les fondateurs français, il rassemble le fonds d'investissement Texas Pacific Group (TPG) du magnat texan David Bonderman, la riche famille allemande Quandt, propriétaire de BMW, le groupe industriel Marcel Dassault, le géant américain General Electric, le sultanat de Brunei, etc. —, les investisseurs du premier marché parisien et du Nasdaq américain ne se font pas prier pour s'arracher les 13 % du capital mis à leur disposition.

« Gemplus, un cador à prix d'or ! » s'enthousiasme, le 23 novembre 2000, dans l'une de ses notes, EIFB, la société de bourse du Crédit industriel et commercial

(CIC), qui vante les mérites de l'entreprise, tout en signalant le prix d'introduction « relativement élevé ». Dans son édition du 22 novembre 2000, l'excellent magazine financier *Mieux Vivre* donne une recommandation approuvée par l'ensemble de la presse économique : « Achetez Gemplus. » *Mieux Vivre* souligne que « depuis sa création, en 1988, Gemplus a toujours généré des bénéfices à partir d'une très forte croissance ».

À son zénith, quand l'action cote 7 euros, votre compagnie, monsieur Lassus, est alors évaluée à quelque 3,3 milliards d'euros (21,7 milliards de francs !). Je note toutefois que son entrée en bourse lui permet d'engranger 70 millions d'euros (459 millions de francs) dans ses caisses, pendant que ceux des actionnaires d'origine (parmi lesquels vous, monsieur Marc Lassus) qui ont cédé, lors de l'introduction, une partie de leurs titres au marché, se partagent, eux, 280 millions d'euros (1,84 milliard de francs !). Énorme pactole[1] !

L'euphorie ne sera qu'un feu de paille.

Touchée de plein fouet par la crise du marché des télécoms et par le plongeon brutal des ventes de téléphones mobiles, son principal débouché, Gemplus voit ses résultats sombrer sous la ligne de flottaison. Les pertes atteignent 90 millions d'euros (590 millions de francs) en 2001 puis 180 millions d'euros (1,18 milliard de francs) au premier semestre 2002, effets de

1. Les actionnaires d'origine qui ont cédé au public une partie de leurs titres sont par ordre d'entrée en scène, parmi ceux que je viens de citer, la famille Quandt, Marc Lassus, General Electric capital et le sultanat de Brunei. Le groupe Dassault n'a, lui, rien vendu.

votre gestion débridée. Plus grave, l'entreprise est complètement déstabilisée par le roman noir du conflit qui vous oppose très vite, monsieur Marc Lassus, au puissant Texas Pacific Group, principal actionnaire de Gemplus, avec 26,08 % du capital. Le feuilleton se joue aujourd'hui sur la scène judiciaire, où les actionnaires grugés, parmi lesquels la famille Dassault, tentent de sauver ce qui doit l'être.

Tel le loup dans la bergerie, le fonds d'investissement texan est arrivé chez Gemplus fin 1999, moyennant un gros chèque de 550 millions d'euros (3,6 milliards de francs). Soupçonné par certains spécialistes du renseignement d'agir en sous-marin pour le compte de la CIA, les services secrets américains, il est accusé aujourd'hui de vouloir mettre la main sur l'entreprise tricolore, à seules fins de s'attribuer ses brevets ultra-stratégiques dans les puces électroniques et le cryptage de données. Un amusant roman d'espionnage qui ne peut tromper personne, car la majorité du capital de Gemplus est détenu par des Européens et... le public. De fait, au début 2000, l'une des premières décisions du groupe texan parvenu aux commandes de Gemplus sera de déménager le siège de l'entreprise au Luxembourg, gentil paradis fiscal niché au cœur de l'Europe, où le secret bancaire et les mouvements financiers sont plus opaques que l'ébène. Commode Luxembourg où Gemplus ne possède qu'un petit bureau et trois employés. Sa législation permet aux dirigeants de Gemplus de s'enrichir... légalement. Mais ce transfert éveille les soupçons et attire l'attention.

À Paris, à la fin de 2002, les directions de la DGSE et de la DST sont mobilisées. Et le ministre des

Finances du gouvernement Raffarin, l'ancien industriel Francis Mer, intervient pour, dit-on, éviter que Gemplus ne passe sous pavillon étranger. Au début de décembre 2002, le groupe français Sagem fait le premier pas, en rachetant, à vous Marc Lassus, les 10 % du champion mondial des cartes à puce dont vous étiez le créateur-propriétaire.

Témoins malgré eux de ces péripéties rocambolesques, les malheureux actionnaires qui ont misé sur Gemplus lors de l'introduction en bourse de décembre 2000 sont les grands perdants. Ballottés de changements de P-DG en révolutions de palais, traumatisés par la dégringolade de l'action en bourse, ils assistent, impuissants, au naufrage d'une des plus belles sociétés de la place de Paris, voyant la valeur de leurs titres presque réduite à néant.

Dans ce bourbier, tout le monde ne s'enlise pas. Vous, monsieur le président Lassus, ne pouvez être rangé dans le camp des perdants, loin s'en faut ! Le 3 août 2001, la section Force ouvrière de Gemplus s'inquiète la première de « curieuses pratiques » en cours chez les dirigeants de la société et porte plainte contre X pour « abus de confiance ». L'affaire sera « classée... sans suite ». Les raisons de son courroux ? La découverte des privilèges insensés — bien réels, eux — que se sont distribués le nouveau directeur général américain Antonio Pérez, un homme de Texas Pacific Group, et le président du conseil d'administration de Gemplus... Marc Lassus, soi-même. Courant 2000, juste avant l'introduction en bourse, vous vous êtes tous les deux arrogé, en votre qualité de dirigeants, 10 247 893 actions gratuites de Gemplus chacun (soit 2 % du capital), auxquelles s'ajoutent 10 247 893 stock-options qualifiées de *performance options* (distribuées en fonction de certains critères de performance) et 10 247 893 stock-options intitulées *service options* (dépendant de fumeux critères de présence dans l'entreprise). Ces stock-options tombées du ciel vous sont attribuées sur la base d'un prix de faveur : 3,51 euros l'unité, alors que, quelques semaines plus tard, l'action Gemplus sera introduite en bourse pour près du double, à 6 euros.

Montant de ce petit plan d'épargne sur mesure ? 71,8 millions d'euros (471 millions de francs !) par tête de pipe ! À ce tarif, on comprend que les distributions de stock-options soient devenues le dada de nos P-DG, à commencer par les moins performants.

Mieux encore : bon prince, le groupe Gemplus n'hésite pas à jouer les banquiers. Via le circuit tortueux de sa discrète filiale Zenzus domiciliée à Gibraltar — autre paradis fiscal plus discret et efficace, au sud de l'Europe —, la société va vous prêter, elle-même, les 71,8 millions d'euros (471 millions de francs !) dont vous avez besoin, l'un et l'autre, pour pouvoir acheter votre quota de stock-options. Au total, 143 716 millions d'euros (942 millions de francs !). Inhabituelle, cette coûteuse et généreuse attention de Gemplus ne figure pas, lors de l'introduction en bourse, dans le « Prospectus préliminaire » du 20 novembre 2000, portant le visa n° 00-1870 de la Commission des opérations de Bourse. Il faut attendre un « Complément au prospectus préliminaire », lui aussi visé par la COB, le 29 novembre 2000 (sous le n° 00-1925), pour que le voile se lève quelque peu sur le traitement de faveur accordé aux deux privilégiés de Gemplus. Signé par vous, Marc Lassus, et par Marc Odendall, le directeur de Credit suisse First Boston, la banque introductrice de Gemplus sur le marché, le document mentionne alors :

« Postérieurement à la date de clôture du 30 juin 2000, la société a conclu un contrat de travail avec M. Antonio Pérez, le nouveau directeur général, prévoyant l'attribution d'actions gratuites et d'options de souscription d'actions. M. Marc Lassus, fondateur de la société et président du conseil d'administration, a reçu une rémunération équivalente. Ces contrats sont assortis de dispositions prévoyant que MM. Pérez et Lassus peuvent obtenir un prêt représentant 100 % [*sic*] du prix d'exercice de leurs options, y compris l'impact fiscal. Le prix d'exercice des options octroyées est de 3,51 euros. En date du 10 novembre 2000, toutes les options ont été exercées et les prêts octroyés pour couvrir le prix d'exercice des options de MM. Pérez et Lassus. Ces prêts s'élèvent pour chacun à 71 858 milliers d'euros, soit un total de 143 716 milliers d'euros [*938 millions de francs !*]. »

Pourquoi faire petit quand, avec la bénédiction des autorités de contrôle, il est possible de voir la lune en grand ? Et d'aller s'y faire bronzer, allongé sur un tas d'or.

Le 4 décembre 2000, il faut lire un « Second complément au prospectus préliminaire », revêtu du visa n° 00-1960 de la COB, pour obtenir davantage de précisions. En page de garde, un « avertissement » dûment encadré « attire l'attention du public » sur un point curieux. Encore lui faut-il le déchiffrer, muni d'une bonne calculette et d'un manuel de décodage :

« Les deux principaux dirigeants ont reçu chacun des actions gratuites représentant 1,72 % du capital à la date du présent visa et des options de souscription d'actions au prix d'exercice de 3,506 euros qui leur ont permis de souscrire chacun un nombre d'actions représentant 3,44 % du capital à la date du présent visa. (...) Une société du groupe Gemplus leur a consenti des prêts représentant 100 % du prix d'exercice de ces options. Ces prêts n'ont pas fait l'objet de prise de garantie ou sûreté, à l'exception du nantissement des actions correspondantes. »

Heureuse société qui prête 143 716 milliers d'euros (938 millions de francs !) à ses deux dirigeants, sans « garantie ou sûreté ». C'est-à-dire sans aucun moyen de se faire rembourser si les bénéficiaires de ces prêts venaient à être défaillants. Le tout après leur avoir déjà fait l'énorme cadeau de 1,72 % du capital chacun ! Or, selon la législation française, il est formellement interdit à un mandataire social d'emprunter à sa propre société. Chez nous, cette pratique peut s'apparenter à un « abus de biens sociaux ».

Qu'à cela ne tienne : vous Marc Lassus et votre compère le joyeux guitariste Antonio Pérez, ancien numéro deux du géant de l'informatique Hewlett Packard, avez pensé à tout : Zenzus, la petite « coquille » de Gibraltar, à travers laquelle vous avez encaissé vos emprunts, est une filiale non de Gemplus SA, la société française originelle, mais de Gemplus international SA, la holding du groupe immatriculée au Luxembourg (avec siège social à Genève), là où la loi permet ce genre d'acrobatie comptable. À condition que la COB ne soit pas trop regardante, l'honneur et la légalité apparente sont saufs. Comme l'écrit le 18 juillet 2001 dans « une procédure d'alerte » la société d'expertise comptable ECO de Marseille, « un certain nombre d'opérations ont été réalisées qui sont interdites et répréhensibles en France ». J'apprends à l'examen de son rapport que « Antonio Pérez détient, au 31 décembre 2000, 30,74 millions d'actions Gemplus Luxembourg, soit 4,95 % du capital, dont

20,49 millions d'actions financées par des prêts de Gemplus et 10,24 millions obtenues gratuitement ». Pour ce qui vous concerne, monsieur Lassus, vous avez « bénéficié au cours des dernières opérations d'un traitement équivalent et symétrique ». Quand on apprend par l'intermédiaire des experts du cabinet ECO que Antonio Pérez a bénéficié d'un prêt global de 89,3 millions d'euros (586 millions de francs !) et que vous, Marc Lassus, étiez logé à la même enseigne — ce qui aggrave sensiblement vos additions respectives —, je ne peux rien faire d'autre que m'incliner bas devant votre grandeur, pour lui adresser, avec sa permission, mes compliments les plus déférents !

Votre sac d'embrouilles, cher président, était bien ficelé. Qui donc a lu le « complément », puis le « second complément » au prospectus de l'introduction en bourse ? Il faudra attendre les premiers soubresauts de l'affaire Gemplus, en décembre 2001, lors du départ brutal d'Antonio Pérez, pour que salariés et petits actionnaires mettent au jour les faveurs que se sont octroyées, sur leur dos, les deux patrons du groupe. Encore iront-ils de surprise en surprise. Ils ne tardent pas à découvrir que le Tonio Pérez disposait par ailleurs de notes de frais pour ministre zaïrois, assorties d'une liste abracadabrantesque d'avantages garantis par contrat : le règlement par Gemplus de son surcroît d'impôts, ceux payés en dehors des États-Unis ; une assurance-vie ; deux autres assurances, médicale et dentaire ; un logement proche du siège de Gemplus, pour lui, sa famille et la nurse ; les déplacements pour tout le monde « en première classe », entre son domicile californien de San Diego et les différents sites du groupe ; l'entretien et la sécurité de sa somptueuse maison californienne en son absence ; le coût de ses déménagements, achats de mobiliers, entretien de jardin et piscine, de ses avocats et conseillers fiscaux. Un beau « package » ! Tous les menus frais sont payés... mieux que dans nos palais nationaux.

Mais, soyons justes, monsieur le président Lassus : recruté en août 2002, l'Américain Alex Mandl, votre successeur, demandera des avantages presque aussi exorbitants, à commencer par l'entretien de sa résidence aux États-Unis (évaluée 15 millions de dollars), à raison de 80 000 dollars (525 000 francs !) par mois, ainsi que le règlement par l'entreprise de ses déménagements et installation à Genève, là où le siège social de Gemplus international a été transféré (avec ses dirigeants) pour d'évidentes raisons fiscales. À l'ordre du jour de l'assemblée générale du 19 décembre 2002 figure l'approbation de son « package » de P-DG. Outre ce que je viens d'énumérer, s'additionnent maintenant 1,32 million d'euros (8,7 millions de francs) de salaires et bonus pour la première année, une prime d'embauche de 500 000 euros (3,3 millions de francs), des stock-options, ainsi qu'une enveloppe de « relocalisation » plafonnée à 4,9 millions d'euros (32,14 millions de francs). Des montants indécents vu la situation financière de l'entreprise que vous avez fragilisée.

Encore plus fort : lorsqu'il fut renvoyé, fin 2001 — après seulement dix-huit mois de présence ! —, Antonio Pérez, alors présenté par vous aux salariés comme le « Zidane de Gemplus », a touché 1,2 million d'euros (7,9 millions de francs !) d'indemnités.

La prime de l'incompétence, en somme. Celle du pilleur de diligence. La prime des frères Dalton.

De votre côté, monsieur Marc Lassus, vous étiez encore mieux loti. Toujours propriétaire de 15,7 % du capital de Gemplus, votre salaire atteignait 1,15 million d'euros (7,54 millions de francs !) en 2001. Et, à la fin de cette même année, vous avez encaissé un chèque de 11,2 millions d'euros (quelque 73,5 millions de francs !), lors de votre éviction de la présidence du conseil d'administration.

L'autre prime qui dit tout.

À un feu d'artifice si pétaradant, il manquait le bouquet final. Il intervient en 2002, quand l'action Gemplus, totalement dépréciée, se met à flirter avec ses « plus bas ». Casse-tête de taille : comment les deux anciens directeurs Antonio Pérez et vous, Marc Lassus, peuvent-ils rembourser leurs emprunts de 71,8 millions d'euros chacun, alors que les actions qu'ils ont achetées avec cet argent à 3,51 euros l'unité sont descendues au-dessous de un euro ? Vos banquiers se grattent la tête et la direction financière de Gemplus se met aux antidépresseurs.

Reparti avec sa guitare et ses valises de dollars aux États-Unis où il n'aurait pu s'en tirer à si bon compte, « Tonio » préfère solder au plus vite le problème en rétrocédant tous ses titres à la généreuse société Gemplus. Mais la baisse des cours ne lui permet pas de rembourser l'intégralité de son emprunt. Que faire ? Rien d'autre qu'un énième cadeau ! Selon le bilan 2001, l'opération s'est traduite pour Gemplus « par un abandon de créances [*en faveur de Pérez*] de 6,8 millions d'euros [*44,6 millions de francs !*] qui a, par ailleurs, créé une charge fiscale, au titre d'avantage en nature, pour un montant de 6,5 millions d'euros [*42,6 millions de francs !*] supportée par la société ».

Façon élégante de parler et de se moquer des petits porteurs qui, comme toujours, paient les pots cassés ! Car c'est Gemplus qui devra payer les ardoises de l'ex-directeur général, y compris ce qu'il doit à l'administration fiscale.

Ainsi, pour seulement dix-huit mois d'une gestion calamiteuse, le prétentieux et inutile Antonio Pérez aura coûté à Gemplus et à ses actionnaires un total de 13,3 millions d'euros (87,2 millions de francs !) en emprunt et abandon de créances, auxquels il faut ajouter son indemnité de départ de 1,2 million d'euros (7,9 millions de francs !). Ardoise salée et poivrée : sans compter les salaires perçus, elle dépasse les 14,5 millions d'euros (95 millions de francs !).

Incroyable pillage, dont il appartient aujourd'hui à la justice, saisie dès août 2001 par le syndicat FO qui se refuse à abandonner la partie, d'éclaircir tous les aspects. À condition qu'elle le veuille, ce qui chez elle n'est jamais certain.

Vous, Marc Lassus, à l'inverse d'un Michel Bon chez France Télécom, ou d'un Jean-Marie Messier chez Vivendi Universal, avez eu au moins le mérite d'avoir créé de toutes pièces Gemplus, une entreprise longtemps florissante, avec un outil et un capital technologique qui restent de premier ordre. À l'heure où je termine ce livre, vous avez devant vous un délai d'un an, jusqu'au 31 décembre 2003, pour rembourser les 71,8 millions d'euros dus à l'entreprise que vous avez sinistrée. Pas complexé, confortablement installé à Londres pour raison fiscale, vous vous défendez comme un beau diable : « Je suis coupable d'avoir été crédule, au point d'avoir fait entrer dans l'entreprise ces gens qui n'avaient qu'un objectif : en prendre le contrôle [1] ». Pour consoler la veuve de Carpentras, vous ne reculez devant rien : voilà que vous vous affirmez victime de saboteurs, presque totalement ruiné, en peine de rembourser tout cet argent. Il est vrai que vous avez utilisé une bonne partie des fonds qui vous furent alloués, courant 2000, pour acquérir, à titre personnel, 18 % du capital de votre concurrent Ingenico, dont l'action a, comme les autres, dégringolé et que vous avez dû revendre en catastrophe à vos banques, en novembre 2002, pour couvrir une partie de vos dettes. Résultat : selon les comptes 2001 de Gemplus, vous, l'ex-P-DG fondateur, devez encore 75,317 millions d'euros (494 millions de francs !) à la société, dont 3,4 millions d'euros rien que pour les intérêts. En l'absence de garantie, Gemplus a peu de chance de récupérer cette créance. Aussi la société a dû la provisionner à hauteur de 66,9 millions d'euros (439 millions de francs !) dans les comptes de Gemplus, chiffre rondelet qui correspond au montant du risque engendré par votre cupidité. Mais vous gardez la tête haute. Vous êtes dans l'air du temps.

Ainsi, par appât du gain et manque de clairvoyance, vous, Marc Lassus, jadis brillant ingénieur et entrepreneur averti, vous vous retrouvez au bord de la ruine et au ban de l'entreprise que vous avez créée puis saignée. Dans votre déchéance que vous n'avez pas volée, vous avez provoqué la détresse de milliers de salariés, dont 2 740 (40 % des effectifs) ont déjà perdu ou sont en passe de perdre leur emploi. Vous avez aussi grugé vos actionnaires petits et grands, pour lesquels vous étiez un modèle, une assurance-vie. Je pense d'abord aux petits porteurs spoliés, mais aussi aux grands

1. Emission *Envoyé spécial*, France 2, 16 janvier 2003.

actionnaires d'origine, telles les familles Quandt ou Dassault qui ont perdu in fine... comme tout le monde.

Un malheur n'arrivant jamais seul, Gemplus doit maintenant rendre des comptes à la Direction générale des impôts. Dans une question écrite posée le 8 août 2002 au ministre de l'Économie Francis Mer, la sénatrice communiste du Val-d'Oise Marie-Claude Beaudeau attire son attention « sur la pratique du transfert de brevets à l'étranger à des fins d'évasion fiscale et particulièrement sur le cas du fabricant de cartes à puce Gemplus ». Elle lui fait remarquer que, bien qu'elle ait dégagé un bénéfice d'exploitation de 127 millions d'euros en 2000, cette société n'a pas payé d'impôt sur le bénéfice pour cet exercice. En effet, « les dirigeants de Gemplus avaient au préalable transféré plusieurs brevets à une structure luxembourgeoise de l'entreprise. Le versement d'importants droits sur ces brevets vers cette structure implantée dans un pays [*européen*] qui offre les avantages d'un paradis fiscal leur a permis de réduire artificiellement le bénéfice comptable de Gemplus en France, à concurrence exactement des crédits d'impôts octroyés pour l'effort de recherche et ainsi se soustraire entièrement au paiement de l'impôt sur les sociétés pour 2000 ».

Beau salmigondis fiscal, assaisonné de Tabasco texan et mitonné dans les arrière-cuisines des paradis fiscaux. Le seul à porter beau dans cette déconfiture franco-américaine est le milliardaire de Fort Worth, David Bonderman, patron du très secret Texas Pacific Group, celui dont les montages financiers alambiqués et la stratégie catastrophique ont conduit à sa perte

Gemplus, un joyau de l'industrie française. Ancien avocat, ex-bras droit du raider Robert Bass, Bonderman n'est pas non plus un renardeau de l'année. Il gagna ses galons d'arquebusier de la Finance en 1993, en rachetant la compagnie aérienne en faillite Continental Airlines. L'opération lui permit de gagner dix fois sa mise. Depuis, Bonderman aligne les milliards de dollars et les rachats d'entreprises : les motos Ducati, le fabricant de disques durs Seagate, les conserves de fruits Del Monte ou la fameuse compagnie aérienne à prix cassés Ryanair. La déroute de Gemplus n'est pour lui qu'un incident de parcours qui ne l'endeuille pas. Le 16 novembre 2002, au moment où la société de Gémenos préparait son deuxième plan de licenciements en moins d'un an, le sémillant Bonderman, entouré de 1 500 invités, fêtait joyeusement ses soixante ans au Hard Rock Hotel de Las Vegas. Un pince-fesses charmant... à la santé des actionnaires de Gemplus. Après un numéro du célèbre acteur Robin Williams, le clou de la soirée sera un concert privé des Rolling Stones, spécialement appointés par le magnat texan. Coût de l'anniversaire du principal actionnaire de Gemplus : 10 millions de dollars (65,6 millions de francs !), dont 6,5 millions (42,6 millions de francs !) rien que pour le cachet versé aux Rolling Stones !

Avec ce Bonderman, vous vous étiez bien trouvé, monsieur le bien nommé Lassus, pour, au bal des vampires, diriger la valse des sangsues.

Aux patrons indélicats qui ont grugé leurs actionnaires en tirant profit de leur naïveté, je pourrais consacrer plusieurs volumes. Par rapacité, par faiblesse ou par orgueil, pour gonfler leur patrimoine, pour ne pas décevoir, ou pour faire la une des magazines, nombreux sont ceux qui ont défendu avec assurance des perspectives qu'ils savaient irréalistes.

Carton jaune, par exemple, pour Francis Olivier, l'ex-P-DG de Sidel, l'entreprise de machines à fabriquer des bouteilles en plastique, longtemps valeur vedette de la Bourse. Imaginatif Francis Olivier dont la fortune (estimée à 366 millions de francs en 1999) avait quintuplé en l'espace de six ans et qui, à grand renfort médiatique, nous avait annoncé en mars 1999 une découverte extraordinaire — le procédé révolutionnaire « Actis » pour les bouteilles de bière en plastique, alors qu'elles venaient tout juste de sortir des éprouvettes. L'annonce avait fait exploser son cours de bourse, alors que la fameuse trouvaille allait davantage séduire les analystes financiers complaisants (et ignorants) que les brasseurs.

Idem, pour Duran-Duboi et son mirifique logiciel « Mendel », introduit le 23 mai 1997 à 28,97 euros sur le Nouveau marché de Paris où il va atteindre 255 euros le 21 février 2000. Formidable Mendel, roi de l'Internet en « trois dimensions » et des effets spéciaux numériques qui va se solder par un fiasco : au 31 décembre 2002, le titre écroulé Duran-Duboi ne vaut plus que 2,91 euros ! Baisse de 90 % par rapport au cours d'introduction. Un cas qui n'est malheureusement pas isolé, loin s'en faut.

Carton rouge encore pour ceux qui, tel Nicolas Gaume, n'hésitent pas à doper leurs comptes ou à se réclamer de contrats imaginaires pour retarder l'échéance fatale. Cas encore, dans le textile, l'habillement et les accessoires, de Regina Rubens, en cessation de paiement le 10 avril 2001. Introduite sur le Nouveau marché à 6,74 euros, le 9 juillet 1998, la sémillante Regina s'y était présentée sous ses plus beaux atours. Avec LVMH, la prestigieuse entreprise de luxe de Bernard Arnault — encore lui ! —, à hauteur de 36 % du capital de la holding, contrôlant 62 % de la société cotée. Au 31 décembre 2002, Regina Rubens aura coûté aux investisseurs 96 % de leur mise. L'intrépide P-DG, partenaire de Bernard Arnault — qui sait décidément choisir ses associés —, n'avait pas hésité à gonfler son chiffre d'affaires de 40 millions de francs et à dissimuler des pertes supérieures à celui-ci. Accident ? Que non ! Pour pouvoir « respecter les prévisions annoncées lors de l'introduction » de sa société, la justice l'accuse d'« irrégularités comptables sur les exercices 1998 à 2001 ».

C'est ainsi que la Bourse, marché où se brassent perpétuellement les plus fabuleuses sommes d'argent, propriété de millions d'investisseurs privés, s'est petit à petit transformée en marché aux voleurs. On ne peut appeler autrement ces P-DG inventeurs et paradeurs, tous « présumés innocents » — car jamais jugés et condamnés —, qui, pour se financer et s'enrichir, sont autorisés à faire appel à l'épargne publique, à communiquer des comptes et des prévisions de résultats tantôt fantaisistes, tantôt inexacts. Capter l'argent d'autrui par dissimulation, fourberie et mensonge revient, ni plus ni moins, à le voler... sans en avoir l'air, tout en jouant aux saintes-nitouches.

Le cimetière des stars de la « nouvelle économie » est garni de belles tombes... où dorment, pour toujours, nos millions envolés sur le marché aux voleurs. La liste est longue des sociétés récemment introduites dans une Bourse devenue un piège mortel pour les investisseurs.

À Paris, le Nouveau marché créé en 1996 pour devenir un jardin de roses, une sorte de Nasdaq à la française — par comparaison avec ce marché boursier new-yorkais de la high-tech —, est devenu le vivier pollué des valeurs de la « nouvelle économie ». Durant sa période faste, en l'an 2000, il affichait un indice qui flirtait avec les 7 500 points et une capitalisation boursière globale de **50** milliards d'euros (328 milliards de francs !). À ce jour, au fil des faillites et des révisions déchirantes de perspectives et résultats, son indice (en baisse de plus de 50 % en 2002) est tombé sous les 500 points et ses entreprises survivantes ne pèsent plus que **6** milliards d'euros (39 milliards de francs). Outre Intégra, les petits épargnants qui ont eu le malheur de placer leurs économies dans Cryo, Desq ou ATN, toutes tombées en faillite, ont perdu l'intégralité de leur mise. Et je ne compte pas les affaires où, sur d'autres marchés (le premier dit « SRD » ou le « Marché libre », ancien « Hors cote »), on découvre chaque jour des abus de biens sociaux, des faux bilans, voire des détournements de fonds... en tout genre.

Que dire, par exemple, de ce communiqué du 25 juin 2002, émanant de la société Créanet SA, cotée sur le marché libre de la Bourse de Paris ? Nouveau président du directoire, Jean-Paul Farges et l'équipe de direction remplissent convenablement leur mission en informant les actionnaires qu'ils ont déposé auprès du doyen des juges d'instruction de Paris « une plainte pénale avec constitution de partie civile contre les anciens dirigeants [*révoqués*] de l'entreprise à la suite de la découverte de faits d'une extrême gravité nuisant aux intérêts de Creanet ». Inhabituelle dans un monde où d'ordinaire tout s'étouffe allègrement, l'information est honnêtement diffusée dans le respect du règlement n° 98-07 (article 4) de la COB, relatif à l'obligation d'information du public. Il stipule expressément que « tout émetteur [*d'actions*] doit, le plus tôt possible, porter à la connaissance du public tout fait important susceptible, s'il était connu, d'avoir une influence significative sur le cours d'un instrument financier ou sur la situation et les droits des porteurs de cet instrument financier ».

Lésés par le précédent état-major de Créanet qui fut renvoyé séance tenante lors de la dernière assemblée générale, les actionnaires déconfits apprennent que la plainte vise plusieurs délits commis au nez et à la barbe des gendarmes du marché aux voleurs : « abus de confiance, abus de biens sociaux, détournements d'actifs et fausses déclarations ».

Une pratique devenue courante... Les ex-patrons de Créanet me rappellent l'inoubliable acteur Louis de Funès dans *La folie des grandeurs.* Le valet Yves Montand le sort d'un sommeil hargneux, agrippé à sa cassette : « Monseignor, il est l'or ! » On connaît la réplique de Don Salluste : « Mon or, c'est mon argent ! Ça, c'est pour moi. Ça, c'est pour le roi. C'était pour le roi, tout devient pour moi ! »

Autrement dit, cher Don Lassus Salluste, tout était pour vous. Grand seigneur, comme tous vos confrères fossoyeurs de la Bourse et de la petite épargne, vous nous avez laissé des miettes empoisonnées, en témoignage de votre gratitude... pour vous avoir fait roi.

6.

À vous, Serge Tchuruk et Michel Bon,
les P-DG bluffeurs et sentencieux
qui avez plumé la poule aux œufs d'or

LAISSONS là le gros de la troupe. Et venons-en à vous, messieurs Michel Bon, Jean-Marie Messier et Serge Tchuruk, les P-DG des mastodontes France Télécom, Vivendi et Alcatel, qui avez transformé la Bourse de Paris en champ de mines, en terre de désolation. Cosmonautes partis pour des planètes imaginaires, vous nous avez promis la lune pour, finalement, nous envoyer en enfer. À vous trois, vous avez réussi la performance de faire disparaître, en l'espace de quelques mois, des centaines de milliards d'euros que vous étiez chargés de faire fructifier ou, à tout le moins, de préserver.

Que reste-t-il, messieurs, des trésors qui vous ont été confiés ?

Que reste-t-il de vos trois entreprises, fleurons de l'économie française, aujourd'hui réduites à faire la manche pour survivre ?

Vous laissez derrière vous un spectacle de ruines, un océan de dettes, des milliers de salariés et d'actionnaires désemparés, menacés dans leurs emplois pour les uns, spoliés pour les autres.

Vous pensiez, messieurs, avoir la science infuse, être les grands prêtres d'une ère nouvelle où il suffisait de dépenser sans compter pour entrer au panthéon des « maîtres du monde ».

Grisés par votre mégalomanie, votre pouvoir incontrôlé et souvent dopés par vos salaires de sultans et vos cargaisons de stock-options, vous vous êtes mis à croire à vos prévisions démentielles, à vos propres mensonges. Inconscients jusqu'au bout, vous avez manqué du plus élémentaire bon sens, sans jamais oser ouvrir les yeux, battre votre coulpe quand il en était encore temps.

Aussi, je vous accuse, messieurs Serge Tchuruk, Michel Bon et Jean-Marie Messier, vous les trois ex-figures de proue du CAC 40, devenues ses naufrageurs. Je vous tiens pour les premiers, les grands responsables du cataclysme qui a dévasté notre économie et nos portefeuilles. Quelles que soient les excuses que vous vous donnez — par exemple le retournement de l'économie... qui vaut pour tout le monde, qui a frappé toutes les sociétés du monde, sans les mener à la faillite —, vous êtes, ne vous en déplaise, les fossoyeurs en chef de la Bourse et de la petite épargne.

Commençons par vous, Serge Tchuruk, le P-DG qui s'est octroyé l'un des plus gros salaires des entreprises du CAC 40, mais dont les employés et les actionnaires, lessivés à l'acide, se sont retrouvés en guenilles.

Votre cursus à la tête du champion français des télécommunications, Alcatel, dont vous tenez les rênes depuis 1995, restera marqué par la plus belle ânerie jamais proférée par le patron d'un grand groupe industriel : « Nous souhaitons être très bientôt une entreprise sans usine. »

À la lecture de ces propos stupéfiants, tenus le 26 juin 2001 à Londres, lors d'un colloque organisé par le très sérieux *The Wall Street Journal*, je suis resté sans voix. Comment vous, polytechnicien et ingénieur de l'armement, qui, au contraire de nombre de vos homologues, avez effectué la totalité de votre carrière dans les plus grands groupes industriels (Mobil, Rhône-Poulenc, Orkem et Total), avez-vous pu disjoncter au point de perdre le plus élémentaire bon sens, au point d'imaginer qu'un cabinet médical pourrait fonctionner sans médecin, un restaurant sans cuisinier et un leader des équipements téléphoniques sans ouvriers ni ateliers ? Un petit séjour chez le psychanalyste starlette Gérard Miller, chouchou de la télévision publique, dernier refuge des ex-soixante-huitards embourgeoisés, vous aurait fait le plus grand bien.

À votre crédit — vous qui, ce jour-là, nous avez fait tant rire —, force est de constater que votre hardi pari est en passe d'être gagné. Mais à quel prix ! Alcatel, qui comptait 230 000 salariés en 1997, n'en avait plus que 115 000 fin 2000. Au début de 2003, il n'en reste que 80 000, bientôt réduits à 60 000. Une hémorragie sans précédent dans l'histoire de l'industrie française, où vous avez gagné le titre de royal « saigneur ». Par votre faute et une stratégie suicidaire, Alcatel est aujourd'hui un mort-vivant qui a encaissé une perte gigantesque de **4,9** milliards d'euros (32,1 milliards de francs !) en 2001, suivi de **2,74** milliards de pertes (17,97 milliards de francs !) pour le seul premier semestre 2002.

En bourse, le désastre est identique. L'action Alcatel, qui a valu jusqu'à 97,4 euros le 4 septembre 2000, se traîne aujourd'hui entre 2 et 6 euros. Gifle retentissante que vous ne pouvez attribuer sérieusement au retournement des marchés, vous qui avez si ardemment participé au gonflement d'une bulle spéculative condamnée à éclater !

Votre histoire, monsieur Tchuruk, me rappelle celle du crapaud qui aspire la fumée de la cigarette sans pouvoir la rejeter et jusqu'à exploser.

Pourtant, lorsque vous débarquez à la tête d'Alcatel, il y a sept ans, la riche entreprise de la rue La Boétie, à Paris, est l'un des phares du marché financier français. Héritière de la centenaire Compagnie générale d'électricité (CGE), dont elle avait abandonné le nom en avril 1990 pour devenir Alcatel-Alsthom, puis Alcatel tout court quelques années plus tard, votre puissante société, réputée pour le sérieux de sa gestion et la régularité de ses dividendes, était une valeur de référence. Tout investisseur raisonnable se devait de la détenir. Action de père de famille, Alcatel était présente dans tous les portefeuilles, sicav et fonds communs de placement. Conglomérat assis sur plusieurs secteurs clés et rentables, le groupe tirait des profits substantiels de l'énergie, du nucléaire (avec Framatome), de la construction de centrales électriques, des TGV, des paquebots de croisière (avec Alsthom), du téléphone et même de la presse (avec *L'Express*). Tout au long de son parcours centenaire, Alcatel avait aussi accumulé l'un des plus beaux portefeuilles boursiers de la place de Paris, avec des participations dans Havas, Peugeot, Thomson, Fiat, la SFR et j'en passe.

De ce trésor, sept ans après, il ne reste presque plus rien, monsieur Tchuruk. Pourtant, lors de votre nomination, vous nous promettiez monts et merveilles. Pour mieux enterrer le règne de votre prédécesseur, Pierre Suard, et jouer les gros bras, vous aviez, d'emblée, chargé la mule et annoncé, pour l'exercice 1995, une perte de **25,6** milliards de francs (3,9 milliards d'euros).

Déjà, jeter l'argent des autres par les fenêtres ne vous faisait pas peur. À cet égard, monsieur le président, vous avez battu à plate couture l'infortuné Suard jeté comme un malpropre par votre conseil d'administration.

Aujourd'hui, monsieur le président, vous n'êtes plus l'ingénieur méritant qui débuta chez Mobil, à la raffinerie Notre-Dame-de-Gravenchon près du Havre, avec sous vos ordres le fidèle Alfred Sirven, futur héros de l'affaire Elf, que vous croiserez plus tard chez Rhône-Poulenc et à CDF-Chimie devenu Orkem. Pauvre Alfred Sirven qui croupit maintenant au quartier des VIP de la prison parisienne de la Santé, pour avoir organisé et couvert l'un des plus vastes réseaux de corruption et de trafic d'influence, sur ordre de ses supérieurs et avec la bénédiction du président Mitterrand !

À cause de votre stratégie délirante qui a consisté à vendre, à tour de bras, les activités historiques d'Alcatel, pour vous recentrer sur un seul marché, le téléphone, vous avez vendu la proie pour l'ombre. Ce faisant, vous avez démantelé un empire, sans jamais voir venir la tourmente qui allait miner le marché des télécoms, devenu votre unique débouché. Ivresse des sommets, influence néfaste de la mode, dont vont pâtir de multiples patrons, incapables d'y résister ! Grisé par les sirènes de la « nouvelle économie », par l'imbécillité de vos banquiers d'affaires et la folie du tout-Internet, vous avez oublié l'essentiel : une entreprise, même fortunée, se gère avec prudence, doigté, et ne doit pas mettre tous ses œufs dans le même panier. Faute de respecter ces règles élémentaires de gestion, pendant les années dorées de la bulle Internet vous avez dépensé sans compter pour acquérir des start-up, de petites danseuses américaines : Assured Access Technology, Internet Devices, Pocket Engines, etc., qui, aujourd'hui, ne valent plus rien. Grandeur et décadence ! Pire, vous avez généreusement octroyé des centaines de millions d'euros de crédits à d'éphémères opérateurs téléphoniques qui se retrouvent maintenant en caleçon de bain, incapables de vous rembourser.

Ah ! le beau polytechnicien que voilà, élu « Manager de l'année » 2000 par *Le Nouvel Économiste* !

Après tous ces faits d'armes, les actionnaires d'Alcatel se retrouvent rasés jusqu'au dernier poil. Radicale chimiothérapie boursière, docteur Tchuruk !

Gratifié du statut de *junk bonds* (obligations pourries) par les plus grandes agences de notation financière, Alcatel en est réduit à faire la quête, au prix fort, auprès de ses banquiers, à leur faire toujours plus de cadeaux, pour pouvoir se maintenir à flot. Certes, à la différence de France Télécom ou de Vivendi Universal de votre ami Jean-Marie Messier, le groupe a réussi à maintenir un endettement supportable (1,3 milliard d'euros, soit 8,53 milliards de francs) et sa trésorerie demeure positive. Toutefois de lourdes échéances se profilent : 1 milliard d'euros (6,55 milliards de francs) doit être remboursé en septembre 2003. Si les clients continuent à déserter le marché des télécoms, vous devrez, monsieur Tchuruk, revêtir votre costume noir et déménager votre fauteuil de président d'Alcatel à la conciergerie du cimetière du Père-Lachaise.

Il est vrai qu'avec, à vos côtés, comme directeur financier, l'illustre énarque Jean-Pascal Beaufret, militant socialiste pur jus, passé par le cabinet de Laurent Fabius au ministère de l'Industrie, puis à l'hôtel Matignon, vous avez choisi comme bras droit un pistolet... de gros calibre. Dans sa catégorie, Beaufret n'est pas un poids plume.

En 1992, à Bercy, le camarade Beaufret, comme d'autres, s'est distingué dans la quasi-faillite du Crédit Lyonnais, en sa qualité de chef de service des affaires monétaires et financières à la direction du Trésor. Ce qui lui a valu, le 7 mai 2000, en compagnie de l'actuel gouverneur de la Banque de France Jean-Claude Trichet, d'être mis en examen par le juge d'instruction Jean-Pierre Zanotto. Entre 1994 et 1996, le même inspecteur général des Finances Beaufret prend du galon : le voici sous-gouverneur du Crédit foncier de France, le plus prestigieux établissement financier et foncier de notre vieux pays, riche des plus beaux immeubles de Paris, la plupart dans le fameux « triangle d'or » du quartier des Champs-Élysées, là où le mètre carré n'a plus de prix. Après s'être illustré au Crédit Lyonnais, Jean-Pascal Beaufret se retrouve embarqué dans un autre naufrage qui coûtera des milliards aux petits épargnants, dans l'un des plus grands scandales boursiers des années Mitterrand. Nous y reviendrons...

La carrière au Crédit foncier de Beaufret, mari de l'ex-ministre socialiste Frédérique Bredin, ancienne conseillère à l'Élysée de mon ami François Mitterrand, s'achèvera de façon quelque peu abrupte. Fin 1996, la nomination du sous-gouverneur Beaufret est annulée par le Conseil d'État, saisi par le courageux et ludique petit actionnaire Alain Géniteau. Les sages du Palais-

Royal ont jugé, à juste titre, que le « pantouflage » de Beaufret sous les lambris dorés du Crédit foncier était incompatible avec l'article 175 du *Code pénal* qui réprime le « délit d'ingérence » et interdit à tout fonctionnaire d'aller exercer ses talents dans une entreprise dont il a eu, « en tout ou partie, la charge d'assurer la surveillance, l'administration, la liquidation ou le paiement (...) ».

Le 17 décembre 1997, une fois la gauche et Lionel Jospin revenus au pouvoir, ces élogieux états de service valent à Jean-Pascal Beaufret d'être nommé au poste stratégique de directeur général des impôts (et de l'inquisition fiscale !).

Principe républicain, propre à la France : qui a vidé les caisses des contribuables pour soutenir le Crédit Lyonnais, puis le Crédit foncier, se doit ensuite de tout faire pour les remplir ! Avec la même science.

L'année 1997 finit en fanfare pour le nouveau patron des impôts. Le 31 décembre, Beaufret est élevé au rang de chevalier de la Légion d'honneur par le ministre de l'Économie Dominique Strauss-Kahn, autre spécimen de l'énarchie triomphante. La République a pour usage de toujours bien agrainer ses canards ! « Il avait la Légion d'honneur, j'avais confiance », disait Saturnin Fabre.

Enrubanné de rouge, Jean-Pascal Beaufret vous rejoint chez Alcatel, monsieur Tchuruk, en décembre 1999... Ensemble, vous allez jongler avec les milliards... et les pertes. Doté du titre de directeur financier du groupe, Beaufret a pour mission de surveiller les comptes de l'entreprise, de faire prospérer ses finances et de veiller à ce qu'elle ne vive pas au-dessus de ses moyens. Pourtant, entre 2000 et 2002, quand les compteurs s'affolent en raison de votre frénésie d'acquisitions — copiée sur celle de votre ami Jean-Marie Messier à la tête de Vivendi Universal (dont vous êtes également l'administrateur) —, jamais l'ancien cofossoyeur du Crédit Lyonnais et sous-gouverneur (de triste mémoire) du Crédit foncier (ruiné) ne lèvera le petit doigt pour vous mettre en garde, vous demander de lever le pied et d'arrêter les folies.

Voilà ce qu'il en coûte, monsieur Tchuruk, de confier les clés du coffre-fort à un haut fonctionnaire militant, élevé dans la culture de la dépense et le mépris du profit.

Seul miracle dans ce pénible dossier : enchaînés à vos fauteuils, vous demeurez tous deux en fonctions, alors que l'action Alcatel a perdu les neuf dixièmes de sa valeur, subissant par votre faute, depuis plusieurs années, sur les marchés de Paris et de New York, un lynchage dont on ne voit pas la fin. Un jeu de massacre qui ne semble pas vous affecter outre mesure. Pour la seule année 2002, le titre Alcatel est au CAC 40 le recordman des baisses, avec un recul de – 76 %.

Malgré ce désastre, ce résultat catastrophique qui fait de vous le cancre des valeurs vedettes du CAC 40, vous ne vous privez pas, monsieur le président, de réclamer des émoluments toujours plus élevés et de vous faire allouer, par vos administrateurs et obligés, des rémunérations de premier de la classe. Pratique de roi fainéant. J'observe en effet qu'en 2001, l'année de vos pertes abyssales et de vos coupes sévères dans les effectifs, votre salaire s'est élevé à 2,67 millions d'euros (17,51 millions de francs !), sans compter la valeur de vos stock-options : 30,4 millions d'euros (199,4 millions de francs !). Cerise sur le gâteau, cette même année : votre plus-value réalisée sur stock-options a atteint la coquette somme de 6,92 millions d'euros (45,4 millions de francs !). Résultats en berne, mais salaires faramineux : comprenne qui pourra !

Comme c'est curieux, monsieur Tchuruk ! Quand il s'agit de vos propres revenus, totalement hors norme par rapport à vos piteux résultats, la crise, vous ne connaissez pas. Jeter sur le carreau des dizaines de milliers de salariés payés au Smic, vider les bas de laine de millions d'actionnaires ne vous effraie pas. Mais faire des économies sur votre indécent salaire de satrape ne vous vient pas à l'esprit. Vous me faites, monsieur, irrésistiblement penser à l'intrépide et cynique courtier du film *Le sucre* où le remarquable acteur Michel Piccoli, crâne luisant et rasé de près, lance, le cigare aux lèvres, à la sortie de la Bourse : « Aujourd'hui, ce sont les petits qui paient. »

Voilà où on en est arrivé, monsieur le président Tchuruk, avec ce capitalisme à la française où les mêmes têtes se partagent postes, fauteuils d'administrateurs et jetons de présence. Dans ce système de cooptation où le silence est de rigueur, jamais personne n'élève le ton, nul ne brise la loi palermitaine du silence pour que soient renvoyés, quand il le faut, les dirigeants incapables.

Aux États-Unis, le capitalisme est certes brutal, impitoyable. Les actionnaires, administrateurs et autorités de contrôle du marché ne prennent pas de gants quand les difficultés surviennent. La fortune est promise à ceux qui gagnent. Mais la porte est vite franchie quand, à l'arrêté des comptes, les promesses ne sont pas tenues et les bénéfices remplacés par des montagnes de pertes.

Vous en savez quelque chose, monsieur Tchuruk.

En janvier 2002, Alcatel a été condamné à payer (sans trop de publicité) 75 millions de dollars (492 millions de francs !) à des actionnaires américains en colère. Ils avaient poursuivi votre groupe en justice, en novembre 1998, lui reprochant de les avoir trompés par la diffusion de « fausses informations » lors du rachat de la société de télécom, DSC.

Avec la justice américaine, vous n'en avez pas fini. D'autres procédures sont lancées. Elles pourraient coûter de lourdes sommes à l'entreprise que vous présidez. Déposée le 29 mai 2002 par le cabinet d'avocats américain Schiffrin et Barroway, une nouvelle plainte, dite *class action,* vous vise nommément, monsieur Tchuruk, ès-qualités de P-DG.

Cette fois encore, vous êtes accusé d'avoir contrevenu aux règlements de la Bourse américaine en ayant publié des informations financières trompeuses, en octobre 2000, quand Alcatel a introduit en bourse sa filiale de fibres optiques Alcatel Optronics, dont vous saviez qu'elle était déjà en difficulté. Les actionnaires vous reprochent dans leur plainte, entre autres, d'avoir comptabilisé au bilan des centaines de millions de dollars pour des matériels « obsolètes » (périmés) qui auraient dû être « rayés » des stocks. Les plaignants observent que quelques mois après, le 29 mai 2001, Alcatel dut annoncer une sévère révision de ses prévisions de résultats, avec une perte de 2,6 milliards de dollars (17 milliards de francs !) pour le second trimestre de l'exercice. Ce qui a provoqué la dégringolade inattendue de leurs actions et motive leur action en justice.

À la lumière de ces faits, vous ne pourrez vous plaindre, monsieur, de vous retrouver logé à la même enseigne que vos collègues Michel Bon à France Télécom et Jean-Marie Messier chez Vivendi.

P-DG payés à prix d'or pour gérer vos entreprises avec prudence et efficacité, il était de votre devoir de protéger vos salariés et les intérêts de vos actionnaires. Quoi que vous disiez, vous supportez aujourd'hui l'entière responsabilité des dérapages, erreurs stratégiques et mensonges qui ont ruiné des millions de Français.

Et maintenant, venons-en à vous, monsieur Michel Bon, le P-DG déchu de France Télécom. Le jeudi 12 septembre 2002, à 19 heures, quand votre conseil d'administration enregistre votre démission, décidée par le gouvernement de Jean-Pierre Raffarin, vous montrez pour la première fois quelque chagrin : « Je quitte cette maison la mort dans l'âme », dites-vous. Pas un mot cependant pour les dizaines de milliers de petits actionnaires que vous laissez sur la paille.

Votre tristesse ? C'est celle de devoir quitter votre fauteuil, que vous auriez dû abandonner bien avant si vous aviez eu quelque amour-propre.

En sept années, depuis votre nomination par le gouvernement d'Alain Juppé, en 1995, vous avez réussi la prouesse de vider jusqu'au dernier centime les caisses de l'entreprise la plus riche de France, d'en faire, avec un trou de quelque **70** milliards d'euros (459,17 milliards de francs !), l'entreprise la plus endettée dans l'histoire du monde capitaliste. Beau résultat !

À vous entendre, vous n'avez pas démérité et il faudrait au contraire vous tresser des couronnes de lauriers : « Je pars, ajoutez-vous, au moment où cette maison affiche les meilleurs résultats opérationnels et de son histoire et de tous les grands opérateurs européens. Je la quitte, rassuré sur son avenir... »

Vous ne manquez pas de souffle ! Certes, le résultat d'exploitation de France Télécom demeure largement positif et — c'est vrai — le meilleur de son histoire. Vous n'avez pas de quoi vous en vanter. Le contraire eût été étonnant, à une époque où le téléphone, fixe ou mobile, connaît un essor sans précédent. De plus, malgré l'apparition de la concurrence, France Télécom continue de bénéficier d'une rente de situation, d'un quasi-monopole de fait sur la majeure partie du territoire français.

Brillante exploitation ou pas, le désastre est là. Patent ! Seule, en situation virtuelle de dépôt de bilan, France Télécom est incapable de rembourser ses dettes. Et c'est vous, le président aveugle pendant sept ans, qui êtes, au premier chef, l'auteur de cette Bérézina. À charge maintenant pour les actionnaires — l'État, autant dire les contribuables et les petits porteurs — de payer les pots cassés.

En 1997, quand le Premier ministre Lionel Jospin décide d'ouvrir partiellement, une première fois, le capital de France Télécom au public, les Français sont convaincus de placer leur argent dans du solide. Héritière pour moitié des mythiques PTT (Poste, Télégraphe, Téléphone), l'entreprise publique possède des immeubles dans toute la France. Jadis gérés en bon « père de famille », ses comptes recèlent près de 20 milliards d'euros de plus-values potentielles. Surtout, le marché du téléphone est une intarissable « vache à lait » que, depuis des lustres, les gouvernements successifs mettent à contribution, quand ils ont des difficultés de fin de mois.

Réalisée en octobre 1997, la première opération de privatisation partielle de France Télécom porte sur 150 millions d'actions représentant 23,2 % de son capital. Elle est libellée en trois tranches, sous forme d'une offre publique de vente : la première est réservée à 180 000 salariés de l'entreprise avec une réduction de 20 % (22,20 euros au lieu de 27,75 pour le public) ; la seconde s'adresse aux investisseurs privés ; la troisième aux institutionnels de la Finance. Selon le ministère des Finances, « près de 4 millions [*3,9 millions pour être précis*] de personnes y ont souscrit, soit le nombre le plus important jamais enregistré à l'occasion d'une introduction en bourse ou d'une privatisation ».

Enfin, lancée en novembre 1998, avec près de 100 millions d'actions à 390 francs (59,46 euros), la deuxième opération d'ouverture du capital de France Télécom remporte un succès considérable. France Télécom devient le titre de référence de la Bourse de Paris. Ses pics sur les écrans des salles de marché montent au ciel, tels ceux du mont Blanc et bientôt de l'Himalaya. En mars 2000, l'action grimpe allégrement jusqu'à 219 euros, près de dix fois le cours initial d'introduction. Loin de vous inquiéter, cette démesure semble bercer vos doux rêves.

Partout des recommandations tombent : « Achetez ! Achetez ! Achetez ! » Qui n'a pas dans son portefeuille ou son PEA un paquet de France Télécom est considéré comme un martien, un ringard. Petits porteurs et personnels de France Télécom sont persuadés qu'ils ont placé leurs économies dans une mine d'or.

On ne vous entendra pas, vous monsieur le président, ni vous, messieurs de la COB ou du CMF, ni vous encore, messieurs les ministres de tutelle Dominique Strauss-Kahn, puis Christian Sautter et bientôt Laurent Fabius, les inciter à la prudence, à la modération. Au contraire, l'euphorie est nourrie, à dessein, par la scandaleuse décision du « conseil scientifique » du CMF, le Conseil des marchés financiers, de faire entrer France Télécom dans le CAC 40 (l'indice des quarante premières valeurs françaises) en lui donnant un poids correspondant à 100 % de son capital. Or, « le flottant » réellement coté et disponible sur le marché n'est que de 46 % des titres composant le capital, le solde — les 54 % propriété de l'État — n'étant ni vendu ni pour l'heure à vendre. Conséquence : France Télécom représente à elle seule 20 %, voire 25 % de la totalité de l'indice phare de la Bourse française, bien au-delà de son poids réel sur le marché. Système pervers par excellence, qui oblige les sicav indicielles à détenir un pourcentage de titres France Télécom équivalent à celui de son poids (artificiellement surévalué) dans le CAC 40.

Cette manipulation organisée en haut lieu participe grandement à nourrir la spéculation, à faire monter le CAC 40, en même temps que le cours de l'action France Télécom, bien au-delà du raisonnable. Plus dure sera la chute ! Car le porteur lambda ignore tout de cette mécanique infernale. Et tout le monde se tait ! En mars-avril 2000, quand les marchés commencent à revenir sur terre, la dégringolade du titre nous propulse sur les pentes de la face du Charvet et du bec de l'Aigle, les dénivelés les plus raides de Val-d'Isère où il convient de ne pas se hasarder par gros temps. En octobre 2002, l'action France Télécom s'effondre jusqu'à 6,75 euros. Une catastrophe pour les milliers d'épargnants qui vous ont cru, vous le P-DG de la plus belle entreprise publique française... dont la « privatisation » n'était que de façade.

La fiche de vos extravagances nous donne le tournis, monsieur l'ex-président, vous qui avez si orgueilleusement dupé ceux qui vous ont fait confiance. En raccourci, je les cite, dans l'ordre :

• **8** milliards d'euros (52,5 milliards de francs !), depuis 1999, prix exorbitant de votre petit ticket d'entrée (18 % de son capital que vous auriez pu revendre à temps) dans le « câblo-opérateur » britannique NTL à la santé précaire, NTL qui ne vous servira à rien et fera finalement faillite... ;

• **12** milliards d'euros (quelque 79 milliards de francs !), à partir de mars 2000, aux fins d'acquérir 28,5 % de Mobilcom, la sulfureuse entreprise de Gerhard Schmid, le « Bernard Tapie allemand » du téléphone fixe et mobile — simple revendeur de services —, puis lui apporter les fonds nécessaires pour, tout à la fois, acheter une coûteuse licence UMTS[1], combler ses pertes et couvrir ses dettes. Calamiteux engrenage qui n'a pas fini de révéler ses mauvaises surprises ;

• **45** milliards d'euros (295 milliards de francs !) réglés cash en mai 2000, sans aucun filet de sécurité, pour l'achat d'Orange, le numéro trois anglais des mobiles. Une acquisition stratégiquement judicieuse mais très cher payée, et effectuée en dépit du bon sens, sans que rien ait été prévu pour financer cette énorme dépense. Pour chaque abonné britannique du réseau Orange (30,5 millions de personnes), France Télécom accepte de payer le prix fou de 6 700 euros (43 949 francs !). Et 100 % en cash, contrairement à vos affirmations de l'époque[2].

---

1. UMTS : dénomination de la licence de téléphonie mobile de troisième génération.

2. Le financement complexe d'Orange s'est effectué en plusieurs volets. Dans un premier temps, en août 2000, France Télécom a apporté 21,5 milliards d'euros en liquide et 129,5 millions d'actions France Télécom, en échange d'Orange, équivalent, au cours de l'époque, à 18,1 milliards d'euros. Cet apport d'actions France Télécom était assorti d'une option de reprise, à un cours défini (entre 100 et 105 euros, contre un cours de 170 euros au

Je n'évoque ici que les principaux foyers de dettes, qui dans le cas de NTL et de Mobilcom s'avèrent êtres des pertes sèches, cuisantes. D'autres poignées de milliards ont été dilapidées, çà et là, dans les montages concoctés par votre directeur financier Jean-Louis Vinciguerra, faux « Léonard de Vinci » de la finance et homme clé de votre dispositif depuis 1998. Avec lui, vous avez cru aux vertus de l'endettement, sans voir qu'il devenait dément-tiel : ensemble, vous levez auprès des banques d'énormes emprunts obligataires qui gonflent le poste de vos dettes ; en plus de Global One et Equant, fournisseurs de données pour entreprises, vous promettez de racheter, à 28 dollars en juillet 2002, des titres Crown Castle qui n'en valent alors que 4. Même promesse, signée en juin 2002, de racheter 103 millions d'actions Orange détenues par EON à un cours de 9,25 euros, alors que le titre ne cote plus que 5,5 euros. Hypothéquant ainsi votre héritage, votre outil industriel et la formidable rente engendrée par ses activités en France, cette chasse aux acquisitions vous conduit à doter France Télécom d'un trésor imaginaire et à lui demander de se transformer en Hercule, pour porter à bout de bras, jusqu'en 2003-2004, une charge financière colossale représentant près de 10 % de votre chiffre d'affaires annuel ou environ 3 euros par action France Télécom.

---

moment de la conclusion de l'accord). Compte tenu de la baisse de l'action France Télécom au-dessous de ces cours garantis, ces actions devront être rachetées par France Télécom, en trois étapes : le 5 mars 2001, pour 6,07 milliards d'euros ; le 26 mars 2001, pour 0,59 milliard d'euros ; le 25 mars 2002, pour 4,97 milliards d'euros. Au total, l'acquisition d'Orange, qui aurait dû s'effectuer à 60 % en numéraire et 40 % en actions, a été payée cash à 100 %.

Du très beau travail, monsieur le président !

Dans les entreprises publiques, Jean-Louis Vinciguerra est une légende et, j'ose le dire, une conscience. Je l'ai croisé pour la première fois en 1989 quand, directeur financier du groupe Pechiney, il était au cœur de la transaction pour le rachat de la société américaine American Can, où le premier cercle du président de la République François Mitterrand (son ami intime Roger-Patrice Pelat surnommé à l'Élysée « monsieur le vice-président ») se trouvait impliqué, accusé de « délit d'initié »[1]. Jean-Louis Vinciguerra est sorti sans tache de cette affaire d'État, la première qui nous permit de remonter directement à la personne du chef de l'État et à l'enrichissement frauduleux de son entourage. Ce n'était pas une raison, monsieur le président, pour lui laisser la bride sur le cou et pour lui confier — si je puis dire — le carnet de chèques de votre maison.

Ensemble, vous avez acheté sans compter, en l'espace de dix-huit mois, pour **60** milliards d'euros (394 milliards de francs, excusez du peu !) ce qui ne vaut plus aujourd'hui que **26,5** milliards d'euros (174 milliards de francs), si l'on se réfère (fin 2002) au cours en bourse de votre filiale Orange, un des rares vestiges négociables de ces années-casino. Vos acquisitions boulimiques, avalisées par votre tutelle, les ministres successifs de l'Économie et des Finances,

1. Voir, dans ma collection « Jean Montado présente » aux Éditions Albin Michel, le livre et document de référence, *Le piège de Wall Street* (publié en 1989), des journalistes du *Quotidien de Paris*, Gilles Senges et François Labrouillère, aujourd'hui respectivement rédacteur en chef du quotidien *Les Échos* et grand reporter, responsable des investigations à *Paris Match*.

ont été menées en dépit du bon sens, avec un manque criant de professionnalisme.

Commandant de la plus rentable des entreprises françaises, vous l'avez catapultée, tel le *Titanic*, sur un iceberg géant. Insondable incompétence ! Comment pouviez-vous croire que les marchés allaient continuer longtemps d'entériner vos choix, de payer sans rechigner vos caprices d'enfant gâté ?

Quand, au printemps 2001, vous devez une fois encore en appeler à la Bourse — votre « bonne mère » —, il vous faut déchanter. À force de tirer sur la corde, vous subissez de plein fouet l'effondrement (naissant) des valeurs de télécommunications : les investisseurs privés vous renvoient à vos études et les actions Orange que vous introduisez à la Bourse ont une valorisation par abonné anglais réduite à 1 600 euros, quatre fois moins que les 6 700 euros payés cash cinq mois auparavant... pour que l'État conserve la majorité du capital de votre entreprise. Bref, prisonnier des financiers, vous l'êtes tout autant du gouvernement socialiste de Lionel Jospin dont vous êtes l'intendant. Ensemble, vous refusez de renoncer au système, bien français, de l'économie mixte, vous ne voulez pas voir qu'une entreprise contrôlée par l'État n'a pas sa place en bourse. Votre éphémère prédécesseur François Henrot avait eu le courage, lui, de claquer la porte, faute d'engagement de l'État de privatiser l'entreprise. Ainsi, comme jadis le président Jean-Yves Haberer au Crédit Lyonnais, voulant gagner sur tous les tableaux, vous allez perdre sur tous, nous faisant cher payer votre refus acharné de choisir entre l'économie administrée et l'économie capitaliste.

Pur produit d'une haute administration où l'esprit de responsabilité est considéré comme un concept secondaire, vous saviez, monsieur, où vous mettiez les pieds. Quand la catastrophe surviendra, pas gêné et toujours monté sur vos ergots, vous imputerez la cueillette de votre amère orange à ceux qui vous ont fait roi : « Les marchés financiers et les banques nous ont laissés faire il y a quelques mois des opérations impensables aujourd'hui. » Ben voyons !

Nommé en conseil des ministres président de la première société nationale française, vous affirmez ainsi, publiquement, que vous avez tranquillement abandonné vos pouvoirs entre les mains de financiers vénaux. Vous les avez choisis, choyés, chouchoutés, puis vous en avez fait vos maîtres à penser. Telle est la vérité qui, au demeurant, vous importe peu.

Piégé par « le marché » dont vous aviez fait votre danseuse, vous avez aussi doublement failli à votre devoir de bonne gestion en ne résistant pas aux pressions de votre actionnaire principal, l'État, quand il vous a encouragé à entrer dans un processus de filialisation et d'endettement mettant France Télécom dans une situation de risque financier maximal.

Durant cette année 2001 et ces temps d'alerte orange, votre attachement à votre fauteuil vous conduit à obéir aveuglément aux directives absurdes et suicidaires du ministre des Finances de Lionel Jospin. Plutôt que de lui opposer un sage refus, plutôt que d'avoir le courage de démissionner, vous allez vous enfoncer dans l'erreur et accepter sans broncher que l'État réclame **20** milliards d'euros (130 milliards de francs !) aux opérateurs de téléphonie mobile de la troisième génération, dont vous êtes, pour la simple licence du fameux système UMTS. Avec votre poupin jumeau Jean-Marie Messier, à la tête, lui, de Vivendi

Universal — qui, dans un premier temps et un bref éclair de lucidité, tenta d'échapper, à la taxe UMTS réclamée par le gouvernement Jospin —, vous refusez de voir que cette ultime toquade ne fera qu'alimenter la défiance des investisseurs et obérer votre capacité à dégager les profits futurs dont vous avez un si grand besoin.

Voilà, monsieur, quelles misères a générées votre dispendieux programme d'achats, en vue de « confirmer » votre « position d'acteur majeur sur le marché des mobiles et de l'Internet en Europe ».

Ah ! comme il est facile de jongler avec les milliards des autres, avec les milliards des contribuables et ceux des actionnaires privés, aujourd'hui révoltés d'avoir à payer la casse de votre méga-fête.

Dans son excellente enquête *France Télécom, le film d'un scandale d'État*[1], le journaliste Vincent Nouzille, de *L'Express*, s'étonne à juste titre de l'opacité qui présida à vos différents investissements, dans NTL, Mobilcom puis Orange :

« Le président est sûr de sa stratégie. (...) Certains proches de Michel Bon ont beau le prévenir que les montages de Vinciguerra ont parfois laissé des souvenirs mitigés, le P-DG fait confiance à l'ingéniosité dont son nouveau bras droit se prévaut. "*Au conseil d'administration, Vinciguerra faisait de brillants exposés techniques, aux limites de la prestidigitation. Personne n'osait le contredire*", raconte un initié. La dette a-t-elle été multipliée par quatre en 2000, à plus de 60 milliards d'euros ? "*Il n'y a pas de problèmes. On va la diviser par deux d'ici à 2003. Regardez plutôt notre cash-flow, qui ne fait que croître*", répond Vinciguerra aux rares sceptiques. »

1. *L'Express*, 3 octobre 2002.

Baratin ! Pendant qu'avec Vinciguerra vous fêtiez le changement de millénaire en jouant au Monopoly, que fait votre premier actionnaire, l'État, que fait l'administration du Trésor, censée, avant toute acquisition par une entreprise publique, donner son feu vert... après un examen approfondi du dossier ? Rien ! Absolument rien !

Le Premier ministre Lionel Jospin et les ministres des Finances et de l'Industrie dont vous dépendez vous laissent le champ libre. Et lorsque vous les consultez — cas, par exemple, du dossier Mobilcom qui va se solder par une perte sèche de 12 milliards d'euros (79 milliards de francs !) —, ce n'est que du bout des lèvres, entre la poire et le fromage. Quant à vos autres administrateurs, vous ne les tenez informés de rien, ce dont ils ne s'étonneront que bien trop tard. Ainsi fonctionne la première entreprise nationale française, fleuron de notre économie mixte.

J'en conviens, vous n'êtes pas, monsieur Bon, le seul responsable de ce désastre. Il appartenait à votre actionnaire principal, l'État, de suivre au jour le jour vos décisions. Et de vous censurer, s'il estimait qu'elles risquaient d'hypothéquer gravement les intérêts de la nation, en même temps que ceux de vos autres actionnaires, les épargnants.

Or, il faut attendre la fin de 2001, alors que tout est consommé et que la faillite est là, pour que le ministre des Finances Laurent Fabius, plus vigilant que ses prédécesseurs Dominique Strauss-Kahn puis Christian Sautter, commence à renifler le cadavre.

Sautter n'a négligé aucune bourde. Chasseur de papillons, il les a toutes collectionnées. À commencer par l'achat en Allemagne de 28 % de Mobilcom, en mars 2000, qu'il avalise sans sourciller, sans se pencher sérieusement sur le dossier.

Mobilcom ? La plus grave erreur stratégique jamais ratifiée par un ministre des Finances, représentant de l'État au conseil d'administration d'une entreprise contrôlée majoritairement par lui.

Aujourd'hui, Christian Sautter plastronne à l'Hôtel de Ville de Paris comme adjoint aux finances du maire socialiste Bertrand Delanoë. Il s'y présente champion de la « démocratie budgétaire ». Comme à France Télécom jadis, l'argent des contribuables parisiens est maintenant entre de bonnes mains. Chiffré à 5,9 milliards d'euros (38,7 milliards de francs !) pour 2003, le budget de la capitale est en augmentation de 5 % par rapport à celui de 2002. « Budget show », ironise le maire UMP du Ier arrondissement, Jean-François Legaret. Sautter balaie la critique d'un geste hautain : après un appel d'offres remarqué, l'ancien locataire de Bercy se flatte d'avoir réduit de « 4,6 millions d'euros », soit 33 %, la facture de téléphone de la mairie. Socialiste jusqu'au bout des ongles, il en éprouve une immense fierté : « Cela correspond à deux nouvelles crèches », proclame-t-il. Même performance pour le parc automobile de la mairie où il se flatte d'une économie de 2 millions d'euros : « C'est une crèche de plus », insiste-t-il[1].

1. Alors que le nouveau maire socialiste de Paris, Bertrand Delanoë, s'est fait élire en 2001 en promettant une stabilisation des impôts locaux, les investissements de la capitale ont immédiatement grimpé de plus de 15 %. Mais pour Christian Sautter l'endettement de la capitale est « maîtrisé » : « On peut s'endetter pour le bonheur social des citoyens ! » objecte-t-il. Aujourd'hui fixé à 506 euros par habitant, on estime qu'il aura doublé d'ici à 2007... quand Paris aura le bonheur (ou le malheur, selon le point de vue du contribuable pressuré) de devoir refaire ses comptes.

Six millions d'économies à la mairie de Paris quand on a laissé filer sans broncher 70 milliards d'euros et plus de dettes à France Télécom, voilà une performance qui fera date, comme on disait dans les oasis de mon enfance.

Contribuables parisiens, permettez-moi de vous conseiller la plus extrême vigilance. Avec un zigoto pareil, polytechnicien, inspecteur général des Finances et ancien de l'Élysée sous François Mitterrand, puis ministre de l'Économie de 1999 à 2001 — pendant les années de la débâcle de France Télécom dont il avait la tutelle —, le pire est toujours à craindre. Avis à la population de « Paname » : casque à pointe et cotte de mailles, tous aux abris. Le Karajan des Finances et de France Télécom est à l'Hôtel de Ville : ça va barder !

Dans la gestion du dossier France Télécom, la vérité commande de féliciter son successeur au ministère des Finances, Laurent Fabius, d'avoir tenté d'arrêter l'hémorragie. Sinon, ni l'actuel Premier ministre Jean-Pierre Raffarin, ni son grand argentier Francis Mer, ni le nouveau président de France Télécom, Thierry Breton, n'auraient été en mesure de redresser la situation et d'empêcher le dépôt de bilan, la première mise en faillite d'une société dont l'actionnaire majoritaire est l'État.

En octobre 2001, Laurent Fabius a conscience qu'à tout moment le volcan risque d'exploser. Il commande, en urgence, à l'inspecteur général des Finances Yves Mansion (ancien du cabinet de Pierre Bérégovoy), un audit approfondi sur les engagements « hors-bilan » de France Télécom, autrement dit sur vos cachotteries comptables, monsieur Bon.

Durant deux mois, comme le révélera Vincent Nouzille dans *L'Express*, Yves Mansion va éplucher vos comptes, recueillir les doutes des représentants du Trésor, vous interroger discrètement, puis présenter ses conclusions, à la veille de Noël. Son rapport d'une vingtaine de pages est alarmant. Il étrille votre stratégie ruineuse, met l'accent sur vos dettes qui ont atteint un niveau délirant, intolérable. « C'est autant que celle de l'Argentine, qui est en cessation de paiement ! » ironise Mansion devant Fabius. Il pointe le doigt sur vos deux boulets : les participations minoritaires dans NTL et Mobilcom — « deux risques non consolidés dans le bilan » — qui plombent les comptes de France Télécom, en dépit de vos formels démentis. Tout, enfin, est découvert et écrit... noir sur blanc. Mais, que décidez-vous ? Avec l'accord tacite de votre tutelle, de ne pas en informer vos autres actionnaires, les millions et malheureux détenteurs (privés) des 46 % des titres France Télécom cotés en bourse.

Quand, lors de son enquête pour *L'Express*, Nouzille tombe sur ces petits secrets, vous avez le front, via vos porte-parole — car rien ne vous arrête ! —, de faire pression sur la direction de ce grand hebdomadaire dans l'espoir d'obtenir une plume à votre convenance. Ainsi croient pouvoir se tirer d'affaire les membres, dont vous êtes, de la société de connivence parisienne. Peine perdue, évidemment. Grâce à Vincent Nouzille, que vos gens n'ont pu faire mettre sur la touche, nous avons appris que, conforté dans ses intuitions par le rapport « confidentiel » d'Yves Mansion, le ministre Laurent Fabius vous a aussitôt écrit et demandé de retirer votre tchador, de donner la « priorité absolue » au désendettement de France Télécom, non sans passer dans vos comptes de lourdes « provisions » pour couvrir vos pertes latentes. Le ton était ferme : « Alors que le volcan fumait depuis des mois, c'est le premier rappel à l'ordre émanant de l'État », souligne l'investigateur de *L'Express* qui a disséqué vos comptes cachés avec la loupe du micro-chirurgien. Qu'à cela ne tienne : vous allez vous entêter et maintenir vaille que vaille votre cap, filant droit vers les récifs.

Eh oui, monsieur le président, nous savons maintenant que des recommandations de Laurent Fabius, vous avez fait des cocottes en papier. Obéissant aux mêmes réflexes qu'une kyrielle de grands commis de l'État, vous vous êtes cru calife à la place du calife, vous vous êtes autoproclamé ministre de France Télécom, persuadé — sur ce point, vous n'aviez pas tort — que votre tutelle n'insisterait pas. Vous avez donc choisi la voie mortelle de la dissimulation. Ce faisant, vous avez minoré vos risques et affecté au poste des « provisions » (que vous étiez tenu de passer) une dizaine de milliards d'euros sur les **30** milliards d'euros nécessaires (soit 197 milliards de francs !) pour éponger tout ce que vous saviez être perdu ou en voie de l'être. Votre successeur Thierry Breton devra le faire à votre place, vous qui, pour sauver la face, vous l'êtes voilée. Oh ! le courageux P-DG que voilà.

Pas gênée, votre âme damnée Jean-Louis Vinciguerra ne se privera pas ensuite, après que vous aurez été forcé de rendre votre tablier, d'en appeler aux contribuables actionnaires pour qu'ils fassent leur devoir : « France Télécom est donc conduite à demander le soutien temporaire de son actionnaire principal [*l'État*] pour passer ce moment difficile. Il n'est pas illégitime qu'un actionnaire majoritaire, qui a approuvé [*sic*] la stratégie de sa filiale et les modalités financières de sa mise en œuvre, apporte un tel soutien, compte tenu de la crise exceptionnelle que traversent les marchés financiers. Ce soutien est dans son intérêt patrimonial et il est d'autant moins illégitime que, sur la période 1994-2001, France Télécom a procuré à l'État 35 milliards d'euros (230 milliards de francs) de recettes en impôts, dividendes et produits de cessions en bourse. »

Tout est bien qui finit mal : ces 35 milliards de profits sur une période de sept ans, vos excellences se sont employées à les engloutir dans un gouffre sans fond et sans qu'on sache, au juste, qui en a pris l'initiative et qui, de vous tous, nous a le plus menti.

Mêmes remarques et mêmes blâmes aux membres de votre conseil d'administration croupion, assemblée d'éminentes personnalités dont dix représentants de l'État — qui affirment n'avoir jamais reçu de lui la moindre instruction ! — et sept élus du personnel... qui ont entériné vos principales décisions stratégiques, mais qui poussent aujourd'hui des cris d'orfraie en faisant mine de tout découvrir.

Singulier conseil d'administration, composé de béni-oui-oui ou incompétents notaires à cravates rouges, la couleur qui convient à celle de vos comptes. Dans cette brochette de polytechniciens, énarques, ou de P-DG qui avaient de réels pouvoirs au sein du conseil, il ne s'en est pas trouvé un seul pour vous rappeler à la dure réalité, émettre la plus petite objection sur votre stratégie suicidaire ou démissionner avant qu'il ne soit trop tard. M'en tenant aux dix administrateurs nommés par décret pour représenter l'État patron au conseil de France Télécom, je cite dans l'ordre d'entrée en scène :

- Jean-Paul Béchat, président de l'entreprise d'armement Snecma ;
- Alain Costes, directeur de la technologie au ministère de la Recherche ;
- Pierre-François Couture, président du directoire de l'Entreprise minière et chimique ;
- Yannick d'Escatha, directeur général délégué industrie à EDF et membre du comité d'audit de France Télécom chargé d'« examiner tous les sujets de nature financière ou comptable (comptes semestriels ou annuels, pertinence des méthodes comptables, examen des procédures et des plans d'audit internes...) » ;
- Roger Fauroux, ancien ministre de François Mitterrand et président d'honneur de Saint-Gobain ;
- Pierre Gadonneix, président de Gaz de France ;
- Nicolas Jachiet, chef du service des participations au ministère de l'Économie, des Finances et de l'Industrie, membre à ce titre du comité d'audit de France Télécom ;
- Jacques de Larosière, ancien directeur du Trésor, puis directeur général du Fonds monétaire international (FMI), conseiller du président de BNP-Paribas, membre, lui aussi, du comité d'audit de France Télécom ;
- Sophie Mahieux, directrice du budget au ministère de l'Économie, des Finances et de l'Industrie ;
- Jacques Rigaud, ancien P-DG de Ediradio (RTL) et conseiller d'État honoraire.

Bref, que du beau monde, abonné aux strapontins dorés sur tranche, habitué à ne rien faire, ne rien voir, ne rien dire.

Qui connaît cependant l'intégrité de Jacques Rigaud ne peut s'étonner de le voir claquer la porte et casser le morceau, lorsque vous êtes bouté dehors par le nouveau gouvernement et tenu, le 12 septembre 2002, de remettre votre démission de président. Rigaud est votre ami, un fidèle qui raconte dans quelles conditions il fut nommé, sur votre proposition, administrateur (« représentant de l'État actionnaire ») au conseil de France Télécom, sans jamais avoir reçu de lui par la suite la plus petite instruction : « Depuis que je suis représentant de l'État, assure-t-il, je n'ai jamais eu le moindre contact avec un responsable administratif, quel qu'il soit. Quand j'ai été nommé administrateur, je m'attendais à ce que le ministre des Finances de l'époque, Laurent Fabius, ou le ministre de l'Industrie, Christian Pierret, nous réunisse, nous les personnalités indépendantes ayant un mandat de l'État, pour nous expliquer : "*Voilà quelle est notre stratégie pour France Télécom.*" Rien ! Je n'ai pas eu davantage de contact avec les membres du nouveau gouvernement, que ce soit Francis Mer [*ministre des Finances du Premier ministre Jean-Pierre Raffarin*] ou Nicole Fontaine [*ministre de l'Industrie*] que je connais bien pourtant. (...) Quand je vois cela, en tant qu'ancien serviteur de l'État, j'ai mal à l'État. »

Et nous, cher Jacques Rigaud, nous avons mal à nos portefeuilles... vidés par une bande de talibans, nouveaux dictateurs du CAC 40.

Non content, monsieur Bon, de nuire aux intérêts de vos actionnaires par une gestion calamiteuse que votre fameux « comité d'audit » a cautionnée sans broncher, vous nous avez de surcroît menti. Avec l'aplomb imperturbable d'un arracheur de dents. J'ai sous mon oreiller l'épais recueil de vos menteries et promesses non tenues. Que n'avez-vous fait carrière dans la politique ! Voulez-vous quelques morceaux choisis ?

Dans votre dernière plaquette, celle de votre rapport relatif à l'exercice 2001 de France Télécom, une page entière est consacrée au « message du président », sous le titre « Le chaud et le froid » et le sous-titre « Pour faire face à la concurrence, il fallait devenir grand et international ». Souriant, sûr de vous, conquérant et toujours dominateur, vous tentez de rassurer le peuple de vos actionnaires confrontés à « la Bourse qui, en un clin d'œil, fait monter puis descendre presque à terre une entreprise qui, pourtant, progresse régulièrement ». Passons sur vos affirmations du style :

« **Oui**, le temps de ce qu'on a appelé "la bulle" des télécoms est bien derrière nous » ;

« **Non**, les télécoms ne sont pas en crise » ;

« **Non**, France Télécom n'est pas menacée par sa dette ».

À ces certitudes absolues, vous ajoutez un engagement dont on mesure aujourd'hui le sérieux :

« **Oui**, écriviez-vous, l'avenir de France Télécom est dégagé. (...) Et bien sûr, il n'y aura plus lieu de passer les provisions [*plus de 10 milliards*] qui nous ont mis en perte [*de 8,2 milliards*] cette année. »

Le 21 mars 2002, vous vous faites encore plus catégorique :

« Aujourd'hui, nos comptes sont sains, au prix d'une perte sans précédent... et sans lendemain. »

Puis, le 28 mai, devant l'assemblée générale de vos actionnaires, vous êtes toujours aussi affirmatif, faisant porter aux autres la charge de vos fautes :

« J'attends que les marchés ouvrent les yeux... »

Las, les banques s'affolent, le titre France Télécom

plonge, les pertes se creusent, la dette s'envole, atteignant à la fin juin 2002 le montant pharaonique de **70** milliards d'euros (459 milliards de francs, soit trois fois le sinistre du Crédit Lyonnais !), contre 60 milliards six mois plus tôt. Rapportée à l'ensemble des contribuables, cette montagne de dettes représente 2 333 euros (15 300 francs) par foyer fiscal français. Encore faut-il préciser qu'un arrêté enfin sincère de vos comptes pourrait alourdir le poids de votre passif, le faisant passer à 80 milliards d'euros (525 milliards de francs !), voire plus.

Au bal des P-DG vandales vous êtes, monsieur l'ex-président de France Télécom, le premier violon !

Tenu de vous éclipser en septembre 2002, vous conserverez tout de même votre salaire de P-DG pendant neuf mois encore, le temps d'attendre votre retraite. Sans demander toutefois d'indemnités, à l'instar, deux mois avant, de votre émule Jean-Marie Messier, l'indécrottable jeune P-DG qui conduisit vaillamment Vivendi Universal à une quasi-faillite.

7.

À vous, Jean-Marie Messier, “Maître du Monde” et palme d'or des patrons mégalos

DANS la brigade de choc des naufrageurs de la Bourse et de la petite épargne, il en est un à qui nous accorderons la palme d'or pour l'ensemble de son œuvre : vous, monsieur Jean-Marie Messier. Star à New York, Hollywood et Paris, vous êtes un oiseau fabuleux, le phénix de la superproduction en carton-pâte qui avez réussi la prouesse de transformer, en l'espace d'un quinquennat, la vénérable Compagnie générale des eaux, entreprise centenaire et richissime, en un conglomérat aux abois.

Dans votre catégorie, vous êtes un crack qui ne lésinez pas sur les moyens. Prêt aux pires prodigalités, par les fenêtres grandes ouvertes de vos palais, vous avez jeté avec style et sans compter l'argent de vos actionnaires. Nul plus que vous n'aura mérité l'ire des épargnants dont vous vous êtes moqué jusqu'au bout, à seule fin de satisfaire un ego digne de Néron devant Rome en feu.

P-DG d'un groupe multinational de 320 654 salariés coté aux Bourses de Paris et New York, avec un chiffre d'affaires de 50 milliards d'euros (328 milliards de francs !), il fallait être singulièrement « allumé » pour oser publier votre auto-hagiographie, en septembre 2000, sous le titre ô combien révélateur *J6M.com*[1], nous en donnant immédiatement la traduction : « *Jean-Marie Messier Moi-Même Maître du Monde.* » Six « M » ? Quelle chance !

Dans cet ouvrage prémonitoire, vous ne vous faites pas prier pour avouer la mégalomanie qui déjà vous habite. « Ne demandez pas à un patron d'être modeste, y écrivez-vous. Le costume lui sied mal. Un ego fort, pour ne pas dire hypertrophié, est une tenue habituelle même si chacun a sa façon de le porter. » Mieux, vous n'écartez pas l'éventualité d'accéder un jour au royaume des saints patrons. « Une de mes collaboratrices a l'habitude, ajoutez-vous, de se moquer de moi en disant : "*Il voudrait être le premier patron à être canonisé.*" Je la rassure : ma pratique du catholicisme ne va pas jusque-là. Même si mon nom Messier vient de l'appellation que l'on donnait dans le bocage normand à ces petits sentiers légèrement surélevés qui permettaient d'aller à la messe en évitant la boue des chemins. En revanche je ne dis pas que, si la pratique du capitalisme prévoyait une telle forme de reconnaissance, je ne serais pas tenté de postuler... »

Saint Jean-Marie priez pour nous, vous qui nous avez abandonnés dans la boue des chemins de traverse ! Vous qui semblez ignorer le vrai sens de votre nom, indiqué par le vieux dictionnaire de l'Académie française : « MESSIER : Paysan commis pour garder les fruits de la terre, quand ils commencent à mûrir. "*Il a*

---

1. Hachette Littérature, septembre 2000. « J6M » : attribué à Jean-Marie Messier, ce surnom vient de l'émission *Les Guignols* de sa chaîne de télévision à péage, Canal+, propriété du groupe Vivendi Universal dont il est le P-DG.

été pris par les Messiers en cueillant des raisins." "*Les Messiers d'une Paroisse.*" »

Chez Vivendi et sous votre règne, monsieur Messier, les raisins ont été séchés et les blés mangés... sur tige.

Ah ! le beau patron que voilà.

Votre chef-d'œuvre, le beau mot qui restera comme un classique dans votre bêtisier, vous le prononcez le 5 mars 2002, en dévoilant, l'œil gourmand et le teint hâlé, les résultats de Vivendi Universal : « Sur le plan opérationnel, proclamez-vous en faisant la roue du paon, on a dépassé la totalité de nos objectifs, on a gagné des parts de marché dans tous nos métiers. Et tout cela qualifie un groupe qui va mieux que bien. »

Pour l'histoire, vous demeurerez donc le monsieur qui « va mieux que bien ». Formidable manière de prendre vos actionnaires pour des abrutis, alors que vous annoncez, ce même jour, une perte nette de **13,6** milliards d'euros (89,21 milliards de francs !).

« Un jeu d'écritures comptables, dites-vous, qui ne correspond à aucune sortie de cash et à aucune destruction de valeur [*sic*]. » Fantastique manière de se moquer du monde. Quatre mois plus tard, après avoir encore tenté pendant quelques semaines de faire illusion — à coups de mensonge qui ne font plus recette —, vous devrez quitter le navire, laissant derrière vous un groupe moribond, en quasi-faillite.

Professionnel aguerri des marchés financiers, l'ancien agent de change Gérard Augustin-Normand, président de la société de bourse Richelieu Finance, n'hésite pas à vous apostropher dans une lettre dont le titre, « Nul autre que vous n'aurait osé », et le pertinent contenu vous accablent. Je lui laisse la parole, tant il est vrai qu'au final le sévère diagnostic de ce professionnel unanimement respecté va s'avérer en tout point exact :

« Quelques admirateurs ont applaudi le magicien [*Jean-Marie Messier*] qui fait disparaître les milliards d'un trait de plume. Mais, dans l'ensemble, votre démonstration n'a guère convaincu les plus fins observateurs, choqués de vous entendre déclarer que ces milliards n'étaient qu'un simple jeu d'écritures, alors que la destruction de valeur est incontestable[1]. »

Gérard Augustin-Normand relève que vous n'avez pas non plus convaincu les analystes financiers. Après quatre heures de réunion, ils étaient nombreux à reconnaître leur incapacité à comprendre le groupe Vivendi, en raison de vos nombreux changements de périmètre et de méthode comptable : « Tous ont manifesté leur inquiétude face à une dette de **20** milliards d'euros [*131 milliards de francs !*] — près de **35** milliards [*230 milliards de francs*] avec Vivendi Environnement. Vous n'avez pas non plus rassuré les marchés qui confirment leur défiance : en moins de deux ans, le nombre d'actions [*Vivendi*] a été multiplié par deux, mais le cours de Bourse a été divisé par trois. »

Comment ne pas applaudir encore des deux mains Gérard Augustin-Normand quand il assortit sa remontrance d'autres observations frappées au coin du bon sens : « Votre talent ne suffit plus, et votre formidable optimisme de façade ne peut dissimuler une situation qui devient chaque jour plus inquiétante. En dix-huit mois, le montant de vos acquisitions s'élève à **50** milliards d'euros [*328 milliards de francs !*], plus que la

1. Lettre à Jean-Marie Messier par Gérard Augustin-Normand, président de la société de bourse Richelieu Finance, avril 2002.

capitalisation boursière actuelle [*de Vivendi Universal*] et cette suractivité inquiète : comment, de New York, pourrez-vous sortir de cette logique financière qui prend des allures de fuite en avant ? »

Au lecteur non initié, j'indique que la valeur instantanée, dite « capitalisation boursière », d'une société cotée en bourse, ici évoquée par Gérard Augustin-Normand, se détermine par la multiplication de son cours affiché avec le nombre des actions formant son capital social. Quand, par exemple, le cours du titre Vivendi Universal atteint en 2002 un « plus haut » annuel de 64,40 euros, la capitalisation boursière de l'entreprise Vivendi est égale à :

• 64,40 × 1 088 618 551 actions de la société, soit **70,107** milliards d'euros (**460** milliards de francs) :

• à un « plus bas » coté de 8,62 euros, la capitalisation boursière de Vivendi Universal va s'effondrer. Elle sera de : 8,62 × 1 088 618 551 = 9,38 milliards d'euros (**61,5** milliards de francs).

Ces données n'ont rien de fictif, car c'est à ces cours affichés que les transactions ont lieu, que l'on soit acheteur ou vendeur. Je rappelle à cet égard que c'est par échange d'actions que nombre des acquisitions de Vivendi de l'ère Messier ont été réalisées.

À écouter votre extrême suffisance, la dégringolade de votre titre n'aurait rien à voir avec votre gestion. Elle serait la conséquence de l'intervention massive de spéculateurs professionnels... en mesure de faire chuter n'importe quelle société cotée en bourse. En son temps, Georges Marchais ne s'exprimait pas autrement, chaque fois qu'il demandait la fermeture des marchés financiers, moteur de l'économie capitaliste.

Financier éclairé, bien placé pour savoir que l'irrésistible chute de Vivendi n'est que la conséquence des faux espoirs que vous avez entretenus dans le public, avec des écritures comptables de carnaval, Gérard Augustin-Normand écarte d'une pichenette votre pauvre et démagogique discours : « Au-delà des chiffres, le plus étonnant est de vous voir dénoncer "*les hedge funds* [fonds spéculatifs d'origine anglo-saxonne] *qui s'en mettent plein les poches en une journée au détriment des actionnaires*". Certes, les marchés, après vous avoir encensé, sont devenus moins complaisants, mais de tels arguments ne sont pas dignes de vous, comme n'est pas digne, monsieur le président, le traitement que vous réservez à Vivendi Environnement, à Canal+, à vos groupes de presse, à vos salariés et à vos actionnaires qui ne veulent plus entendre que tout va "*mieux que bien*" quand tout va de mal en pis. »

Surtout pour apprendre, dans la foulée, que votre optimisme de façade n'était pas innocent. Ce que précisément ne s'est pas privé de vous écrire ce financier, en conclusion de sa lettre demeurée sans réponse : « Indigne surtout est la toute récente modification du mode de calcul de votre bonus [*décidé par des administrateurs de Vivendi réunis dans un "comité des ressources humaine" (sic)*] qui n'est plus lié désormais à l'évolution du cours de Bourse, mais à trois critères soigneusement choisis par vous et très contestables. Inacceptable enfin est la résolution proposée à l'assemblée générale du 24 avril [*2002*] qui vise à vous attribuer, à vous et aux principaux dirigeants du groupe, 55 millions de titres (5 % du capital) à un prix très avantageux : 20 % au-dessous du cours de Bourse. Comment osez-vous, monsieur le président, demander à vos actionnaires de voter pareille résolution qui ferait de vous le principal bénéficiaire de l'effondrement dont vous êtes le premier responsable ? Nul autre que vous n'aurait osé ! »

Voilà, monsieur le président « qui va mieux que bien », ce qui vous fut dit jusque dans le Landerneau de la haute finance, avant que vous ne soyez prié d'aller exercer ailleurs vos talents de fossoyeur de la petite épargne.

Que pour expérimenter votre néfaste alchimie financière, vous ayez jeté votre dévolu sur Vivendi n'est pas pour nous étonner. Votre cursus vous prédestinait à devenir un de ces demi-dieux formés dans nos grandes écoles pour tout régenter et finalement tout détruire. Polytechnicien et énarque, issu des cabinets ministériels balladuriens puis associé-gérant de la banque Lazard Frères et Cie, c'est à la Générale des eaux, bientôt rebaptisée Vivendi, que vous débarquez le 26 novembre 1994. D'abord comme numéro deux du P-DG Guy Dejouany, figure mythique du capitalisme à la française, avant de le remplacer le 10 juin 1996, fort de l'appui du sphinx-faiseur de rois, Ambroise Roux. Un homme d'expérience, l'ex-patron de Peugeot-Citroën, Jacques Calvet, n'apprécie pas votre nomination. Membre du conseil d'administration de la Générale des eaux, son instinct de divination lui fait pressentir que vous n'êtes pas l'homme de la situation. Il est le seul administrateur de la compagnie à s'y opposer, avançant que vous n'avez « aucune connaissance de l'entreprise » et, bien plus inquiétant, que « vous n'avez jamais eu qu'à gérer votre secrétaire ».

L'affaire commence sous les meilleurs auspices.

La Générale des eaux ? Depuis mes premières années de lutte contre la corruption, ce géant de la distribution de l'eau et du chauffage urbain, de la collecte et de l'incinération des ordures ménagères, du bâtiment et des travaux publics, de la téléphonie mobile (le réseau SFR contrôlé par Cegetel), est en tête d'affiche dans les affaires sur lesquelles je me suis penché. Devenu le manitou de l'ensemble, on comprend que l'une de vos premières préoccupations ait été de tirer un trait sur ce nom devenu synonyme de corruption et de le remplacer par « Vivendi ».

Malgré les avertissements, la Générale des eaux de l'époque Dejouany était restée, sans conteste, le recordman des pots-de-vin (toujours en liquide, vieille spécialité maison), dessous-de-table et fausses factures. Pas un marché n'était passé sans que l'argent sale soit distribué aux élus par valises biodégradables, dans tous les départements, régions et même au plus haut niveau de l'État. Il n'est qu'à se reporter à mes livres *Mitterrand et les 40 voleurs...* ou *Rendez l'argent !* — publiés en 1994 et 1995 chez Albin Michel — pour voir à quel point la pieuvre Générale des eaux était devenue, pour tous les corrompus de France et de Navarre, une source de profits quasi illimitée.

Au long des années 1970-80, lors de mes investigations sur l'appareil commercial et de racket du Parti communiste français, j'avais découvert, abasourdi, que votre puissante société capitaliste subissait de bonne grâce la loi mafieuse imposée par les communistes aux entrepreneurs désireux de travailler avec les collectivités contrôlées par eux, alimentant sans retenue les caisses du Gifco[1] et les multiples bureaux d'études

1. Gifco : groupement d'intérêts économique — équipements et fournitures pour collectivités. Avec plusieurs comptes cachés et codés (matricule « 09 ») à la BCEN, la banque soviétique de Paris, sous les numéros 06294-4, 05114-5, 07746-2, 076298-5, 07137-4, 07577-1, 09009-3, 08974-9, 08848-5, 08727-1, 08737-0, 08274-4, 08470-8, et 05486-7, cet « intermédiaire obligatoire », fleuron de l'empire commercial du PCF, rassemblait les activités de nombreuses sociétés de racket chargées de monopoliser les marchés des communes, conseils généraux et services publics

bidons du PCF chargés de collecter les fonds occultes dont le parti de Georges Marchais puis de Robert Hue faisait bombance. Le président Guy Dejouany lui-même, ainsi que nombre de responsables de ses filiales, verront poindre à de multiples reprises les képis des gendarmes dans ces dossiers mafieux. Plusieurs de ses collaborateurs connaîtront les cachots de la République. Bien évidemment, la Générale des eaux était encore aux premières loges — c'est le cas de le dire — quand éclatera la radioactive « affaire Urba » sur les fausses factures du Parti socialiste, puis le scandale Roger-Patrice Pelat qui mettait en cause la personne même du chef de l'État, François Mitterrand.

Dois-je vous rappeler, monsieur Messier, que c'est Campenon Bernard, filiale « construction » de la Générale des eaux, qui avait été honteusement mise à contribution par Roger-Patrice Pelat et le premier cercle de François Mitterrand pour leur enrichissement personnel, les financements de leurs résidences, chasses et châteaux ?

Dois-je aussi vous rappeler que le président de Campenon Bernard Construction (CBC), feu Gilbert Simonet, échappa fort heureusement à la prison, en suivant le bon conseil que je lui avais donné d'aller enfin dire la vérité, toute la vérité, rien que la vérité au juge d'instruction Thierry Jean-Pierre, alors en charge, au palais de justice du Mans, de la plus vaste information judiciaire jamais ouverte en France sur les réseaux socialistes et communistes de corruption institutionnalisée[1] ?

---

dans les mains des communistes. Voir mon livre *Les secrets de la banque soviétique en France*, *op. cit.*, pp. 83 à 85, 102 à 109, 134 à 138 et 238 à 241.

1. Cf. *Mitterrand et les 40 voleurs...*, *op. cit.*, pp. 176 à 200.

Ah ! la belle compagnie que voilà.

Durant les années noires du socialisme, de 1981 à 1995, il n'était pas un scandale, pas une affaire d'État où le nom de la Générale des eaux ne remontât à la surface : affaire de détournements du député-maire socialiste Jean-Michel Boucheron à Angoulême ; affaire Sages de l'illustrissime grand frère ∴ faux-facturier Michel Reyt ; affaire OFRES d'Hubert Haddad, le racketteur attitré et bientôt repenti du président Mitterrand ; affaire Michel Mouillot, maire de Cannes, qui lui, il est vrai, n'était pas socialiste ; affaire Christian Pellerin, le marabout de la Défense au cœur des frasques de la Générale des eaux dans l'immobilier ; affaire des rackets organisés par l'état-major de *L'Unité*, l'hebdomadaire du Parti socialiste[1]. Durant les années glorieuses du socialisme corrompu, au club œcuménique des « présumés innocents », la Générale des eaux tenait la présidence. Avec, parmi ses membres, le responsable RPR dévoyé Jean-Claude Méry, l'homme de tous les réseaux et de tous les coups fourrés, qui s'était associé à la sulfureuse Immobilière Phénix, filiale de la Générale des eaux, pour la construction du fantomatique « Port Méry » à Port-Vendres, à la frontière espagnole. Je passe sur certaines ramifications exotiques, pour la plupart demeurées inexplorées par la justice, de la tentaculaire

1. Voir le témoignage le plus éclairant sur les circuits, les méthodes et l'organisation de ramassage de fonds occultes sous le président François Mitterrand : *Le racket politique*, Éditions Albin Michel, 1990, collection « Jean Montaldo présente », du repenti Josua Giustiniani, collecteur en chef de fonds occultes du Parti socialiste, à travers sa société marseillaise, l'agence Média Presse, mandatée par le PS et ses plus hauts dirigeants locaux et nationaux.

affaire Elf Aquitaine... dont la Générale des eaux était une des émules les plus influentes et actives.

Avec un si beau palmarès, le patriarche Guy Dejouany avait jugé — comment ne pas le comprendre ? — qu'il était temps pour lui de prendre le large, de s'éclipser et de vous transmettre le relais. À sa place, vous allez exceller et conduire la vieille dame du capitalisme français à... son Waterloo.

Le terreau était fertile pour de nouvelles aventures et, dans votre genre, vous non plus, monsieur Messier, n'allez pas démériter.

Intronisé grand patron de la Générale des eaux, en juin 1996, vous devez d'abord remettre à flot le vieux navire, colmater ses brèches, nettoyer à grandes eaux ses cales nauséabondes. Il y avait urgence : dans l'immobilier notamment, la Générale avait accumulé 37,8 milliards de francs de pertes — une feuille de nénuphar ! — dans des programmes ruineux, en France et à l'étranger, où des filous de tout poil faisaient la loi. La mafia n'était pas loin.

Alors, c'est vrai, vous fûtes, monsieur Messier, le sauveteur éclairé du groupe centenaire, né le 14 décembre 1853 par décret impérial de Napoléon III, coté à la Bourse de Paris et à celle de Londres depuis 1858. Quand vous vous attaquez aux relais de la corruption implantés depuis des lustres à la Générale des eaux, vous avez l'indéniable mérite de donner un coup de pied dans la fourmilière, de briser les baronnies et d'écarter les fripons. On ne peut donc que vous féliciter pour ce que vous écrivez, en décembre 1996, à tous les salariés du groupe : « Entre la perte d'un marché et un financement illégal, notre choix est clair : mieux vaut perdre un marché. Tel est l'intérêt bien compris du groupe. »

Comme vous, monsieur Messier, je déteste les lâches et les hypocrites. Vous avez souvent dit avoir beaucoup souffert des diffamations, notamment de celles émanant de gredins dont vous connaissiez le pouvoir de nuisance. Au sein de votre état-major, ils tentaient de vous impliquer dans un scandale financier — lié au fonds de placement « Partenaire gestion » dont vous vous occupiez chez Lazard Frères — qui vous était étranger. Campagne injuste, dont on comprend qu'elle vous ait fait souffrir. Je n'en serai que plus à l'aise pour appliquer à la critique de votre présidence les qualités que vous aimez : l'analyse, la franchise, l'honnêteté et le courage.

Je n'ai cessé ces derniers temps d'écouter vos discours à la gloire d'une transparence transcendantale dont vous seriez l'adepte. « Transparence », dites-vous ? Soit !

Quand pour la première fois vous posez votre séant sur le trône de la Générale des eaux, en juin 1996, la turbulente compagnie est, malgré ses casseroles, l'une des plus belles sociétés de la Bourse de Paris, assurée d'un quasi-monopole et d'une inestimable rente de situation (l'eau des Français !) dans 4 600 communes et collectivités locales de la France profonde. Son seul défaut pour un Rastignac des affaires : elle intervient dans le traitement des eaux, les ordures et la ferraille..., des activités qui ne posent guère son homme dans les dîners en ville et les salons balladuriens. Soif de pouvoir, de puissance et de considération ? Vous n'aurez de cesse que de relooker la vieille dame, la débarrasser de ses oripeaux à vos yeux démodés pour en faire la pin-up du futur millénaire.

En mars 1998, vous prenez le contrôle du géant de la publicité et de l'édition, Havas, numéro un de la communication en France, mettant la main, au passage, sur son incontrôlable filiale Canal+, repaire de la gauche hallucinogène où la Générale des eaux avait déjà un pied, ainsi que sur les hebdomadaires *Le Point* (vite revendu à l'industriel François Pinault) et *L'Express* (dont vous refusez la cession au quotidien *Le Monde*... qui, affirmerez-vous, ne vous pardonnera pas de lui avoir résisté). Canal+ ? Un gouffre sans fond... dont nous reparlerons. Dès lors, vous voilà branché, haut perché, avec enfin un pied chez les « tycoons » de la communication ! Un mois après, vous vous dépêchez de changer le papier d'emballage : la Générale des eaux devient Vivendi.

À dater de cette période, les folies commencent. La « création de valeur » devient votre leitmotiv. Elle passe par la diversification aux forceps de vos activités, qui va éloigner le groupe de ses activités traditionnelles et le transformer en un conglomérat ingouvernable, outrancièrement investi dans quatre métiers fondamentalement différents et sans réelles synergies :

- l'environnement ;
- les télécommunications ;
- les médias ;
- les chaînes de télévision à péage.

Pris d'une fringale gargantuesque, vous voulez tout dévorer avec en tête un seul grand objectif : monter en haut de l'échelle, devenir le numéro un mondial de la communication et de la nouvelle lubie du moment : l'Internet, machine infernale qui va vous conduire tout droit vers l'abîme, y entraînant vos actionnaires, otages de votre ambition impériale. Dès lors, comme le Petit Poucet avec ses cailloux blancs, vous allez semer derrière vous les milliards d'euros :

• Mars 1999 : achat du leader américain du traitement des eaux US Filter, à raison de **6,2** milliards d'euros (40,7 milliards de francs !). Pour en assurer le financement, Vivendi émet pour environ **5,7** milliards d'euros (37,4 milliards de francs) d'obligations convertibles. Acquisition hors de prix. US Filter est évaluée à 46,5 fois ses bénéfices de l'année 1996. À titre de comparaison, j'indique qu'en septembre 2001 un concurrent de taille équivalente, American Water, est repris par la compagnie RWE pour 16 fois ses bénéfices. Déjà, en janvier 1999, vous aviez racheté au-dessus du prix du marché la participation de 30 % détenue par Vincent Bolloré dans Pathé, puis lancé une opération de fusion. Jérôme Seydoux, le patron de Pathé, vous avait cédé sa participation dans Canal Satellite et surtout les 17 % de BSkyB, bouquet satellite et de télévision anglais contrôlé par le magnat australo-américain Rupert Murdoch. Stakhanoviste du carnet de chèques, le 22 juillet 1999 vous montez à 24,5 % dans le capital de BSkyB pour accroître la pression sur Rupert Murdoch... qui ne vous pardonnera pas cette agression et vous isolera dans une inconfortable position d'actionnaire minoritaire, suivant la vieille formule chère à Albert Frère : « Petit minoritaire petit con ; gros minoritaire gros con. » Ce divertissement est un régal pour les banques. En décembre 2001, il leur aura rapporté 34 millions d'euros (223 millions de francs !) au titre de leurs menus frais et commissions bancaires. Enfin, échangeant les 15 % détenus par la compagnie financière Richemont basée à Genève (propriétaire de Cartier) dans Canal+ contre

2,9 % du capital de Vivendi, vous détenez désormais 49 % puis 100 % de la chaîne cryptée dont les pertes saignent vos comptes de un milliard d'euros (6,56 milliards de francs) par an. De l'inquiétude de vos actionnaires qui commence à se manifester, vous n'avez que faire. Vous voulez continuer de grandir, coûte que coûte, raflant au passage des éditeurs brésilien et argentin.

• Juin 2000 : l'enfer du jeu commence et votre machine à sous s'emballe. Comparé au conglomérat que vous bâtissez, Las Vegas ressemble à un casino de chef-lieu de canton : pour **34** milliards d'euros (223 milliards de francs !), Vivendi s'offre le pape canadien des alcools Seagram, qui détient également le studio de cinéma de Hollywood Universal et les disques Polygram. En contrepartie, les vendeurs, Edgar Bronfman Junior et sa famille, deviennent les plus gros actionnaires de Vivendi. Au même titre que les petits porteurs, ils laisseront leur chemise — plusieurs milliards de dollars — dans l'opération.

• Juin 2001, nouvelle dépense : **2,5** milliards d'euros (16,4 milliards de francs, dettes comprises !) servent à l'acquisition de l'éditeur américain Houghton Mifflin Company, leader de l'édition scolaire, qui sera revendu par votre successeur Jean-René Fourtou, en novembre 2002, avec une perte de **800** millions d'euros (5,25 milliards de francs !), alors que vous assuriez lors de son absorption, un an auparavant : « Cette acquisition n'aura pas d'impact sur notre bilan et sera relutive [*sic*] [*ce néologisme financier signifiant un « accroissement de valeur »*] pour nos actionnaires. » Il n'a jamais été révélé — un oubli que je me fais un plaisir de corriger ici — que Houghton Mifflin vous fut proposé trois ans auparavant pour **3** milliards de francs, un prix raisonnable que vous aviez refusé. On s'interrogera longtemps sur la fabuleuse logique qui vous a conduit ensuite à payer plus de cinq fois cette somme pour en prendre le contrôle. Ivresse des sommets ou incompétence crasse ?

• Décembre 2001 : après diverses acquisitions, dont 35 % de Maroc Télécom pour **2,5** milliards d'euros (16,4 milliards de francs !), l'exploitation du légendaire music-hall Olympia, à Paris, et MP3.com, le « leader mondial de la diffusion de musique en ligne » par Internet, que vous avez négocié personnellement au prix astronomique de **372** millions de dollars (soit autant de millions d'euros ou 2,44 milliards de francs !), vous vous payez, pour votre petit Noël, 10 % de la société américaine de satellites télé EchoStar (**1,7** milliard d'euros, soit 11,15 milliards de francs) et vous engloutissez à l'occasion **10,3** milliards d'euros (67,6 milliards de francs !) dans le rachat de USA Network, l'entreprise de câble et de spectacles télévisés du baron de Hollywood, Barry Diller. Votre dernière et mortelle folie, rendant impossibles les comparaisons comptables de Vivendi Universal, d'une année sur l'autre.

• De l'année 2000 à la fin de votre règne ubuesque, vous ne vous contentez pas de multiplier les rachats de sociétés ou de nombreuses prises de participation dans des opérateurs de télécommunication en Hongrie, Pologne, Espagne, Monaco Télécom, Égypte ou au Kenya. Vous vous lancez aussi dans de mirifiques « créations », là encore financées à coups de milliards. La plupart débouchent sur de cuisants échecs. Que dire, par exemple, de votre « portail Internet multiaccès Vizzavi », votre perle rare, votre grand œuvre ? Annoncée le 10 janvier 2000, la création de Vizzavi, proclamez-vous, est « au cœur » de votre stratégie.

Mettant au total sur la table **1,6** milliard d'euros (10,5 milliards de francs !), vous affichez une confiance totale : « Notre ambition est de battre tous les Yahoo, de devenir le premier portail européen adapté à la deuxième génération d'Internet, celle où Internet sera accessible sur tous les écrans de télévision et pourra véhiculer de l'image. » Doan Bui du *Nouvel Observateur* s'en amuse : « Jean-Marie Messier suit les dossiers lui-même. Il impose par exemple le rachat du site pour pages personnelles “iFrance”, pour **150** millions d'euros [*984 millions de francs*], au terme d'enchères échevelées contre Liberty surf, financé par Bernard Arnault. Cher pour une société sans aucun revenu ? Qu'importe[1] ! » Inconscient, dévoré par la folie des grandeurs, par votre incontrôlable envie de paraître dans le nouveau monde de la « Net économie » où vous voulez être « in » — je veux dire « branché » —, vous avez racheté pour une pincée de sel — 24 millions de francs ! — l'utilisation de l'enseigne « Vizzavi » à un malheureux mais chanceux ressortissant sénégalais, le sieur Ababacar Diop, ancien porte-parole du « mouvement des sans-papiers » de l'église Saint-Bernard qui avait monté avec deux associés, en face de cette église du 18e arrondissement de Paris, un cyber-café baptisé « Vis@vis ». Vous êtes alors follement satisfait de voir valoriser Vizzavi par les analystes financiers à **25** milliards d'euros (131 milliards de francs !), avant même qu'il ait existé. Grâce à l'effet du « projet » Vizzavi, l'action Vivendi s'emballe. Sa capitalisation boursière va atteindre jusqu'à **153,7** milliards d'euros (1 008 milliards de francs !) et son cours bondit de 100 euros en janvier 2000 à **141,60** euros, le

---

1. *Le Nouvel Observateur*, 13 juin 2002, p. 98.

10 mars 2000. C'est la fête ! Avec campagne de publicité tous azimuts et grand raout nocturne, quai Branly, pour le Tout-Paris, cracheurs de feu et... imposant défilé d'éléphants !

Triomphe à la romaine, à la manière de Cléopâtre rendant visite à César.

Dans une longue note confidentielle de juillet 2002 — document remis à votre successeur Jean-René Fourtou, dont l'entier contenu demeure inédit[1] —, je découvre lors de mon enquête que votre homme de confiance et directeur financier Guillaume Hannezo revient sur cet événement fantastique :

« Aussi le cours monte-t-il de 30 % dans les jours suivant l'annonce de l'accord [*de partenariat avec Vodafone, le groupe anglais de téléphonie mobile, associé à Vivendi dans le site Internet Vizzavi*], et les analystes sortent des études pour valoriser Vizzavi, qui n'est encore qu'un projet, une ébauche sur un cahier à spirales, un concept un peu orwellien, à plus de 30 milliards d'euros, soit 15 milliards d'euros pour la part détenue par Vivendi et Canal+. En surfant sur la vague Internet, Vivendi fait trancher par le marché le débat de ses choix stratégiques... »

Textuel ! Et sans commentaire.

---

1. *Le Monde* (13 décembre 2002) eut à son tour communication de cette pièce essentielle qui à l'origine n'était pas destinée à la COB. C'est bien à l'intention de Jean-René Fourtou, nouveau P-DG de Vivendi Universal, qu'elle fut réalisée en juillet 2002 par Guillaume Hannezo, dans un souci de dédouanement, puis par la suite remise à la Commission des opérations de Bourse. Document éclairant, autant pour son caractère abscons que pour les aveux en défense de Guillaume Hannezo, auquel je me fais un plaisir d'offrir la parole. Considérant qu'il exerce là son légitime droit de réponse, je la reproduis pour la première fois, intégralement et fidèlement, en annexe, pp. 357 à 391.

Lors de ce lancement hollywoodien, alerté par ce tumulte publicitaire, moi aussi — comme beaucoup d'internautes — je me suis précipité sur mon ordinateur (iMac Apple) pour consulter le nouveau site. Lamentable spectacle ! La page d'accueil consistait en une rosace couleur perroquet renvoyant à des textes mièvres, sans intérêt. Un gentil travail d'amateur ! Il n'était nul besoin d'être un analyste pointu pour voir que ces enfantillages ne pouvaient en rien rivaliser avec les géants américains de l'Internet Yahoo ou AOL et que la valeur de Vizzavi était plus proche du « 0 » pointé que des 25 milliards d'euros annoncés par les meilleurs cabinets financiers de New York, Londres et Paris.

Aviez-vous seulement, cher Jean-Marie, pris la peine de consulter, ne serait-ce qu'une seule fois, les pages ineptes de votre Vizzavi chéri ? Si tel avait été le cas, en P-DG digne de ce nom, vous n'aviez qu'une solution : renvoyer l'armée de vos informaticiens à leurs très chères études et leur demander de remettre une copie enfin acceptable. Au lieu de cela, vous avez laissé faire et votre « portail multi-accès » va devenir le gouffre de Padirac[1] de l'Internet.

En 2001, les pertes de Vizzavi seront quatre fois plus importantes qu'un an auparavant : **386** millions d'euros (2,5 milliards de francs !) pour un chiffre d'affaires ridicule de **129** millions d'euros (**846** millions de francs). Dans ce bazar où règne une pagaille indescriptible, vous employez 900 personnes, dans huit pays

1. Dans le Lot : cavité naturelle de 75 mètres, qui s'ouvre, à la verticale, dans la surface du Causse de Gramat, sous lequel, à 103 mètres, coule une rivière souterraine.

européens. 900 collaborateurs recrutés pour conquérir le monde, dont une kyrielle de « gugusses » en guerre permanente avec ceux de votre filiale Canal+ et de son appendice, Canal numedia. Votée au Parlement, une loi aux mesures de Vizzavi vous permet de défiscaliser vos dons d'ordinateurs à vos employés, qui seront vos premiers et derniers clients. Fortiche ! Lorsque la fiesta Vizzavi prendra fin, la cession à votre partenaire anglais Vodafone de ce « portail » informe et sans contenu sera réalisée pour **142,7** millions d'euros (936 malheureux millions de francs !), alors que vous y avez joyeusement brûlé, au bas mot, **1,774** milliard d'euros (11,64 milliards de francs !). Et votre « ami » Guillaume Hannezo écrira, en page 6 de son mémoire secret destiné à Jean-René Fourtou, que je citais plus avant :

« Entre l'investissement dans Vizzavi (...), l'investissement dans Scoot, les activités de capital-risque (Viventures, @viso), l'investissement dans "iFrance", l'acquisition de MP3, le développement des filiales propres (musique, régies), c'est près de 2 milliards d'euros [*13,12 milliards de francs*] que le groupe a investis, en pure perte, dans ces activités en 2000 et 2001. Ces investissements dans des sociétés sans modèle économique apparaissent aujourd'hui comme "naïfs", et on se demande comment ils ont pu ne pas être évités sur la base du simple bon sens... »

Beau boulot, Monseigneur !

C'est, je le redis, pour que le lecteur ait une vue précise de vos exploits à la tête de Vivendi, que je reproduis in extenso en annexe l'intégralité du rapport de Guillaume Hannezo à Jean-René Fourtou. On y lit cet autre passage éclairant, qui en dit long sur votre politique de dépenses ruineuses en vue de financer jusqu'à la fin, dans une démente fuite en avant, vos derniers achats aux États-Unis à coups de milliards d'euros, à la fin de 2001, et vos scandaleux programmes de stock-options :

« Par rapport à une situation où l'acquisition de USA Networks aurait pu être réglée en titres nouvellement créés, le poids supplémentaire [*pour Vivendi qui a acheté ses titres sur le marché au cours de l'année 2001, en vue de les livrer en règlement aux vendeurs de USA Networks*] représente environ 37 millions d'actions, soit 2 milliards d'euros, et, pour mémoire, si la société avait dès l'origine fait le choix de stock-options de souscription et n'avait pas acheté ses titres [*en prévision de leur livraison aux dirigeants de Vivendi, dans le cadre du programme de stock-options prévus pour 2002, malgré des pertes historiques*], elle n'aurait pas eu à acheter 11 milliards d'euros d'actions et à [*en*] vendre 4, ce qui aurait amélioré sa trésorerie de 7 milliards d'euros. Mais ce raisonnement suppose des choix constamment différents de ceux retenus par le conseil dès 1997. »

En résumé et pour parler simple : 7 milliards d'euros (46 milliards de francs !) ont été dépensés dans la dernière période — 2001-2002 — pour vous permettre de vous en sortir et de continuer de vous enrichir, alors que le groupe n'allait plus tarder à être aux abois.

À l'instar de Jacques Calvet lors de votre intronisation, certains ont pressenti la catastrophe. Dès le 14 octobre 1998, *Le Canard enchaîné* révèle un rapport confidentiel du Crédit Lyonnais Securities Europe qui, chiffres à l'appui, met déjà en cause votre gestion, avec ces parlantes têtes de chapitres : « Vivendi manque de capacité de financement (...). La situation de l'endettement reste élevée. (...) La génération de cash-flow est insuffisante pour financer les objectifs à moyen terme », etc.

Un peu plus tard, en l'an 2000, lors de l'assemblée générale annuelle de Vivendi, un actionnaire clairvoyant avait lui aussi pressenti la catastrophe. Vous l'aviez écouté, avec l'air de celui qui pense : « Parle toujours, imbécile, tu m'amuses. » À l'altitude où vous voliez, vous ne pouviez plus rien entendre. Dans vos oreilles résolument branchées, cette complainte du vieux monsieur raisonnait comme une musique ringarde : « J'avais des actions de père de famille, qui offraient des rendements réguliers. Je me retrouve avec des titres spéculatifs qui peuvent varier de 8 % par jour. »

En quelques mots, tout était dit. Narquois, vous aviez souri. Mais quand, en 2002, vous ne pourrez plus faire illusion, la turbulente volatilité de l'action Vivendi se transformera en tornade, atteignant les 20 % et bien plus en variations journalières, finissant de concasser l'épargne de vos mandants.

Au total, votre maharadjesque festin aura coûté, pour ses mets principaux (32 entreprises rachetées entre 1998 et 2002 !), **110** milliards d'euros. Montant invraisemblable, de quelque **722** milliards de francs... assortis d'un endettement-piège d'au moins 33 milliards d'euros (216,5 milliards de francs !), en perpétuelle croissance ! Vous faites plus fort que Michel Bon à France Télécom. Là encore, Jean-Marie Messier, vous gagnez le gros lot, la palme d'or des patrons mégalos.

Au début 2002, alors que l'orage n'a pas encore éclaté mais que les cumulo-nimbus se sont déjà formés, vous avez enfin concrétisé votre rêve. Vous êtes le Roi-Soleil, avec vos courtisans, vos équipages, ceux que vous appelez la *dream team*, l'équipe de rêve de Vivendi. Rien pour vous n'est assez beau, rien n'est trop cher. À Venise, vous avez vos palais et à Méry-sur-Oise, au nord de Paris, votre château, hérités du vieil empire de la Générale des eaux.

Âgée de six cents ans mais reconstruite à la Renaissance, la bâtisse fortifiée de Méry est votre petit Versailles. Ce fut le château des Ségur-Lamoignon, famille de la célèbre comtesse qui trouva là son inspiration. Le château vous ressemble : tout y est parfait. Depuis 1996 vous y avez engagé des travaux considérables (quelque 50 millions de francs), assisté de deux paysagistes et du fameux architecte Jean-Michel Wilmotte. Avec promenade publique, rivière anglaise, parc privé et jardin botanique, l'écrin est idéal pour les concerts, fêtes et réceptions Grand Siècle, que vous aimez y donner. Le Tout-Paris s'y presse, jusqu'aux ministres de Lionel Jospin. De même qu'à vos séances de cinéma privées dans la capitale, aux sorties à l'Opéra et au festival d'art lyrique d'Aix-en-Provence dont vous êtes le président, avec aller et retour pour tout le monde en avion... aux frais des actionnaires. De l'au-delà, la comtesse de Ségur vous observe et s'amuse de vos excentricités. C'est au château de Méry-sur-Oise qu'en plus des *Malheurs de Sophie*, du *Général Dourakine* ou des *Petites filles modèles*, elle trouva son inspiration pour *Les mémoires d'un âne*. La comtesse était une visionnaire.

Nouveau Paul Getty, aux États-Unis vous êtes on ne peut plus couleur locale. En juin 2001, au 375 Park

Avenue, l'une des adresses les plus chères au monde, Vivendi vous installe parmi les « puissants ». Vous prenez possession d'un duplex de 520 mètres carrés — excusez du peu —, avec penthouse, quatre chambres à coucher, autant de salles de bains, de salons, chambres de service et... cave à vins. Car, heureusement pour notre réputation et notre honneur national, comme moi vous n'êtes pas un buveur d'eau. Coût de ce petit pied-à-terre new-yorkais : **17,5** millions d'euros (**115** millions de francs !), auxquels j'évite d'ajouter les **3** à **8** millions de dollars (20 à 52,5 millions de francs) — allez savoir au juste ! — en frais d'entretien, de décoration, d'aménagements et autres babioles, réalisés, entre autres, par votre architecte préféré, Jean-Michel Wilmotte.

Certes, pour occuper cette chambre de bonne, vous nous assurez avoir « versé à l'entreprise un chèque personnel de 936 000 dollars, soit la moitié de mon salaire net d'impôt pour l'année 2001 ». Encore une fois, vous jouez sur les mots et vous vous moquez du monde, puisque vous finissez par avouer : « *Ils me seront remboursés à mon départ*[1]. » Autrement dit, vous n'avez rien payé du tout... pour un appartement dont le prix de location à New York dépasse allégrement les 50 000 euros (325 000 francs) par mois. Selon mes correspondants sur place, il peut atteindre même les 100 000 dollars (656 000 francs).

Est-ce bien raisonnable, cher Jean-Marie ?

---

1. Voir *Mon vrai journal*, le dernier livre de Jean-Marie Messier, écrit en collaboration avec le journaliste Yves Messarovitch, Éditions Balland, novembre 2002.

Pour vos voyages de l'autre côté de l'Atlantique, vous n'aimez pas la promiscuité des premières classes d'Air France ou du Concorde.

Ce que je vais maintenant vous rappeler dément formellement vos déclarations et écrits répétés. Pardon, monsieur, de devoir rendre publiques des vérités que vous pensiez soigneusement enterrées. Nous direz-vous les avoir ignorées ? C'est le plaisir du journaliste de dénicher les truffes à la saison des pluies.

Faisons donc ensemble un petit retour en arrière à propos de vos objets volants non identifiés.

Monsieur le président préfère les jets privés dont le groupe Vivendi fait collection. Pas moins de sept unités, en pleine propriété. Et pas n'importe quels coucous ! L'avion leader de cette escadrille de grand luxe : un « Airbus Corporate Jetliner » — rien de moins ! —, comprenez un Airbus de ligne A319 transformé par le constructeur en avion « Spécial VIP », pour pouvoir transporter une douzaine de privilégiés dans un cocon doré et tout cuir, avec champagne, liqueurs, bonbons et chocolats. Ce caprice pour nabab moyen-oriental est ce qui se fait de plus huppé dans l'aviation d'affaires. Brut de décoffrage, l'appareil coûte la bagatelle de 50 millions d'euros (328 millions de francs !) et, à condition d'en être le propriétaire, 11 000 euros (72 000 francs) l'heure de vol. Je vous fais grâce des frais annexes. Ce qui met l'aller et retour Paris-New York à plus de 180 000 euros (1,18 million de francs !). Quand on aime, on ne compte pas.

Seules une quinzaine de ces unités de prestige ont été livrées par Airbus à des clients aussi choisis que l'émir du Qatar, les forces aériennes françaises et italiennes pour leurs gouvernements respectifs, l'État vénézuélien, la direction de Daimler-Chrysler ou le

Koweitien Al-Kharafi. Bien que vous vous en défendiez aujourd'hui, c'est bien vous, monsieur Messier — et non ma sœur —, qui avez décidé, courant 2001, de faire acheter par Vivendi Universal l'Airbus A319 immatriculé « FGSVU » (les deux dernières initiales correspondant à celles de votre groupe). Vous ne pouvez faire croire à quiconque qu'un de vos sous-fifres aurait pu décider, tout seul dans son placard à balais, sans votre accord, d'un investissement de cette taille.

Touchant à la stratégie intercontinentale de votre entreprise, une épineuse question se pose alors : faut-il équiper d'une douche le nouvel avion ? Certes, ce sanitaire d'altitude, spécialement conçu pour résister aux trous d'air, permettrait aux illustres passagers de débarquer, savonnés et pomponnés de frais, de l'autre côté de l'Atlantique. Toutefois, objectent alors les ingénieurs, l'installation avec son indispensable et important réservoir d'eau alourdira l'appareil de plusieurs centaines de kilos, l'empêchant de relier sans escale Paris à Los Angeles, siège des studios hollywoodiens de Vivendi Universal. Douche et salle de bains ou arrêt technique ? Le cruel dilemme doit être tranché au plus haut niveau. Verdict : « Avantage à la douche ! »

Une fois le jouet livré sur le tarmac de l'aéroport du Bourget, votre A319 de « Maître du Monde », capable de rivaliser avec « Air Force One », le Boeing 747 de George W. Bush, président de la première puissance mondiale, commence à faire jaser : « Messier se prend pour la reine Juliana. Il s'est même acheté un Airbus pour lui tout seul », lit-on, çà et là, dans les gazettes qui ignorent cependant les à-côtés croquignolets de votre aérienne acquisition.

Toujours sensible au qu'en-dira-t-on, refusant d'assumer jusqu'au bout votre caprice de nouveau riche, vous vous êtes alors empressé de démentir l'information, assurant que cet avion n'appartenait pas à Vivendi et qu'il était seulement loué temporairement par Airbus, à titre de promotion commerciale. Honteux, vous renoncez à votre douche aérienne et préférez vous rabattre sur le Falcon 900 du groupe, ce qui n'est déjà pas rien.

Plus tard, après votre chute, dans votre ouvrage d'autojustification cité plus avant et vos diverses interviews, vous continuerez de nier être le moins du monde associé au maudit volatile.

Loin de moi, « monsieur qui vole mieux que bien », l'intention d'entretenir la polémique, en dissertant plus qu'il ne le faudrait sur vos goûts de starlette et votre passion immodérée pour les hochets du pouvoir. À propos de cet Airbus, voyons d'abord votre version des faits. Je l'extrais de votre *Vrai journal*, sur lequel il me sera donné de revenir, pour d'autres indispensables mises en perspective. Parlant d'un voyage à Cardiff, le 16 février 2002, effectué à bord de l'encombrant avion loué par un groupe de P-DG du club « Entreprise et cité » partis assister au match de rugby France-Pays de Galles, vous écrivez : « Bébéar [*le président du conseil de surveillance du groupe d'assurances AXA*] passera d'un siège à l'autre, répétant en substance : "*Savez-vous que cet Airbus privé appartient à Vivendi et à Messier ? Il est gentil de nous l'avoir loué. Mais ce pauvre garçon a complètement pété les plombs : un Airbus, une douche s'il vous plaît ! Et ce somptueux appartement à New York, tout cela sur le dos de la société. Et puis, voyez ces nouveaux métiers dans lesquels il développe Vivendi Universal : la musique, le cinéma. Des métiers de saltimbanques. Des métiers pas sérieux. Non, décidément, il représente un danger pour la place de Paris. Et pour l'image de la France à l'étranger. Il faut agir, il faut avoir sa peau.*" »

Dans cette charge appuyée, vous attaquez ensuite Claude Bébéar, grand chasseur devant l'éternel, qui serait le corbeau de la bande et la cause de tous vos malheurs : « Nous y voilà, ajoutez-vous. Le tueur de fauves est entré en action. Tout au long d'une longue traque qui durera cinq mois, il ne lâchera plus sa proie : "*Main basse sur Vivendi Universal*" ; "*Dehors Messier !*". »

À votre manière, vous réécrivez l'histoire des 200 familles... dont vous seriez la victime expiatoire. Avec elles, point de chasse à la loyale, face à face, écrivez-vous. Nous ne serions pas dans une chasse capitalistique classique, où celui qui cherche à prendre le contrôle d'une société doit convaincre les actionnaires de lui apporter leurs titres. Non, insistez-vous, « nous sommes ici dans une traque à la française. Avec sa spécialité : les réseaux souterrains, celle des petits rabatteurs agissant pour votre compte, celle, aussi, des mensonges... ». Pauvre Jean-Marie ! Quelles souffrances affreuses ces malfaisants vous ont fait endurer, vous livrant une « chasse souterraine », où « peu importent les contre-vérités et les approximations ». À vous en croire, « l'important est qu'elles aient l'apparence de la vraisemblance et, surtout, qu'elles jettent le discrédit ».

L'arme thermonucléaire du quarteron de généraux mobilisés au sommet de l'État pour vous blackbouler ? Ce serait justement l'A319 qui, jurez-vous — sur la tête de votre idole José Bové ? —, vous serait totalement étranger : « Cet Airbus n'est nullement [*sic*] un avion Vivendi Universal, affirmez-vous. (...) La société qui l'exploite — Aéro-Services, en leasing temporaire avec

Airbus — est bien une filiale historique de Vivendi Universal, mais ce partenariat remonte aux activités immobilières de la Générale des eaux. Le groupe n'est plus qu'un client [*resic*] "*ordinaire*". Il réalise moins de 10 % du chiffre d'affaires de cette compagnie aérienne. Cet Airbus, ce n'est pas "*mon idée*". (...) Cet avion ne m'est nullement destiné, pas plus qu'à Vivendi Universal. Personnellement, je n'ai jamais volé dans cet avion. Pas une heure ! (...) En attendant, la rumeur court. Je paie au prix fort le prix médiatique d'un Airbus dans lequel je ne vole pas, mais qu'utilisent les "*conjurés*" pour une virée "*rugby*" entre copains. »

Que ces choses-là sont bien dites. Dans l'hebdomadaire *Le Point*, le 15 novembre 2002, vous ressortez votre marteau : « D'abord, cet Airbus n'appartient pas à Vivendi. La société Aéro-Services qui l'exploite est une lointaine filiale de Vivendi, avec laquelle, du reste, nous travaillons très peu (10 % du chiffre d'affaires). Et surtout : je n'ai jamais volé à bord de cet Airbus. Pas une heure ! Pas une minute ! Mais insidieusement, d'approximation en approximation, voilà comment se dessine l'image du Messier mégalo qui a "*pété*" les plombs. »

Puisque, comme moi, très cher Jean-Marie, vous n'aimez pas les approximations, venons-en aux faits, rien qu'aux faits. Pour trancher qui de vous ou du chasseur de faisans, Claude Bébéar, a raison, j'ai mené ma petite enquête sur ce fameux Airbus. Je vous en livre confidentiellement les résultats... éloquents :

• Selon les registres officiels de la Direction générale de l'aviation civile (DGAC) que j'ai pu consulter, l'Airbus A319-133, numéro de série « 1236 », immatriculé « FGSVU » — celui-là même que vous reniez avec obstination —, est depuis le 13 décembre 2001 la propriété de la SNC (société en nom collectif) CIP Transports, domiciliée 10-12, rue du Général-Foy à Paris. Enregistrée le 29 juin 1992, cette entité est issue de l'ancienne Compagnie immobilière Phénix (CIP) de sinistre mémoire, la filiale qui a tant coûté en opérations foireuses à sa maison mère, l'ex-Générale des eaux. Aujourd'hui, CIP Transports, propriétaire de l'Airbus tant décrié, est bien une filiale à part entière (100 %) — et non « lointaine » — du groupe Vivendi Universal. Le choix de cette forme juridique n'est pas innocent. Par définition, une SNC est fiscalement transparente. Assujettis à l'impôt sur le revenu des personnes physiques, ses résultats tombent dans ceux des personnes qui portent ses parts. Elle leur offre ainsi l'avantage de pouvoir déduire ses pertes de leurs revenus respectifs, à hauteur du pourcentage qu'ils détiennent respectivement dans la SNC. Voilà pourquoi, en règle générale, les SNC ne dégagent quasiment jamais de bénéfices. Dans le cas de CIP Transports, c'est sa maison mère, Vivendi Universal, qui, par convention fiscale, absorbe et éponge ses pertes. En effet, les deux seuls associés de la société propriétaire des avions, dont l'Airbus, sont : en qualité d'« associés gérants », la société Anjou Services, autre filiale de Vivendi représentée par Jean-Louis Charon ; comme « associée en nom », la société AS1 dirigée par Éric-Jean Jacquet, elle aussi filiale de Vivendi. Enfin, et en tout bien tout honneur, on n'est pas étonné de retrouver comme commissaire aux comptes de l'ensemble un ami de la famille : le réputé cabinet Salustro-Reydel, celui-là même qui a l'insigne charge de contrôler les comptes embrouillés de votre groupe.

• La filiale de Vivendi CIP Transports, heureuse propriétaire de votre Airbus A319 (à douche incorporée), possède, selon les cahiers de la DGAC, cinq autres avions. Il y a d'abord le puissant et très luxueux Falcon 900-EX, immatriculé « FGPNJ », jet privé construit par les usines Dassault, le modèle préféré des chefs d'État, des grands P-DG et des despotes africains. Viennent ensuite, pour le tout-venant si j'ose dire, un confortable Falcon 50 (« FGGCP »), deux Falcon 10 (« FGFMD » et « FGFPF »), puis un Beech King 200 (« FGGPR »). Une flotte aérienne à vos mesures, utilisée par vous et votre état-major, comme s'il s'agissait de simples taxis.

• Les avions de CIP Transports, y compris le très rare Airbus A319 à douche suspendue et pressurisée, sont confiés pour leur exploitation à la société du Bourget Aéro-Services Executive et à sa filiale Aéro-Services Corporate, toutes deux étoiles de la galaxie Vivendi. Fondée en 1991, à l'époque du mirobolant Jean-Marc Oury, alors patron de l'Immobilière Phénix, Aéro-Services Executive est aujourd'hui une compagnie en vue dans le petit monde des jets d'affaires privés. Elle emploie une soixantaine de personnes, dont 23 pilotes et 6 hôtesses. Depuis l'été 2001, c'est elle qui fait voler le fameux Airbus A319 de Vivendi, vedette en juin de cette année-là du salon aéronautique du Bourget. Le 17 juin 2002, cette filiale de Vivendi est entrée, bien malgré elle, dans l'histoire de la barbouzerie. C'est l'un de ses avions, le Falcon 900-EX dans lequel vous vous faisiez photographier en janvier 2002 par *Paris Match*, qui fut affrété, avec pour destination Madagascar, par une petite troupe de douze mercenaires français, payés pour aller prêter main-forte au président corrompu et déchu, Didier

Ratsiraka. Ce commando Kronenbourg, composé pour l'essentiel d'anciens compagnons d'arme du légendaire Bob Denard, eut la désagréable surprise d'être stoppé en cours de route par les services secrets français.

Avouez, commandant Messier, que vos avions — à commencer par votre Falcon préféré — portent la guigne. Quelques jours après le raid avorté des mercenaires partis pour Madagascar, c'était votre tour d'être débarqué de la direction de Vivendi... sans ménagement.

« Approximations », disiez-vous, monsieur Messier, à propos des informations qui ont circulé sur votre Airbus ? Pardon de vous décevoir : en l'occurrence, Claude Bébéar ne s'était pas trompé.

Vous opposant ici des données officielles et irréfutables, je constate, navré, que, même plume à la main, vous nous mentez effrontément.

Quoi que vous écriviez, dissimulant votre clinquant Airbus derrière le paravent commode de la petite compagnie Aéro-Services, cet oiseau, dans lequel vous assurez n'avoir jamais mis les pieds, appartient bel et bien à Vivendi. Son achat fut forcément décidé et avalisé par vous. Et vous seul !

En fait de « lointaine filiale » et de « leasing temporaire », selon vos formules choisies pour noyer le poisson, c'est Vivendi, à travers CIP Transports, qui assume la propriété et les charges du magnifique avion et des cinq autres unités de l'escadre. Un business ruineux, si j'en crois les chiffres disponibles au greffe du tribunal de commerce. Certes, Aéro-Services Executive, après des débuts difficiles, équilibre maintenant ses comptes, mais les résultats de CIP Transports, la filiale propriétaire des avions, dont l'Airbus A319, sont dignes — à son échelle — de la sidérurgie française, avant que Francis Mer, notre actuel ministre des Finances, n'aille y mettre bon ordre. Pour 2000, la dernière année où son bilan a été transmis au greffe, CIP Transports affiche une perte de 3,8 millions d'euros (25 millions de francs) pour un chiffre d'affaires de seulement 2,2 millions d'euros (14,5 millions de francs).

Ah ! la belle patrouille de France que voilà.

Les résultats de cette discrète filiale aérienne de Vivendi Universal — qui se fait un plaisir de digérer ses pertes annuelles, en les déduisant de ses revenus — sont chaque année du même tonneau[1].

Au total, pour les derniers exercices connus — et sans compter les résultats 2001 qui n'ont pas été publiés, en violation de la loi —, c'est 8,8 millions d'euros (55 millions de francs) qui ont été perdus par les avions de Vivendi Universal, à travers la seule SNC CIP Transports. Et je ne compte pas les dizaines de millions d'euros engloutis par la haute direction de Vivendi pour ses voyages intercontinentaux dans les jets privés de la maison. Un seul vol (à l'aller) de votre Falcon 900 sur le trajet Paris-New York est facturé par votre filiale — que j'ai interrogée — 98 000 euros, soit 642 000 francs, l'équivalent en quelque sorte du loyer

1. Pertes de – 290 000 euros en 1999, pour un chiffre d'affaires de 2,17 millions d'euros ; pertes de – 702 000 euros en 1998 pour un chiffre d'affaires de 1,3 million d'euros ; pertes de – 1,7 million d'euros en 1997 pour un chiffre d'affaires de seulement 827 000 d'euros ; pertes exemplaires de – 1,8 million d'euros en 1996, pour un chiffre d'affaires squelettique de... 491 343 euros.

mensuel de votre pied-à-terre new-yorkais si je devais le louer. Était-il trop vous demander de vous déplacer, comme toutes les personnes de votre rang, en première classe des nombreuses lignes régulières ? Un Paris-New York à 98 000 euros ? Ignoreriez-vous que cette somme équivaut, comme dirait José Bové, au salaire mensuel d'une soixantaine de Français d'en bas ?

Il ressort, à l'évidence, que les activités aéronautiques de Vivendi Universal où s'enchevêtrent filiales et sous-filiales, le plus souvent lourdement déficitaires, n'existent que pour le confort et le paraître des dirigeants d'un groupe où l'argent coule à flots. Sinon, il y a belle lurette qu'au lieu d'y ajouter un Airbus flambant neuf à 50 millions d'euros (328 millions de francs, sans compter les extras), vous auriez immédiatement fermé cette collection de machines à réaction, moins dispendieuse il est vrai que les autres signes extérieurs de richesse de votre présidence. Et une goutte d'eau, au regard de vos autres dépenses de nabab capricieux.

N'est-il pas légitime de s'interroger au passage sur la non-transmission au greffe du tribunal de commerce des comptes 2001 de ces différentes filiales chargées de vos transports en commun ? L'année 2001 est — simple hasard — celle où votre « Air Force One » vous était livré et accomplissait ses premières rotations.

Pourquoi, monsieur Messier, nier si fort ces vérités ?

Pourquoi prétendre que cet Airbus n'est pas celui de Vivendi Universal, alors qu'il est le seul à en porter les initiales : « VU » ? Que par la suite, pour ne pas prêter le flanc à la critique, vous ayez renoncé à l'utiliser ne change rien à l'affaire. Votre A319 pour milliardaire excentrique n'en a pas moins été acheté... avec les équipements les plus luxueux. Outre la salle de bain et sa douche sécurisée, chaque fauteuil profond est équipé d'un téléphone satellitaire, d'une liaison Internet et d'une prise pour ordinateur portable. L'ensemble est agrémenté d'un salon décoré de bois précieux, d'une salle de réunion et d'un espace secrétariat.

Pourquoi maintenant ne pas assumer ? Par crainte d'apporter de l'eau au moulin de vos pairs qui raillent cette démesure ?

Pour l'heure, certains de vos actionnaires ruinés aimeraient y voir plus clair. Ils n'auront pas tort de demander à la justice de passer au crible les livres de bord, les facturations, les listes de passagers, bref, d'aller aussi mettre son nez du côté du Bourget.

8.

À vous, le P-DG flambeur dont les comptes étaient fardés comme une cantatrice chauve

Mais revenons, mon bon monsieur, à vos aventures américaines : Paris, New York, Los Angeles, Davos, les Bahamas pour les fins de semaine au soleil... en jet privé, le monde est désormais votre cour de récréation. Les studios de cinéma dont vous êtes l'acquéreur à Hollywood ont fini de vous griser. Vous vivez désormais dans un univers irréel, prisonnier de votre scénario, de vos fictions. Car derrière tout ce cinéma, ce film à grand spectacle, il n'est que du vent, un gouffre béant.

Entre 1996 et 2002, pendant les six folles années de votre marathon pour accéder à Hollywood et à son Olympe médiatique, votre razzia capitalistique n'est qu'une dangereuse fuite en avant. À coups d'acquisitions surpayées, de déclarations en forme d'effets de manches et de résultats financiers mensongers, vous évoluez à l'image de ces coureurs du Tour qui se piquent aux amphétamines pour gravir les cols et pressent toujours plus la cadence afin de garder l'équilibre et éviter de tomber. Dans votre *Lettre aux actionnaires* de novembre 1998, votre appel aux marchés se fait insistant. Votre enthousiasme se veut « communicateur ». Dans cette discipline, vous savez faire. Déjà !

Les grandes promesses commencent. Vous voici... en habit de « Monsieur Loyal » :

« Notre groupe a toujours été attaché à disposer d'un actionnariat individuel fort, gage de confiance et de stabilité. (...) Grâce à vous tous, Vivendi se range désormais dans le peloton de tête des sociétés cotées, hors privatisées, par le nombre de ses actionnaires individuels : vous êtes aujourd'hui plus de 250 000 et détenez collectivement près du quart de notre capital. C'est pour nous un grand motif de fierté et de responsabilité, et nous sommes particulièrement attentifs à fournir à chacun d'entre vous une information aussi complète et directe que possible sur la vie de notre groupe (...). Un double atout : solidité et croissance. Depuis un an, l'action Vivendi a "surperformé" [*sic*] le CAC 40 de plus de 50 %, traduisant la compréhension par le marché du travail d'amélioration de la productivité effectué par nos équipes dans tous nos métiers, ainsi que la reconnaissance des points forts de Vivendi : **solidité** et **croissance**... »

Solidité et croissance ? Mon œil ! Je dirais plutôt fragilité et descente au quatrième sous-sol.

Revenons ensemble sur vos pas. Le calvaire de vos actionnaires a commencé, très tôt, dès mars-avril 1999, quand vous achetez pour **6,2** milliards d'euros (40,7 milliards de francs !) la société US Filter. « Le plus gros rachat jamais réalisé par une firme française aux États-Unis », clamez-vous alors.

Comme le déplore l'actionnaire américain Yong Pon Kim dans la *class action, complaint for violation of the Securities Exchange Act of 1934* — plainte « pour violation de la loi de 1934 sur les opérations boursières » déposée le 6 septembre 2002 devant le tribunal du district sud de New York[1] —, cette coûteuse emplette, vous l'effectuez, je le répète, à un prix démesuré, sans rapport avec la valeur réelle de l'entreprise. Ce fut le cas aussi, quelques mois après, en décembre 1999, quand vous vous emparez pour une somme folle, **1,2** milliard d'euros (7,9 milliards de francs !), de 49 % du capital de la société polonaise Elektrim Telekommunikaecje (E.T.) qui ne cessera de péricliter, vous coûtant plusieurs centaines de millions d'euros.

Certes, il n'est pas interdit à un P-DG d'acheter au prix fort une entreprise s'il la considère essentielle à sa stratégie. Mais alors, pour que ses comptes soient insoupçonnables et reflètent parfaitement la situation de son groupe, il convient que ses nouvelles filiales soient enregistrées au bilan à leur vraie valeur, en tenant compte de la dépréciation de ce que les Anglo-Saxons appellent le *goodwill* (en français : « la survaleur »), c'est-à-dire la différence entre le prix d'acquisition d'une entreprise et le montant de son actif net, de sa valeur réelle comptable à l'instant T, celui de l'arrêté des comptes annuels. C'est précisément ce que le groupe s'est gardé de faire dans ces deux cas : les rachats au prix fort de US Filter et d'Elektrim viennent au contraire doper vos comptes 2001, donnant artificiellement au groupe Vivendi une valeur qu'il n'a pas. Jusqu'à la fin, vous n'allez cesser de valoriser vos acquisitions à des prix que vous ne pouvez justifier, par défaut de rentabilité et de perspectives réalistes. Ce procédé vous permet d'obtenir un cours en bourse

1. Lancée « pour violation de la législation des marchés financiers fédéraux », cette action en justice intéresse « toutes les personnes qui ont acheté des actions Vivendi entre le 30 octobre 2000 et le 13 août 2002 ».

de la maison mère Vivendi Universal sans rapport avec la réalité. Le mécanisme est apparemment astucieux : payant vos multiples achats, fusions-acquisitions, en titres Vivendi dont le cours repose sur des résultats financiers gonflés comme des ballons de baudruche, vous fabriquez de cette manière de la monnaie de singe. Les éleveurs marrons ne font pas autrement lorsqu'ils piquent leurs veaux aux hormones pour les engraisser plus vite et ramasser le pactole.

Ces méthodes singulières vous permettent, monsieur Messier, de pérorer devant les analystes financiers et de multiplier les déclarations sur la situation financière triomphante de Vivendi Universal, alors que, brutale, la réalité était tout autre.

Sous le titre « Un million d'actionnaires individuels », votre message présidentiel relatif à l'exercice 2000 de Vivendi est — déjà — un monument d'esbroufe : « En l'espace de trois ans, vous aurez ainsi été cinq fois plus nombreux à nous rejoindre, cinq fois plus nombreux à accompagner les spectaculaires transformations de notre groupe, aujourd'hui numéro deux mondial de la communication et actionnaire majoritaire du leader mondial de l'environnement. Plus que jamais, c'est en pensant à vous, à votre intérêt d'actionnaires, que nous travaillons jour après jour pour mériter pleinement votre confiance. Nos résultats 2000 sont extrêmement encourageants. Toutes nos prévisions ont été dépassées. “Pro forma”, c'est-à-dire en comparant d'une année sur l'autre le nouveau périmètre du groupe, notre volume d'activité a progressé de près de 20 % et notre excédent brut d'exploitation a bondi [*sic*] de 48 %. Si l'on regarde les seuls métiers de la communication, la progression est plus forte encore (+ 76 %). Cette amélioration très forte de la rentabilité opérationnelle [*resic*] est sensible dans toutes nos activités. »

Autrement dit, tout va pour le mieux. Pour afficher ce brillant bulletin de santé, vous présentez des comptes « pro forma » qui illustrent la fuite en avant dans laquelle vous êtes dangereusement engagé. « Pro forma » ? Ce procédé comptable permet, il est vrai, de donner une image sincère et fidèle des comptes. Il consiste à intégrer dans les résultats de Vivendi ceux des sociétés que vous avez acquises au long de votre exercice comptable. Ainsi, après une fusion-acquisition, les résultats de Vivendi sont retraités rétroactivement, ce qui a pour effet de les... doper. Sans qu'il y ait rien à redire. Encore faudrait-il ne pas occulter les dettes générées par ces acquisitions. Or, sur l'état de vos finances, sur votre capacité à digérer vos dizaines de milliards d'euros d'engagements, vous n'avez nul souci. Vous n'en dites pas un mot !

Ah ! comme il est facile de faire le beau avec l'argent des autres, avec les fonds de la grosse et de la petite épargne, embarquées sur votre supertanker qui menace de faire eau de toute part !

Parler à l'actionnaire lambda de comptes « pro forma » revient à discuter du choix de la corde avec le pendu. Demander à la veuve de Carpentras de vous faire confiance sur la base d'une comptabilité inextricable, libellée « pro forma », revient à lui offrir le cercueil dans lequel vous allez l'enterrer, en la priant poliment d'en acheter les clous. Depuis Mao Tsé-toung, les Chinois font de même, exigeant du condamné à mort qu'il paie la balle qui servira à l'exécuter.

Bref, monsieur, vous êtes un humaniste « pro forma ». Vu la taille de Vivendi Universal, le nombre de vos sociétés et transactions pour des montants mirobolants dans des secteurs d'activité différents, voire des pays qui n'ont rien en commun — États-Unis, Pologne, Maroc, Italie, etc. —, l'exercice de votre savante comptabilité « pro forma » ouvre la porte à toutes sortes d'interprétations grandiloquentes et fantaisistes. Pour y voir clair, il eût fallu aux petits actionnaires ainsi qu'à vous-même une légion de polytechniciens, d'experts-comptables et de commissaires aux comptes... ne faisant pas partie de votre garde prétorienne.

En voulant toujours plus, vous reprochez même à la Bourse de ne pas suffisamment prendre en compte la formidable chance que vous lui offrez. Paroles d'évangile... selon Messier, saint patron des vendeurs à la criée, dont les caractères gras sont de vous :

« **Nous sommes ainsi en avance sur nos objectifs**, écrivez-vous dans votre *Lettre aux actionnaires*, en mars 2001, un an avant votre déchéance. Ce qui nous permet de confirmer les perspectives ambitieuses que nous nous sommes données en octobre 2000 : une hausse de 10 % du chiffre d'affaires et de 35 % de l'excédent brut d'exploitation dans la communication. Affectés par une sinistrose qui a succédé à un excès d'enthousiasme, **les marchés boursiers ne reflètent guère ces résultats très solides**. Constatons néanmoins que Vivendi Universal, sans échapper à ces turbulences, s'en sort mieux que ses pairs. Vivendi Universal, qui représentait il y a un an moins de la moitié de la valorisation de France Télécom ou de Yahoo !, fait aujourd'hui jeu égal avec le premier et six fois plus que le second. Depuis le début de l'année, nous avons fait mieux que le marché. (...) Nous disposons en outre d'une solidité financière rare : nos activités communication n'ont quasiment aucune dette [*sic*]. C'est cette solidité qui nous permet de vous proposer un dividende unitaire inchangé de 1 euro, qui correspond à un quasi-doublement du total des dividendes versés par le groupe. (...) Parce que vous êtes un million à vivre la grande aventure de Vivendi Universal à nos côtés, parce que votre fidélité est extraordinaire, permettez-moi de terminer sur un seul mot : **Merci.** »

Avec le concours d'analystes financiers incompétents, cette esbroufe permet de maintenir les cours des titres Vivendi Universal à des niveaux sans rapport avec la situation réelle de votre entreprise. La chute n'en sera que plus impressionnante.

Le point d'orgue de ces manœuvres suicidaires survient en octobre 2000. Il vous faut aligner **34** milliards d'euros (223 milliards de francs !) pour mettre la main sur le groupe Seagram et sa filiale Universal, numéro un mondial de la musique et troisième studio de Hollywood. Quand, préparée sous le nom de code « Secret », vous finalisez cette transaction, la plus grosse jamais réalisée par une entreprise française, vous buvez du petit-lait. Vous voilà enfin sur le toit du monde, l'égal des Albert Frère, Steve Jobs, Bernard Arnault, Rupert Murdoch, Jean-Luc Lagardère, François Pinault ou de la famille Bronfman, eux qui, de haute lutte, ont construit des empires et que vous admirez tant. Sauf que, pour la plupart, ces hommes ont d'abord misé leur propre argent, pour le plus souvent enrichir leurs actionnaires et employés. Alors que vous, simple P-DG salarié, vous jouiez au Monopoly avec les fonds des épargnants, tout en spéculant en bourse sur vos propres mensonges.

Racheter Seagram, soit. Après toutes ces extravagances, pourquoi pas ? Vieille de plusieurs générations et forte de marques phares dans les alcools et spiritueux, l'entreprise de la richissime famille Bronfman, sous l'impulsion de son jeune premier, Edgar, s'est diversifiée aux États-Unis, dans les médias, l'édition musicale, le cinéma, les mythiques studios Universal de Hollywood. Mais comme vous le reconnaissez vous-même, vous « Jean-Marie Messier Maître du Monde[1] » : « Seagram est une Ferrari. Or une Ferrari ne se brade pas (...). On ne pouvait pas espérer conquérir cette voiture de Formule 1 à un prix discount. Nous avons accepté de payer chaque action Seagram 77,3 dollars, soit une prime de 45 % [*sur le dernier cours coté en bourse*]. » Une aumône... pour un massacre garanti sur facture.

Ainsi, à nouveau et comme pour US Filter et Elektrim, mais maintenant à une échelle extravagante — **34** milliards d'euros ! —, vous effectuez vos emplettes à des prix délirants, vous jonglez sans compter avec l'argent de vos actionnaires pour satisfaire votre soif de pouvoir, comme s'il s'agissait de noyaux d'abricots. Vivendi n'ayant évidemment pas cette somme en caisse, l'opération aura lieu par échange d'actions : en apportant leurs titres à Vivendi, les actionnaires de Seagram détiendront 30 % du nouvel ensemble Vivendi Universal, la famille Bronfman représentant à elle seule un peu moins de 8 % de son capital.

Le formulaire F4 enregistré le 30 octobre 2000 par la SEC américaine — document où sont détaillées les conditions de cette fusion à trois entre Vivendi, Seagram et Canal+ — comporte plus de 700 pages, sans compter les annexes, avec notamment les résultats et

1. *J6M.com.*, *op. cit.*, p. 77.

les bilans des trois sociétés. Là encore, comme le soutiennent les différentes plaintes déposées aux États-Unis auprès, notamment, du procureur fédéral du district sud de l'État de New York, ces documents financiers sont « faux, de nature à induire les investisseurs en erreur ». De nombreux actifs de Vivendi et de Canal+ dont US Filter et Elektrim, sont enregistrés à des valeurs déraisonnables, ce que la suite des événements va cruellement démontrer. Au total, plus d'une quinzaine de plaintes collectives (*class actions*) — qui pourraient être regroupées —, dont celle déposée par la méritante Colette Neuville, présidente de l'Association française de défense des actionnaires minoritaires (ADAM), vous accusent notamment d'« avoir sciemment caché les difficultés financières de la société ».

Comment ? À New York, dans l'épais document où l'historique de votre furibarde polka financière est dressé, l'inventaire est, à proprement parler, atterrant. Publique, non couverte par le secret de l'instruction, cette *class action* nous livre un florilège de coups de fusil à faire pâlir d'envie les meilleurs adeptes du tir au pigeon, accusations auxquelles, j'en suis sûr, vous ne manquerez pas de répondre... pour les écarter :

« Les résultats [*2001*] qui ont été annoncés étaient techniquement faux et trompeurs, au vu des documents déposés par Vivendi auprès de la SEC [*Securities and Exchange Commission*] (...) en violation des principes de sincérité des comptes et des standards de comptabilité internationale, des standards de comptabilité américaine et des règlements de la SEC. En réalité, Vivendi a grossièrement gonflé le *goodwill* [*survaleur*] dans ses livres comptables, n'a pas opéré les amortissements prévus et l'entreprise avait des milliards d'euros de dettes qui étaient incorrectement exclus de son bilan. (...)

Finalement, la société a enregistré 15 milliards de dollars de *goodwill* [*soit autant de milliards d'euros ou 98,39 milliards de francs !*] dont Vivendi a admis qu'ils avaient baissé durant les deux dernières années[1]. »

Ce qui veut dire, monsieur le président Jean-Marie Messier — si ces accusations sont fondées ? — qu'avec l'assistance de votre directeur financier Guillaume Hannezo, vous n'avez cessé de surévaluer, dans vos bilans, les actifs de Vivendi Universal, à hauteur (in fine) de **24** milliards d'euros (157,5 milliards de francs !), chiffre démentiel... à rapprocher des **72** milliards d'euros (472 milliards de francs !) de valorisation boursière que, selon les justes calculs de l'hebdomadaire *Le Point* au jour de votre départ, vous aviez fait perdre à Vivendi.

Les plaignants relèvent que Standard and Poor's, la célèbre agence de notation qui mesure la santé financière et la solvabilité des entreprises cotées en bourse, était convaincu qu'il y avait « un trou dans la trésorerie de Vivendi de "*plusieurs milliards*" » qui devait être vite bouché si la société voulait éviter une crise majeure. La situation était « d'autant plus urgente que le trou dans les finances de Vivendi venait d'être découvert par les agences d'évaluation des risques depuis quelques jours [*sic*] ». Pire encore : selon Standard and Poor's, vos déclarations du 30 mai et du 26 juin 2002 assurant que Vivendi avait environ 3,5 milliards de dollars de ligne de crédit disponibles étaient « *trompeuses* ». Les experts de l'agence avaient « découvert, après analyse détaillée, que la ligne de crédit était en réalité de un milliard de moins qu'annoncé ». Soit une différence de 30 %.

---

1. « *Ultimately, the company has recorded a 15 billion $ charge for goodwill wich Vivendi admitted had decline over* "the last two years". »

Impitoyables investisseurs américains ! Ils vous accusent de violations répétées des règles régissant le fonctionnement des marchés, l'information des actionnaires sur la base de « déclarations financières fiables » et « prudentes », quand l'entreprise est en « situation d'incertitude et de risques ».

Cette propension à présenter comme « sincères » des comptes fardés comme une cantatrice chauve, à tordre chiffres et résultats financiers pour les soumettre à vos fantasmes, va durer jusqu'à votre chute finale. Car, dans le mensonge, vous allez vous enfermer jusqu'au bout, tels Jean-Yves Haberer au Crédit Lyonnais dévasté (avec 100 milliards de francs de pertes sèches) ou ces petits coquins qui, pris la main dans le pot de confiture, répondent invariablement à maman : « C'est pas moi ! C'est pas vrai ! J'ai rien fait ! »

Que ce soit la fusion avec MP3.com (le diffuseur de musique sur Internet) en mai 2001, puis le rachat de l'éditeur Houghton Mifflin Company, deux mois après, ou, en décembre suivant, celui du poids lourd de l'audiovisuel USA Networks, avec ses studios de cinéma et son réseau câblé regardé par 80 % des téléspectateurs américains, à chaque fois vos comptes, enjolivés à la feuille d'or, sont présentés à la presse et au public pour sauver les apparences, maintenir l'action Vivendi à des cours aberrants. Ce, pour justifier un endettement qui ne cesse de croître, en dépit de quelques cessions çà et là, ventes d'actifs dérisoires qui ne peuvent rétablir l'équilibre de vos finances, saignées à blanc.

Acrobaties comptables... permanentes ! Le 17 décembre 2001, *Le Figaro* vous consacre une page entière, sous le titre : « Vivendi court après l'argent ». Un dirigeant du groupe, signale le grand quotidien, s'inquiète de vos jongleries et du maelström où vous êtes en train de vous perdre, dilapidant les économies de vos actionnaires : « Certains de ses proches collaborateurs craignent chaque matin que J2M ne fonde sur eux dans la journée avec un nouveau projet de rachat ou une cession dans sa besace. »

Nous sommes à l'époque où votre copain et bras droit Guillaume Hannezo intervient à temps — si j'en crois ses dires — pour vous empêcher une nouvelle bourde... de taille : le rachat du Club Med ! Complexe de nouveau riche, vous convoitez de même le premier « portail Internet » du monde, Yahoo !, le géant américain du téléphone ATT et NBC, l'une des plus anciennes chaînes généralistes de télévision aux États-Unis. À ce train-là, si vous en aviez eu le temps et le loisir, Dieu sait combien de milliards vous auriez proposés au maire de Paris et à ses autres actionnaires pour racheter les 91 800 actions de la société de la tour Eiffel... cotée en bourse, au premier marché.

À défaut d'être un P-DG visionnaire, vous voici, au côté de l'ami Michel Bon, docteur honoris causa des gesticulations comptables et de l'EBITDA, la dernière martingale à la mode des fossoyeurs de la petite épargne. Inventée à Chicago, la ville d'Al Capone, par deux professeurs d'économie, cette mesure comptable est devenue la coqueluche des magiciens de la « nouvelle économie ». Instrument miracle, l'EBITDA permet en effet, lorsque les résultats ne sont pas brillants ou négatifs, d'établir la valeur d'une entreprise en écartant tout ce qui dérange, à commencer par les dettes, quand elles deviennent explosives. Et, bien entendu, les engagements hors-bilan qui sont toujours soigneusement cachés.

Pour une société cotée en bourse, l'EBITDA — abréviation de l'anglais *Earning before interest, tax, depreciation and amortization* (résultat brut de décoffrage, avant prise en compte des intérêts de vos emprunts, avant impôts, avant dépréciations de vos actifs et amortissements) — est pain bénit... dont vous avez fait, monsieur Messier, votre nourriture quotidienne.

Les économistes Lucien Osmont et Régis Turrini, banquiers d'affaires, donnent de l'EBITDA une pertinente définition[1] : « Du temps où l'on parlait encore français dans les entreprises, l'EBITDA s'appelait excédent brut d'exploitation. Il mesure la performance de l'activité opérationnelle de l'entreprise, autrement dit de son travail. Il ne prend en compte ni les dotations aux amortissements, ni les provisions pour dépréciations d'actifs, ni les intérêts de la dette. Selon cet indicateur, tout irait bien puisque même les groupes qui perdent beaucoup d'argent exhibent des EBITDA positifs. De ce point de vue, l'EBITDA est très pratique. On comprend son succès auprès de dirigeants peu scrupuleux. Il permet de faire croire que l'on gagne de l'argent alors que l'on en perd. Car dans l'EBITDA, la grande illusion vient du **B** de ***before*** (avant). On s'intéresse à ce qui se passe *before* les intérêts de la dette et les dépréciations. Or, le désastre d'aujourd'hui se situe précisément dans l'***after*** (après) des intérêts et des dépréciations. Les montants en cause sont tels que l'*after* n'est plus résiduel, mais au contraire prépondérant. Les pertes financières engloutissent les bénéfices du travail courant. On continue pourtant à célébrer l'EBITDA. Pourquoi faire pauvre quand on peut faire riche ? »

Mode de calcul digne des souks de Bagdad, l'EBITDA est un instrument indigne d'une grande entreprise et

1. « Profits mal acquis », *Libération,* 2 octobre 2002.

impropre à la juste évaluation de sa valeur. Vous le fixez à environ 5 milliards d'euros pour l'exercice 2001, alors que vous n'avez pratiquement plus de trésorerie et qu'un premier « nettoyage de bilan » vous contraint à déprécier de 15,7 milliards des actifs jusque-là surévalués et à reconnaître que vous les aviez payés trop cher durant la période de « bulle » spéculative.

Certes, avec ce thermomètre de rebouteux, finis les soucis des frais financiers générés par vos dettes, finie l'érosion de vos actifs payés trop cher et oublié le résultat net de la société — le seul vrai indicateur de profitabilité —, quand il n'est pas reluisant. Outil miracle, l'EBITDA vous permet de publier des résultats en acier trempé, inoxydable, et de paraître beau dans l'ascenseur de votre immeuble. Il présente un avantage incomparable : toujours positif, il n'obéit à aucune définition comptable universelle, ce qui empêche toute comparaison précise d'une entreprise à l'autre, voire d'une année à l'autre pour la même entreprise. En outre, il sert à valoriser l'entreprise sur la base d'un critère qui exclut le résultat net, réel de l'entreprise.

Travaux pratiques : si on écarte l'EBITDA, le résultat net de Vivendi ressort en 2001 avec une perte de **13,7** milliards d'euros (– 12,58 euros par action), pour une valeur boursière (à l'heure où j'écris ces lignes) de 14,14 euros. En conséquence, le PER (*Price Earning Ratio* établi en divisant ce cours par le résultat net) tombe à zéro. Pour mémoire, le PER moyen du CAC 40 se situe dans une fourchette de + 10 à + 15.

Votre EBITDA positif, monsieur le président « qui va mieux que bien », se révèle, en fait, une grossière mystification pour bluffer les petits porteurs qui n'ont pas votre belle science des chiffres.

Dorénavant, dans vos shows de prêcheur devant la presse et les analystes financiers, c'est l'EBITDA — et non plus les indicateurs économiques traditionnels — qui a le premier rôle chez Vivendi Universal. Mieux encore : l'EBITDA étant programmé pour ne jamais faiblir et monter au zénith, cette mesure de charlatan est aussi celle que vous adoptez et faites voter, monsieur le président Messier, pour calculer le montant de vos mirifiques primes et « bonus ». Système d'une remarquable opacité. Vos actionnaires sont seulement prévenus, à condition de se plonger dans votre aride rapport annuel, que les salaires et bonus des hauts cadres et dirigeants du groupe sont décidés par le « comité des ressources humaines » de Vivendi Universal, où siègent certains des administrateurs et qu'ils sont indexés sur la progression de votre critère de prédilection, votre baguette magique : l'EBITDA[1].

---

1. Le lecteur averti prendra connaissance avec intérêt de ces arides mais éclairantes indications relatives à l'opaque établissement de vos bonus, telles qu'elles figurent, aux pages 360 et 361, dans votre dernier rapport d'activité de président de Vivendi pour l'exercice 2001 : « La rémunération des mandataires sociaux [*le P-DG et les administrateurs*] (...) se compose d'une part fixe et d'une part variable. La part variable est assise sur les performances de la société et plus particulièrement sur le taux de croissance de l'EBITDA [*qui ne peut être négatif*]. (...) Le montant de la partie variable de la rémunération versée au président, pour 2001, peut être de 200 à 300 % du salaire de base si la croissance de l'EBITDA est comprise entre 25 % et 35 %. Dans l'hypothèse d'une croissance de l'EBITDA inférieure à 25 % ou supérieure à 35 %, son montant est déterminé par le comité des ressources humaines. (...) Pour l'exercice 2002, la partie variable de la rémunération des mandataires sociaux sera déterminée à hauteur de 40 % en fonction de l'évolution de l'EBITDA, de 40 % en fonction de celle du cash-flow et de 20 % en fonction de celle de la dette. »

Ténébreux système, certes, mais d'une remarquable efficacité. En 2001, il vous permet d'encaisser une rémunération de 5,12 millions d'euros (33,6 millions de francs !) [1] — soit une augmentation de 66 % par rapport à l'année précédente — alors que Vivendi a perdu la bagatelle de 13,6 milliards d'euros (plus de 89 milliards de francs !) pendant ce même exercice. En outre, ce salaire de roi du pétrole ne tient pas compte des 835 000 stock-options que vous avez touchées en 2001, venant s'ajouter aux 592 810 actions Vivendi Universal que vous déteniez déjà. Mais l'EBITDA a bon dos. Comme le souligne le rapport annuel de Vivendi Universal où il est assuré que votre salaire n'est que le sixième du groupe, derrière cinq employés américains : « En incluant les stock-options reçues, sa rémunération [*celle du P-DG Jean-Marie Messier*] représente moins de 50 % de celle reçue par un président d'une société comparable. (...) Parmi les dirigeants opérationnels du groupe, les dix principales rémunérations — dont neuf dirigeants américains — représentent 61,2 millions d'euros [*401,45 millions de francs*] en 2001. »

Surréaliste groupe Vivendi où plus le P-DG et ses administrateurs font des pertes, plus ils sont augmentés, non sans recevoir, en sus, quelques brassées d'argent frais, au titre des « jetons de présence ». Pour ce qui vous concerne, ils se montent à 125 325 euros (822 078 francs !).

Quel est donc ce capitalisme provocateur et dévoyé où des dirigeants assurés d'un pouvoir monarchique s'arrogent des salaires et avantages exorbitants qui

1. Ce chiffre avant impôt a été rendu public par la SEC américaine.

dépassent le sens commun et n'ont plus rien à voir avec la réalité des affaires qu'ils traitent... pour de si piètres résultats ? Dérive choquante ! Elle revient à récompenser des milliards de pertes, non de brillantes performances. Étonnons-nous ensuite que le facteur Olivier Besancenot, candidat de la Ligue communiste révolutionnaire, réussisse à réaliser 4,25 % des voix à la dernière élection présidentielle du 21 avril 2002 et qu'Arlette Laguiller, de Lutte ouvrière, parvienne à rassembler, sur un sempiternel et désuet discours révolutionnaire, 5,72 % des suffrages.

Pour être complet, je précise que chaque administrateur de Vivendi Universal reçoit en année pleine « un jeton de présence de 50 000 euros [*328 000 francs*] ». Pour simplement vous regarder faire des pâtés sur le sable, aucun d'eux n'osant élever la voix contre votre gestion de faillite. Cette gratification est augmentée de 11 000 euros (*65 600 francs*) pour les fonctions de membre du comité des ressources humaines et 22 000 euros (*144 311 francs*) pour les représentants de votre vertueux comité des comptes.

En outre et pour ne pas faire d'aigris, ce montant est doublé pour les présidents des deux comités. Le pourboire qui pose son homme. Il paie les gros cigares et les patins à glace que, pour faire jeune et malin, l'exhibitionniste « Jean-Marie Messier, le nouveau nabab », chausse à New York devant ma pugnace consœur Élisabeth Chavelet et son photographe de *Paris Match*[1]... pour un reportage publié le 24 janvier 2002, sous le titre « Jean-Marie Messier : Ça tourne rond à Manhattan ». Vous y êtes présenté comme l'« ogre » et le « superman » qui « reçoit comme mon-

1. 25 janvier 2002.

sieur Tout-le-Monde », avec vue saisissante de votre auguste personne « dans son jet privé », salons et résidences de grand luxe. Signes extérieurs de richesse... qui ne sont pas, eux, du cinéma, mais qui enflamment votre partenaire américain, le grand Barry Diller, auquel vous venez de racheter ses chaînes de télévision : « Un P-DG n'est pas là, déclare-t-il, pour faire du patin à glace, mais pour faire rentrer du cash. »

Cela, monsieur Messier, vous ne savez pas faire. Vous ne pouviez être à la fois aux patins et au moulin.

9.

À vous, le géant super-star...
au « Messier-parano-rama »

Vous me rappelez, monsieur Jean-Marie Messier, ces bateleurs de foire et diseurs de bonne aventure que je ne me lassais pas d'observer à Alger, lorsque j'étais enfant. Vous reproche-t-on d'être trop payé pour des performances inversement proportionnelles à vos émoluments ? Il en faut plus pour vous abattre. Via *Paris Match,* jamais à court de bons mots, vous répondez à vos détracteurs, le 24 janvier 2002 : « Quand je compare mon salaire à celui d'Anelka [*le footballeur*], je n'ai pas de complexes. »

Audacieux rapprochement. Anelka fut transféré en l'an 2000 au club Paris Saint-Germain (PSG) pour 33 millions d'euros et six buts marqués, soit 5 millions le but. Dans votre cas, le rapport qualité-prix est moins flatteur : en 2001, vous vous octroyez un revenu global de 36,6 millions d'euros (240 millions de francs !), dont 31,1 millions de stock-options, en augmentation de 80 %. Vous devenez le grand patron le mieux payé des sociétés du CAC 40, loin devant les méritants P-DG Lindsay Owen-Jones (de L'Oréal), Jean-Luc Lagardère, Serge Dassault, Martin Bouygues et Patrick Le Lay de TF1, Bernard Collomb de Lafarge, la famille Michelin, Jean-Martin Folz de Peugeot, Gérard Mestrallet de Suez, Louis Schweitzer et Carlos Ghosn (à la tête de Renault), Pierre Bellon de Sodhexo Alliance, Antoine Zacharias de Vinci, autant de P-DG, de vrais patrons industrieux, dont la gestion clairvoyante, souvent prudente — car tel est leur premier devoir —, aboutit à des résultats positifs ou surtout moins artificiels, je devrais dire sincères.

Fabuleux fait d'armes, monsieur Messier, alors que vous êtes en train d'inscrire dans le livre d'or de vos aventures en bourse de Paris et de New York l'une des plus cuisantes déconfitures subies par des millions d'épargnants...

Alors, je vous accuse vous aussi, avec les Nicolas Gaume, Pierre Besnainou, Michel Bon et consorts, de nous avoir menés en bateau jusqu'au dernier jour de votre présidence. Ces monceaux de dettes, ces milliards d'euros de pertes, vous en aviez connaissance. Pourtant, tel Barbe-Bleue, vous les gardiez planqués dans vos placards.

Faut-il vous rappeler vos contre-vérités, monsieur super-Messier ?

Pendant toute cette période, vous n'avez cessé d'indiquer que Vivendi n'était pas susceptible d'avoir les mêmes problèmes économiques que ses concurrents et que le groupe avait « la plus haute résistance et la plus faible sensibilité à l'environnement récessionniste ». De même, vous nous avez toujours assuré que Vivendi avait brillamment réussi l'intégration en son sein de ses multiples acquisitions, que toutes avaient été réorganisées avec succès, pour se fondre dans un ensemble de plus en plus solide.

Au début de février 2002, vous tentiez de rassurer vos salariés, par Internet et e-mail. Message historique de l'amiral Messier à sa flotte : « Le cours de Vivendi Universal a été fortement attaqué ces dernières semaines et a lourdement chuté depuis le début de l'année. (...) Alors, pourquoi ces attaques et ces suspicions ? Parce que les marchés sont déboussolés. Parce que les spéculateurs cherchent des proies successives. (...) Que peut-on faire ? Tenir le cap. »

Puis vous ajoutez, toujours armé d'un superbe aplomb : « Au total et néanmoins nous sommes le seul groupe de médias à ne pas avoir fait d'alerte [*annonce de prévisions de résultats en baisse*] sur nos résultats opérationnels 2001 et cela ne changera pas. »

Fermez le ban ! Et en avant vers la tempête et... les grands creux ! Attachons nos ceintures.

Dans son ouvrage *Le maître des illusions*[1], William Emmanuel, le journaliste de l'agence de presse Reuters, spécialiste de la « Net économie », signale, à juste titre, que Jean-Marie Messier fait cette communication le 6 février 2002 « alors qu'il est entré dans ce que les spécialistes boursiers appellent la *quiet period* qui lui interdit de s'exprimer sur les comptes et les perspectives de l'entreprise trente jours avant la publication des résultats prévus pour le 5 mars ».

Encore une entorse aux usages du marché, monsieur Messier. Mais au point où vous êtes rendu, que vous importe ces détails subalternes.

Il faut attendre ce 5 mars 2002, jour de la publication — mais un mois à peine plus tard ! — de vos résultats annuels et de votre inénarrable déclaration « Vivendi est un groupe qui va mieux que bien », pour que les lézardes commencent à apparaître dans votre

1. Economica, novembre 2002.

bel édifice, pour que la vérité remonte enfin à la surface. Avec sur la tempe le revolver de la SEC, la Securities and Exchange Commission, vous êtes contraint d'adopter pour Vivendi Universal les implacables normes comptables américaines. Un cataclysme... qui va vous jeter à terre.

Dès lors, vous ne pouvez plus jouer la politique de l'autruche, ni différer plus longtemps la dépréciation de vos actifs trop cher payés ou en mauvaise santé. Bluffeur dans l'âme, vous persistez tout de même à jouer les matamores. La mine guillerette, vous présentez sans sourciller les comptes catastrophiques de l'exercice 2001 et annoncez votre faramineuse perte nette de **13,6** milliards d'euros (89,2 milliards de francs !), à peu près le quart de votre chiffre d'affaires de 57,4 milliards d'euros (376,52 milliards de francs).

Cette douche sibérienne ne saurait vous glacer. Avec l'aplomb du premier de la classe qui veut cacher qu'il en est devenu le cancre, vous persistez à dissimuler la gravité de la situation. Vous assurez que Vivendi Universal est toujours en parfaite santé, qu'il s'agit là d'un « simple jeu d'écritures comptables ». Bébé Messier s'amuse. Dramatique entêtement !

C'en est trop. Le tollé est général. Le 24 avril 2002, lors de l'assemblée générale des actionnaires, il vous faut affronter la colère des petits porteurs furieux de vous voir, la mine enfarinée, leur réclamer pour prix de votre savoir-faire un bonne rallonge de stock-options, un « golden » parachute ! Réunion houleuse... où vous devez ravaler vos prétentions. Battu, vous n'êtes pas bon joueur. Dans les jours qui suivent, entêté comme un potentat de la savane africaine, vous criez à la fraude. À vous en croire, le vote électronique des résolutions aurait été truqué. Beau prétexte pour annoncer que vous allez faire annuler l'assemblée qui vous a privé de votre précieux complément de salaire. Par la suite, ni vous, Jean-Marie Messier, ni votre successeur ne convoquerez une nouvelle assemblée des actionnaires. Et pour cause, votre « annulation » n'était qu'un effet de manches, qu'une menace dérisoire et... sans suite.

Belle démonstration des dérives du capitalisme à la française.

Il faut attendre ce vent de fronde des petits porteurs dont la presse s'est fait l'écho pour que votre conseil d'administration sorte enfin de sa léthargie, lui qui s'était toujours gardé de vous critiquer publiquement. Aux côtés de la famille Bronfman, premier actionnaire du groupe depuis la fusion de Vivendi avec Seagram en 2000, il a rassemblé jusqu'à ces derniers temps les plus grands dirigeants français : Bernard Arnault, le P-DG de LVMH, Jean-Louis Beffa de Saint-Gobain, Jean-Marc Espalioux, président du groupe Accor, Serge Tchuruk, patron d'Alcatel, Henri Lachmann de Schneider, Marc Viénot, l'ex-P-DG de la Société générale ou René Thomas, ex-président de la BNP, qui fit partie, avec sa femme Laurence Carvallo-Soudet, du tout premier cercle du président François Mitterrand... dont il connaissait les grands et petits secrets. Prudents, certains ont déjà pris le large. Pour l'heure, tous ont enfin compris que sous votre folle conduite, Vivendi est en train de sombrer. La décision est prise : vous devez vous démettre. Mais vous résistez. Plutôt que de passer la main et de laisser les rênes à un gestionnaire compétent, vous vous accrochez à votre trône, toujours persuadé de votre bon droit et de votre invulnérabilité, le trait de caractère qui distingue le plus les membres de l'énarchie.

À la fin juin 2002, alors que des informations de plus en plus alarmistes circulent sur l'état des finances de Vivendi et que le cours de l'action est en chute libre, vous récidivez. Vous continuez d'assurer aux actionnaires et aux analystes financiers que votre groupe n'a aucun problème de liquidités. Il reste que pour obtenir un financement de 4,2 milliards d'euros (27,6 milliards de francs !) de la Deutsche Bank, l'un des rares établissements à vous demeurer fidèle (en échange de commissions somptuaires), vous avez dû procéder à la « monétisation » (mise en gage) de quatre immeubles du groupe, hérités de l'ancienne Générale des eaux, ainsi que de la participation de Vivendi dans BSkyB. Un placement à terme dangereux, car vous continuiez d'assumer le fort risque de baisse de BSkyB en bourse.

Équilibriste, vous le restez jusqu'au bout.

Puis, pharaon en route pour son tombeau, vous décrétez votre immortalité : « Je serais heureux de continuer Vivendi Universal avec le soutien de mon équipe, de mon conseil d'administration, de mes actionnaires, pendant les quinze prochaines années. » La messe est dite... avec votre bénédiction urbi et orbi.

Les 1er et 2 juillet 2002, les grandes agences de notation anglo-saxonnes Moody's et Standard and Poor's vous donnent le coup de grâce. Elles maintiennent « sous surveillance négative » et « dégradent » à nouveau la note de solvabilité « long terme » de Vivendi Universal. La raison principale ? Selon Standard and Poor's, elle est dans « le manque possible de liquidités du groupe pour faire face à ses échéances à court terme ». Manière élégante de dire que Vivendi est menacé de faillite.

Le camouflet est cruel. Les investisseurs sont prévenus qu'avec une dette d'au moins 34 milliards d'euros — le chiffre sera par la suite rehaussé —, le groupe Vivendi n'est plus en état de rembourser ses créanciers. Stricto sensu : bien que disposant d'importants actifs, l'entreprise est en situation de cessation de paiement. Pour Martine Orange du *Monde*, « la confiance dans la direction de Vivendi Universal a définitivement disparu quand les investisseurs ont appris trois jours auparavant la vente anticipée [*par "mise en pension"*] à la Deutsche Bank de 12,7 % de Vivendi Environnement [*la vache à lait du groupe, toujours bénéficiaire... qui a réalisé à elle seule la moitié de ses résultats en 2001*]. Une opération compliquée pour masquer un état de crise : le groupe a eu à nouveau des problèmes de trésorerie et ne pouvait pas attendre de vendre directement ses titres au marché... ».

Chez Vivendi, les langues se délient. Ainsi apprend-on, en ces premiers jours d'été, que vos lignes de crédits bancaires utilisées s'élèvent à 2,3 milliards d'euros (15 milliards de francs !), alors que les échéances de vos dettes financières d'ici à la fin de 2002 sont de 6 milliards d'euros (39,36 milliards de francs !) et de 2,8 milliards d'euros (18,37 milliards de francs !) pour 2003. Moody's et Standard and Poor's ajoutent qu'elles intègrent des « engagements hors-bilan » — la bête noire des marchés depuis les scandales Enron et WorldCom aux États-Unis —, dont le montant varie en fonction du cours en bourse de l'action Vivendi qui accuse une baisse de 64 % depuis le début de l'année et de près de 50 % depuis l'assemblée générale du 24 avril. Autrement dit, Jean-Marie Messier et Vivendi Universal se noient dans l'huile de banane.

« Hors-bilan » ? Ces termes signifient que des engagements financiers ne sont pas pris en compte et sont simplement signalés, en caractères lilliputiens et dans un jargon incompréhensible, dans le rapport annuel, de telle manière que les analystes financiers les plus avisés et a fortiori les petits actionnaires n'y prêtent pas attention. Révélées par Standard and Poor's, ces cachotteries pétrifient les investisseurs, la foule des épargnants. Elles font planer de sérieux soupçons de dissimulation. *Le Monde* du 2 juillet 2002 n'est pas seul à révéler « les manipulations comptables douteuses de Vivendi ». Aux États-Unis, *The Wall Street Journal* va plus loin et, à Paris, *Libération* lui emboîte le pas. Il est maintenant question de « pratiques jamais illégales mais toujours limites ». Il ne s'agit pas moins de jongleries financières, dont le recours au fameux et très décrié « ***hors-bilan*** » pour... cacher les dettes du groupe que vous avez saigné jusqu'à la dernière goutte. Vous êtes soupçonné d'avoir mis au point des montages très spéciaux pour plusieurs dossiers et pour des montants faramineux.

Dès lors, un coup d'œil dans le rétroviseur s'avère indispensable. Vision digne de l'Enfer de Dante !

Six mois auparavant, le 17 décembre 2001, il y eut d'abord le rachat de USA Networks. À cette occasion, le contrat Bonux (avec gadget et cadeau surprise) conclu avec le baron de Hollywood Barry Diller est un modèle de non-dit. Pour lui racheter son réseau de chaînes de télévision USA Networks, vous profitez de l'aubaine pour proclamer une ânerie grosse comme l'Empire State Building. Elle vous coûtera très cher et vous fera perdre vos derniers soutiens : « L'exception culturelle franco-française est morte. »

Levée immédiate de boucliers, dans toutes les sphères politiques, intellectuelles et médiatiques. Le président de la République Jacques Chirac fulmine. Le 10 janvier 2002, il ne manque pas de vous appliquer un grand coup de règle sur les doigts, vous opposant que traiter la culture comme une marchandise relève d'une « profonde aberration mentale ». Cette volée de bois vert du chef de l'État n'est pas sans me rappeler ce que vous avait écrit tout crûment Martin Bouygues en octobre 2001, à réception d'une lettre que vous veniez de lui adresser pour le convaincre de votre rôle primordial dans le dossier des licences de téléphone mobile UMTS : « Votre lettre me confirme dans mon opinion. Vous devriez consulter un psychiatre. » Visionnaire docteur Bouygues.

Sur le papier, la petite emplette USA Networks pour **12,1** milliards d'euros (79,4 milliards de francs !) — un prix d'ami — est censée être payée en plusieurs fois et pour l'essentiel par échange d'actions, afin de ne pas alourdir davantage le monceau de dettes de Vivendi Universal. Cependant, la transaction comporte une clause secrète. Pour prix de sa bonne volonté, « Diller *the killer* » (Diller le tueur), devenu par ailleurs le patron de la branche *entertainment* de Vivendi Universal (la musique et les studios de cinéma de Hollywood, tombés dans l'escarcelle du groupe), se voit octroyer un gros paquet de stock-options Vivendi Universal, avec possibilité de les exercer au cours de 60 euros, alors que l'action Vivendi est en pleine dégringolade et se traîne aujourd'hui autour de 15 euros. Conséquence pour les comptes du groupe : un engagement ferme pour Vivendi de devoir lui payer plusieurs centaines de millions d'euros... qui ne sont pas pris en compte parmi les dettes officielles de l'entreprise. Voilà un bon exemple d'engagement hors-bilan. Il y en aura — hélas ! — bien d'autres.

Le second dossier épineux se noue lui aussi en cette fin d'année 2001. Pris à la gorge, voyant poindre la cessation de paiement, il vous faut de toute urgence trouver du cash pour renflouer votre trésorerie. L'addition de vos désastreux dérapages indique que vous êtes dans l'œil du cyclone. Le temps presse. Avec le concours de votre Sancho Pança, Guillaume Hannezo, vous devez recourir aux grands moyens... pour refaire votre trésorerie, cacher le piètre état de votre empire perclus de dettes et de pertes, répandre autour de Vivendi un rideau de fumée, gagner du temps et éviter le scandale. Comment faire ?

Ultime solution : la vente des titres Vivendi Universal que possède le groupe, ce que le monde de la finance appelle l'« auto-contrôle ». Fregoli des affaires, vous revêtez la redingote des « golden boys ». Dès lors et pendant les mois qui précèdent la publication des résultats 2001, qui interviendra en mars 2002, vous lancez Vivendi Universal dans des spéculations effrénées.

Ce trésor de quelque 8,5 % du capital avait été accumulé les mois précédents. D'abord, en mai 2001, avec l'acquisition de près de 3 % du capital de Vivendi auprès des Bronfman, les anciens propriétaires de Seagram, puis après l'attentat du 11 septembre contre le World Trade Center de New York, en rachetant en bourse environ 5 % du capital de Vivendi Universal, afin d'enrayer la chute du titre dans un marché en pleine débâcle.

Les actions des Bronfman ? Vous les aviez payées 75,1 euros chacune, soit une dépense de **1,27** milliard d'euros (8,3 milliards de francs !) pour leur gros paquet de titres. À l'époque, droit dans vos bottes, vous nous aviez doctement expliqué que la constitution de cet « auto-contrôle » s'inscrivait dans une stratégie très précise. Il devait servir pour moitié à payer les futures distributions de stock-options destinées aux cadres du groupe ; pour le solde à servir de monnaie d'échange lors de nouvelles acquisitions. Mais à la fin décembre 2001 le feu était dans la maison, et malgré la morosité du marché il vous fallait, sans plus attendre, mettre en vente ces titres que vous aviez juré de garder.

Ruineuse opération... encore une fois !

À la Société générale, votre banque historique, le P-DG Daniel Bouton n'est pas dupe. Il pressent que le marché, déjà désabusé, ne va pas manquer de vous sanctionner. Aussi refuse-t-il tout net de participer à un placement qu'il estime éminemment périlleux et dont les à-côtés opaques le font frémir. Saisi le 13 décembre 2002 au siège de la Société générale, un document établit « l'endettement financier net » de Vivendi Universal en... décembre 2001. Vous vous retournez aussitôt vers la Deutsche Bank et Goldman Sachs qui, eux, vous proposent tout guillerets de vous acheter 55 millions d'actions Vivendi Universal (5,9 % du capital) contre **3,3** milliards d'euros (21,65 milliards de francs !), pour les revendre ensuite au marché à un cours plancher de 60 euros.

Le 8 janvier, quand les titres sont présentés par la Deutsche Bank et Goldman Sachs aux investisseurs, c'est la déroute. Inévitable. En bourse, personne ne veut de ce papier maudit. Annoncer qu'il provient de votre « auto-contrôle » montre que le groupe est aux abois et en est réduit à racler ses fonds de tiroir pour boucler ses fins de mois. Comme l'explique le professeur de sciences de gestion à l'université de Lyon-III, Alain Marion, « cette cession effectuée lors de la reprise générale des marchés qui a suivi l'effondrement des cours lié au 11 septembre a constitué un signal négatif supplémentaire, suggérant au marché que les dirigeants étaient détenteurs d'informations qui leur laissaient penser que ce cours [*60 euros*] de Vivendi constituait un plafond, et donc une opportunité de cession des actions ».

La Deutsche Bank et Goldman Sachs essuient donc un cuisant fiasco. Des wagons de titres leur restent sur les bras, ce qui leur coûtera des centaines de millions d'euros.

Dans le long rapport confidentiel qui fut remis en juillet 2002 à votre courageux remplaçant, Jean-René Fourtou, votre directeur financier Guillaume Hannezo décrit l'étendue des dégâts[1]. Usant du sabir franco-américain qu'il affectionne, il explique ainsi le ratage de janvier 2002 : « 55 millions de titres sont donc vendus ferme le 7 janvier, pour 3,3 milliards d'euros, à Deutsche Bank et Goldman. Malheureusement, leur replacement s'effectue le jour même où le marché des valeurs médias se retourne brutalement à la suite de la double annonce par AOL Time Warner [*le géant américain coté à Wall Street*] d'un *profit warning* [*révision en baisse de ses résultats*] opérationnel et d'une perte d'*impairment* [*dépréciations*] de l'ordre de 60 milliards de dollars en 2001. Dans un marché devenu brutalement baissier, la décote par rapport au cours de bourse, qui avait sans doute été un peu trop tendu par

1. Celui que je reproduis en annexe, pp. 357 à 395.

la compétition entre les deux banques [*Deutsche Bank et Goldman Sachs pour remporter le juteux marché*], se révèle en cours de journée insuffisante pour absorber le placement. Les banquiers se retrouvent donc collés avec la grande majorité des titres, ce qui crée un *overhang* [*pression vendeuse*] supplémentaire en période de retournement de marché. Ils supporteront en fin de compte une perte considérable sur ce placement. »

Lisant ces mots de Guillaume Hannezo et surtout le reste — que je ne manquerai pas de mentionner par la suite —, Jean-René Fourtou lâche en petit comité et en résumé, avec l'humour piquant qui fait son charme : « Je n'y comprends rien. Mais il faut le garder provisoirement, comme conseiller. Lui seul peut nous guider dans cette usine à gaz. »

Bien vu ! D'ailleurs, dans sa « note », Hannezo avoue lui-même que Vivendi Universal était devenu un groupe inextricable, où une chatte ne pourrait retrouver ses petits. Évoquant, page 11, « l'explosion de la complexité comptable », dont il fut à vos côtés et à votre demande l'artisan émérite, votre ministre des Finances trempe sa plume dans le vitriol pour vous enfoncer allégrement :

« L'erreur est d'être passé aux normes américaines sans avoir simplifié la structure de la société et sans avoir été en même temps jusqu'au bout de la logique de restructuration du conglomérat autour des métiers de médias. Un conglomérat bardé d'intérêts minoritaires, dont la plus grande part des revenus et des cash-flows comptables consolidés viennent de métiers (environnement, télécoms) ayant des logiques économiques entièrement différentes, sur lequel il faut investir des jours et des jours d'analyse avant de se former une opinion éclairée, qui produit deux jeux de comptes entièrement incompatibles (français, américains), et qui “croise” des niveaux d'analyse différents (consolidé / proportionnel / social et médias / média-télécom / consolidé), ce conglomérat avait en fait peu de chances d'intéresser des investisseurs américains, qui ont le choix entre une infinité de sociétés de médias plus simples. »

À cette descente en flammes de votre stratégie, monsieur Messier, Guillaume Hannezo ajoute ces autres observations qui vous iront droit au cœur, tant elles infirment les belles déclarations que vous fîtes aux épargnants pour qu'ils continuent de vous accorder leur confiance et vous croient sur parole :

« La malchance, par ailleurs, est d'être passé aux normes américaines, juste au moment où celles-ci, dans le sillage de l'affaire Enron, perdaient une grande part de leur crédit, de sorte que ce qui apparaissait au départ comme un choix d'une extrême rigueur, au demeurant assez pénalisant sur un grand nombre d'indicateurs clés (dette, résultats nets, EBITDA), a été perçu par les marchés comme suspect. Du reste, à partir de l'affaire Enron, qui est d'abord une affaire de mauvais choix industriels et d'absence totale de déontologie des dirigeants, toute complexité devient suspecte, et Vivendi Universal, avec ses deux jeux de comptes, ses intérêts minoritaires, ses sept ou huit métiers, sa “*deal machine*” permanente, ses deux nationalités, ses optimisations fiscales et Arthur Andersen [*le grand cabinet d'audit anglo-saxon impliqué dans les fraudes comptables d'Enron*] comme auditeur, apparaît plus suspect que les autres. »

En plus de cette attaque et autocritique cinglante, Hannezo insiste sur l'incroyable chassé-croisé des auditeurs et commissaires aux comptes qui ont eu à contrôler les différentes entités de l'empire Vivendi Universal : « La décrédibilisation d'Arthur Andersen conduira, d'ailleurs, à demander à un auditeur supplémentaire, en l'espèce KPMG, de redonner une opinion sur les principales options comptables de l'arrêté des comptes 2001. L'ironie est d'ailleurs qu'aucune société sans doute n'aura été contrôlée autant, en tout cas par plus de cabinets d'audit que Vivendi Universal. Regardons ce qui se passe sur un cycle de trois ans :

« • Vivendi, tout en gardant Salustro, passe de Deloitte à Arthur Andersen.

« • Seagram, à l'occasion de la fusion, passe de Price-Waterhouse à Arthur Andersen ;

« • La décrédibilisation d'Arthur [*Andersen, impliqué aux États-Unis dans l'affaire Enron*] conduit, en mars 2002, le management à demander une opinion complémentaire à KPMG ;

« • Les valeurs d'*impairments* [*dépréciations*] seront, elles, revues de façon indépendante par Ricol-Lasteyrie et Ernst & Young ;

« • Ernst & Young, reprenant Arthur Andersen, vérifie d'ailleurs tous ses dossiers ;

« • Et le nouveau management [*de Jean-René Fourtou*] demandera, pour sa part, une nouvelle revue supplémentaire à Price-Waterhouse, ce qui, pour Seagram, revient au point de départ. »

Commentaire final de votre directeur financier, qui plaide pour sa paroisse : « Ce tour complet de tous les auditeurs du marché, en moins de deux ans, est très révélateur d'une société qui n'a, pour le moins, rien à cacher, applique dans toute leur rigueur les principes comptables, mais dont la complexité peine à convaincre le marché. »

Rien à cacher ? Pas sûr. Cet insensé ballet d'auditeurs payés à prix d'or n'est pas, loin s'en faut, une garantie de transparence et de moralité. Surtout quand on connaît le pedigree d'Andersen et de KPMG. Passons...

D'autres que moi, parmi les meilleurs spécialistes du dossier, s'accordent à sévèrement juger la manière volontairement obscure avec laquelle les comptes et bilans de Vivendi ont été confectionnés pendant toutes ces années.

Dans *Le Nouvel Observateur*[1], l'excellent enquêteur Olivier Toscer remarque que tout se passe comme si les bilans des multinationales évoluaient aux frontières du réel, comme si leurs comptes génétiquement modifiés ressortaient de la quatrième dimension, avec d'une année sur l'autre de rutilants bénéfices qui s'évaporent, laissant la place à des déficits abyssaux et inversement. Toscer procède à une éclairante revue de détail de votre coûteuse politique de croissance ces dernières années qui va aboutir, fin 2001, à la méga-perte de 13,6 milliards d'euros. Lisant ces lignes aux États-Unis, où on vous les fait parvenir, vous entrez dans une colère noire : « Comment ont-ils osé ! »

Votre irritation est d'autant plus grande que le journaliste aborde aussi la question de vos « profits virtuels », grâce à l'utilisation de l'EBITDA, l'alpha et l'oméga de votre communication financière, la baguette magique qui vous permet de mesurer l'argent gagné par l'entreprise sans tenir compte de ses charges diverses. Aussitôt, vous prenez la plume et préparez personnellement, de votre base arrière, New

1. N° 1949, 14 mars 2002.

York, un droit de réponse embrouillé — comme vos comptes. Il vous en coûtera de vous faire moucher illico, comme un vilain garnement. « Il est de bon ton aujourd'hui, très tendance, écriviez-vous en réponse à mon confrère, de taper sur Vivendi Universal. (...) Mais la limite est de colporter des affirmations erronées sur les comptes, base de confiance des actionnaires comme des salariés et des clients. Il ne s'agit plus de liberté d'expression mais de préjudice. »

Nullement impressionné par vos effets de manches, l'investigateur de l'*Observateur* n'a bien sûr pas manqué d'assortir votre rectificatif d'une annotation qui vous calme et vous rend muet... comme par enchantement : « Les informations sur les comptes du groupe Vivendi Universal (VU)..., qualifiées par M. Messier d'"*erronées*", sont extraites des rapports annuels et communiqués financiers publiés ces trois dernières années... par le groupe VU lui-même. Nous ne pouvons imaginer avoir eu tort de prêter foi à des documents officiels. Nos analyses viennent d'ailleurs d'être confortées par le Crédit Lyonnais Securities qui, dans une note extrêmement détaillée, fait le constat de "*la défiance virulente de la communauté financière à l'égard des dirigeants*" du groupe, et présente VU comme un "*groupe prisonnier de sa propre complexité comptable et stratégique*". »

Dans son ouvrage *Le maître des illusions*, le journaliste économique William Emmanuel fait lui encore une remarque pertinente. Il souligne qu'entre 1996 et 2001 le groupe Générale des eaux métamorphosé en Vivendi n'a jamais présenté de comptes annuels, semestriels, voire trimestriels sur une base comparable. C'est bien cette pratique perverse, monsieur Messier, qui a longtemps rendu impossible, y compris pour les analystes financiers les plus tenaces, la réalisation d'études sérieuses sur l'évolution réelle des résultats de votre groupe.

Les enquêteurs français et américains, chargés de faire la lumière sur les comptes litigieux de Vivendi Universal, n'auront pas ces préventions. Il leur revient notamment, cher Jean-Marie Messier, d'éclaircir les conditions exactes de la vente de votre auto-contrôle, en janvier 2002, alors que vous étiez à cheval entre deux exercices.

L'examen de la « note d'information [1] » remise aux autorités de marché, le 24 avril 2002, par Vivendi Universal, nous apprend, en effet, que le groupe, entre le 1er janvier et le 6 mars 2002, a racheté en bourse — sans prévenir quiconque à l'époque — plus de 4,9 millions de ses actions, soit 2,25 % de son capital.

Que penser d'une société cotée à Paris et à Wall Street qui, à dater du 7 janvier 2002, fait vendre sur le marché 55 millions de ses titres (soit 5,5 % de son capital) et qui, dans le même laps de temps, jusqu'au 31 mars 2002, en rachète discrètement près de la moitié (2,25 % du capital), contre monnaie sonnante et trébuchante, alors que le cours de Vivendi ne cesse de s'effondrer ? Découvrant lors de mon enquête cette performance peu banale — et, j'ose le dire, contraire à l'idée que l'on se fait d'ordinaire d'une honorable société cotée, soucieuse de l'intérêt de ses actionnaires —, je m'interroge sur la régularité de ces échanges et sur la cécité des gendarmes chargés d'y veiller.

---

1. Portant le visa nº 02-341 de la COB, il s'agit de la « Note d'information relative à la mise en œuvre d'un programme de rachat d'actions soumis à l'assemblée générale mixte des actionnaires réunie sur deuxième convocation le 24 avril 2002 ».

Pour toute personne quelque peu avertie des pratiques boursières, comment qualifier l'attitude de dirigeants qui rachètent discrètement d'une main ce qu'ils font vendre de l'autre par leurs banquiers, alors qu'ils savent déjà que les résultats annuels, prévus pour être publiés en mars, seront désastreux et auront pour immanquable effet de nourrir la défiance du marché à l'égard des actions Vivendi Universal ? La réponse se trouve dans le *Code pénal*.

Alors, me direz-vous, monsieur Messier, « je n'ai fait là qu'œuvre utile, pour le bien de la société et des investisseurs, en soutenant mon titre » ? Là encore, l'argument ne tient pas. Car vous étiez dans cette opération juge et partie, personnellement intéressé à ce que la chute mortelle du cours de l'action Vivendi s'arrête.

Les épargnants ébahis apprendront, bien plus tard, qu'à la fin de 2001 vous vous étiez endetté personnellement au-delà du raisonnable, en empruntant à la Société générale 5 millions d'euros (32,8 millions de francs !) pour acquérir des actions Vivendi payées 50 euros chacune. Ce dernier achat portait à un total de 592 810 titres votre patrimoine investi en titres maison. Aussi, quand après janvier 2002 le cours de l'action Vivendi dégringole bien au-dessous des 50 euros, il devient vital pour votre portefeuille personnel que l'action se refasse une santé. Sans quoi, vous risquiez de vous retrouver en faillite personnelle. Vous qui connaissiez les secrets de Vivendi Universal, vous étiez le premier informé des pertes énormes qui allaient être annoncées au titre de l'exercice 2001.

Il s'agit là, monsieur, d'une confusion des genres... inacceptable. D'autant que vos 5 millions d'euros empruntés (au taux de 4,6 %, selon vos dires), vous les avez obtenus auprès de la Société générale, principale banque de Vivendi et votre « banque familiale ».

Voilà ce qui arrive dans les casinos quand le chef croupier se prend pour un roi du pétrole et se met lui-même à jouer.

À en croire les archives de Vivendi, vous étiez, mon brave Jean-Marie, un boursicoteur impénitent, surtout avec les titres du groupe que vous dirigiez. Ainsi, rien que pendant l'année 2001, vous avez fait rentrer dans votre portefeuille personnel la bagatelle de 440 720 actions Vivendi Universal, à un moment où elles cotaient autour de 75 euros. Bel investissement qui se chiffre à environ 33 millions d'euros (quelque 217 millions de francs !). En décembre 2001 — avec, je le répète 592 810 titres —, vous aviez donc en caisse, à 61,5 euros l'action, près de 36,5 millions d'euros (soit 239 millions de francs).

Un magot confortable pour un jeune P-DG de 45 ans ! Quelle était belle la vie aux commandes de Vivendi.

Aujourd'hui, à environ 15 euros pièce, vos 592 810 actions Vivendi ne valent plus — si j'ose dire — que 8,9 millions d'euros (plus de 58 millions de francs). La soustraction est simple : en retranchant les 5 millions que vous devez à votre « banque familiale », vous pesez, en actions Vivendi, 3,9 millions d'euros (soit 25,5 millions de francs). Sans compter vos autres biens... qui ne m'intéressent pas, car étrangers à l'objet de mes recherches.

Ce n'est pas un jaloux qui vous fait ces remarques. L'argent ne m'a jamais rebuté. À condition qu'il soit mérité et honnêtement gagné.

Vous ne nous arracherez pas de larmes, monsieur

le président déchu, vous qui vous présentez, aujourd'hui, dans la presse et à la télévision, comme quelqu'un de ruiné, endetté, qui « repart de zéro ».

La ruine avec, au bas mot, 3,9 millions d'euros en portefeuille ? Allons donc, un peu de pudeur ! Vos anciens actionnaires jetés sur la paille apprécieront.

Comment osez-vous, monsieur, vous comparer, sur le plateau du journal télévisé de France 2 par exemple, à ces millions d'épargnants qui, eux, par votre faute, ont tout perdu ? Vous vous comportez là comme ces énarques des cabinets ministériels qui ne cessent de parler du peuple, sans jamais l'avoir côtoyé !

Le 25 juin 2002, au terme d'un tumultueux conseil d'administration long de cinq heures, il vous faut une ultime fois sauver votre fauteuil. Président à titre précaire, vous donnez l'ordre de vendre 15,5 % de Vivendi Environnement au prix bradé de 27,5 euros l'action. Encore une fois, un gâchis, un Samu financier qui inquiète à juste titre le palais de l'Élysée ! Car cette opération dissimule un micmac financier explosif, où se croisent :

• de nouvelles lignes de crédit obtenues fin mai auprès des banques, à hauteur de 3,5 milliards d'euros ;

• un fumeux « contrat de prise en pension » de 12,6 % de Vivendi Environnement par l'inévitable Deutsche Bank, votre permanent bon Samaritain en ces temps difficiles ;

• puis la cession proprement dite des 15,5 autres % de cette filiale qui approvisionne la France en eau.

Cet exercice de haute voltige a pour conséquence de délester le groupe Vivendi de son cœur historique, d'une société riche et puissante, premier employeur privé français... héritière des activités hautement rentables de l'ancienne Générale des eaux. Elle vous permet surtout — car tel est le but de la manœuvre — d'encaisser sur-le-champ 1,4 milliard d'euros d'argent frais tout en faisant sortir des comptes de la maison mère, Vivendi Universal, les **18** milliards de dettes (118 milliards de francs !) que vous aviez logées dans sa filiale eau et traitement des déchets, au grand dam de son président Henri Proglio.

Pas gêné, n'aviez-vous pas commodément transféré sur Vivendi Environnement ces quelque 18 milliards de dettes, mettant ainsi leur apurement à la charge des 8 000 communes qui lui ont délégué la distribution de leur eau ? Après avoir fait griller sur votre barbecue géant l'argent des épargnants, voilà que vous jouez maintenant, à répétition, avec une activité vitale de l'économie française, autant dire l'approvisionnement en eau des Français assuré par la première entreprise mondiale de services à l'environnement. Agissant en catastrophe, voilà que vous liquidez ce que vous disiez adorer. Et avec pour partenaire, grassement rémunérée, la grande banque allemande qui vous accompagne dans un énième montage funambulesque destiné à jeter un voile pudique sur le triste état de votre bilan... troué de toute part, comme une poêle à marrons.

Je vous rappelle qu'en décembre 2001, aux abois, vous aviez déjà vendu 9 % du capital de Vivendi Environnement pour environ 1,2 milliard d'euros (7,9 milliards de francs). Il n'était pourtant pas lointain le temps où vous nous assuriez que cette filiale avait vocation à rester « longtemps » dans le giron de sa maison mère et déclariez : « Lorsqu'on a la chance d'avoir un métier comme celui des services à l'environnement, où nous sommes leader mondial (...), le vendre serait du gâchis. Il crée beaucoup de valeur pour nos actionnaires. »

Des envolées de ce type, j'en ai plein mes tiroirs. Rappelez-vous, signées Jean-Marie Messier, ces autres belles paroles prononcées avec la foi du charbonnier :

- « Aucune banque ne peut se prévaloir d'avoir un seul mandat, ni même d'avoir le moindre contact en vue de vendre un seul titre de Vivendi Environnement. »
- « Les métiers de l'environnement restent la deuxième jambe de Vivendi. »

À cause de vous, monsieur le professeur QVMQB (« Qui Va Mieux Que Bien »), l'ancienne Générale des eaux se retrouve en juillet 2002 sans jambes et sur des béquilles... en pâte à modeler.

Ultime tour de passe-passe, en juillet 2002 : à quelques heures de votre destitution, vous vendez pour un montant global d'environ 353 millions d'euros (2,3 milliards de francs !) 6,16 % de Vinci, l'ex-entreprise de bâtiment et de travaux publics SGE, héritée, comme Vivendi Environnement, de la Générale des eaux. Cette transaction attire l'attention des spécialistes, car ces actions déjà gagées constituent la contrepartie d'obligations convertibles émises en février 2001. Or, la législation française interdit formellement la vente de ce que les financiers appellent le « sous-jacent » d'une obligation convertible. Toutefois, suprême astuce, ces titres avaient été inscrits au Luxembourg, paradis fiscal commode et bienveillant, où ce type d'opérations très spéciales est licite. De plus, pour vous couvrir et pouvoir livrer ces actions Vinci à l'échéance de l'emprunt convertible, en 2006, vous ajoutez à votre ragoût peu digeste une pincée d'options d'achat — *call* dans le jargon boursier —

qui, miracle de la comptabilité moderne, ne viennent pas alourdir le montant de vos dettes.

Luxembourg ou pas, vendre une seconde fois et en catastrophe des actions Vinci déjà gagées revient à accomplir une prouesse comptable et financière digne des pires « golden boys » de Wall Street, à la belle époque des Michael Milken et Ivan Boeski. Et, comme aime à le dire mon ami journaliste et talentueux commentateur sportif Thierry Roland de TF1, vous frisez la correctionnelle... avec, il est vrai, l'imprimatur de vos commissaires aux comptes et de nos amis de la COB.

Ce n'est pas tout. Durant la même période, un grave conflit vous oppose indirectement à Xavier Paper, directeur de la doctrine comptable chez votre commissaire aux comptes et auditeur RSM Salustro-Reydel, en raison de la vente, en octobre 2001, de votre participation (environ 96 %) dans la chaîne britannique de télévision BSkyB. Utilisant les normes comptables américaines — puisque le groupe Vivendi est aussi coté à New York —, vous entendez profiter de cette cession pour gonfler vos bénéfices annuels de 1,5 milliard d'euros (9,9 milliards de francs !). La COB y est formellement opposée. Elle considère qu'il convient au contraire d'appliquer les règles comptables françaises. Interrogée par Martine Orange du *Monde*, qui a soulevé le loup, la Commission explique : « C'était une présentation comptable ultra-sophistiquée. De la très belle ouvrage financière. Elle permettait au groupe de bénéficier, tout à la fois, des avantages comptables français, des avantages comptables américains et des avantages fiscaux britanniques. Aux États-Unis, cette présentation aurait peut-être pu être admise, mais elle était parfaitement incompatible avec nos règles. »

L'enjeu est de taille, car en devant adopter les normes hexagonales, Vivendi sera privé du ballon d'oxygène indispensable pour éviter que ses comptes ne virent au rouge vif. Pas question donc de céder. Arcbouté sur vos positions, vous demandez à vos commissaires aux comptes de Salustro-Reydel, flanqués du célèbre cabinet Andersen — déjà mouillé jusqu'au cou aux États-Unis dans la ténébreuse affaire Enron —, de soutenir mordicus votre délicate position. Andersen acquiesce dans un premier temps et vous tient régulièrement informé des difficultés rencontrées du côté de chez Salustro, où l'inflexible et intègre Xavier Paper oppose une sérieuse résistance. Durant deux semaines, il s'isole, fait le mort, refuse de répondre aux appels et même d'obtempérer quand ses patrons lui intiment l'ordre de rentrer dans le rang et de vous appuyer auprès du gendarme de la Bourse française.

Le 21 février, Xavier Paper refait surface... pour jeter un pavé dans la mare. Dans une note adressée directement au chef du service des affaires comptables de la COB, Philippe Danjou, il lui écrit qu'il lui donne formellement raison. Et le 26 février, l'option comptable américaine sur laquelle vous comptiez pour, in extremis, fleurir les résultats 2001 de Vivendi est officiellement refusée par la COB. Du même coup, le 1,5 milliard de bénéfices sur lequel vous comptiez part en fumée. Cette défaite vous met en rage. Il se dit — on ne prête qu'aux riches — que vous voulez la tête de l'impudent qui a osé vous défier.

Le 5 mars, après des interventions pressantes où vous manifestez, avec votre directeur financier Guillaume Hannezo, une franche irritation, l'état-major de Salustro « suspend de ses fonctions, à titre conservatoire », l'incorruptible Xavier Paper, menacé même de licenciement. Prévenu de ces mauvaises manières, le directeur général de la COB, Gérard Rameix, intervient, furieux, auprès du dirigeant de Salustro, Jean-Claude Reydel. Le 20 mars, tout rentre enfin dans l'ordre : après intervention de la maréchaussée boursière, Xavier Paper est réintégré.

Dans l'univers d'ordinaire hermétique des auditeurs internationaux, la victoire du déontologue de Salustro se répand comme une traînée de poudre. En ces temps d'incertitude et de scandales sur les plus grands marchés du monde, il n'en faut pas plus pour nourrir les soupçons et ruiner le peu de confiance des analystes et des grands investisseurs à votre égard.

Venant après l'épisode calamiteux de la vente de l'auto-contrôle de Vivendi, en janvier 2002, elle-même assortie dans les semaines qui ont suivi des rachats d'actions de votre groupe pour un montant d'au moins 2,7 milliards d'euros (17,7 milliards de francs, rien que cela !) — ce qui, soit dit entre parenthèses, a creusé plus profond le trou de la dette de Vivendi et a mis votre groupe en situation de quasi-banqueroute —, l'affaire Salustro sera la goutte d'eau qui fera déborder le vase.

Quand tout sera trop tard !

Il faudra attendre votre départ et les aveux de Guillaume Hannezo à Jean-René Fourtou, votre successeur, dans son rapport secret de juillet 2002 intitulé « Vivendi Universal : les origines de la crise », pour apprendre que, au cours de tous ces mois, vous n'avez rien ignoré de la gravité de la situation. J'épargnerai au lecteur un compte rendu détaillé de cette prose rédigée avec les pieds. Quelques-unes de ses têtes de chapitre valent mieux qu'un long discours : « 2001 — l'année des erreurs » ; « La sous-estimation du problème de la dette » ; « La persistance des investissements à pertes dans l'Internet » ; « La persistance de la croissance externe en dehors des métiers centraux » ; « 2002 — l'année des engrenages » ; « Le changement de politique financière, mais trop tardif » ; « L'explosion de la complexité comptable et la multiplication des rumeurs déstabilisatrices » ; « L'incapacité à allonger la dette » ; « Les chocs sur la trésorerie ».

Qui connaît Guillaume Hannezo, un fort en thème ouvert et sympathique, ne s'étonne pas de cette franchise. Fils d'un énarque brillant mort prématurément, filleul de l'ancien président du Conseil et ministre des Finances, l'immense Antoine Pinay, sorti major de sa formation à l'ENA, alors qu'au lycée ses professeurs recommandaient de l'orienter vers des métiers manuels — ce qui désespérait sa mère —, Guillaume Hannezo est de ces têtes bien faites que le pouvoir a éloignées des réalités, au point de les isoler dans de « géniales pensées ». D'où chez Vivendi Universal un sac d'embrouilles qui débouche sur une quasi-faillite.

Dès le 13 décembre 2001, votre grand argentier Guillaume Hannezo vous avait prévenu, par écrit, de ses vives inquiétudes. Comparé à vos comptes cousus main, son message de détresse avait le mérite de la clarté : « J'ai le très désagréable sentiment d'être à la place du mort dans une voiture conduite par quelqu'un qui accélère dans les tournants. (...) Tout ce que je demande, c'est que tout cela ne se termine pas dans la honte. »

Plus grave encore, le 4 mars 2002, en pleine affaire

Salustro, tandis que vous prépariez l'annonce des comptes de 2001 qui enregistraient pour la première fois de lourdes pertes, Guillaume Hannezo vous envoyait par Internet un nouvel SOS que, bien entendu, vous jetiez dans votre corbeille à papier :

« Nos emplois et notre réputation sont en jeu. Ce que les investisseurs veulent savoir, maintenant, c'est la suite : est-ce que Vivendi Universal est un autre Enron ? Est-ce que Vivendi Universal est menacé par ses dettes ? Est-ce que Jean-Marie Messier en a perdu le contrôle ? (...) Ce ne sont pas nos affaires qui sont en cause, c'est plutôt nous ou, plus précisément, c'est toi. Le problème auquel nous sommes confrontés, c'est que plus personne ne croit que tu puisses t'en sortir. »

Et je passe sur d'autres courriers et échanges pimentés avec, par exemple, votre administrateur et partenaire Edgar Bronfman. À l'examen, tout indique que durant cette période, chacun, autour de vous, a parfaitement conscience de la situation hautement périlleuse de l'entreprise dont vous tenez la barre. Ce dont les actionnaires ne sont pas prévenus. Une faute majeure, indigne d'un si grand groupe ! Dois-je rappeler que vous êtes également administrateur d'Alcatel, de BNP-Paribas (l'une des banques de Vivendi), de Cegetel, de la Compagnie de Saint-Gobain, de LVMH (Louis Vuitton Moët Hennessy), du New York Stock Exchange, d'UGC et de USA Networks.

Quels sont donc ces conseils d'administration où figurent toujours les mêmes, une petite bande qui pratique les bonnes manières et se coopte à loisir ?

Le lendemain, 5 mars 2002, devant micros et caméras, lors de la présentation de vos comptes annuels, vous passez sous silence les inquiétudes et les cris d'alarme de votre directeur financier. Vous comportant comme Nicolas Gaume chez Kalisto, deux ans auparavant, vous jouez les décontractés et lancez, tout sourire, votre inoubliable cri de joie : « Vivendi va mieux que bien. » Vous signez là votre plus beau mensonge, qui prépare — sans que vous vous en rendiez compte — votre arrêt de mort.

Voilà, monsieur le président, pour la face cachée de vos machinations destinées à tromper les épargnants. Passons maintenant à la partie visible du mortel iceberg que le *Titanic*, avec à la barre le commandant Messier et son lieutenant de vaisseau Guillaume Hannezo, a percuté de plein fouet.

Qui parmi vos collaborateurs a pu oublier ce que vous écriviez, le 6 février 2002 — cinq mois avant le naufrage —, dans le long e-mail aux salariés, diffusé sur le site du groupe que je mentionnais plus avant ? Déstabilisé par la baisse continue de votre titre en bourse, vous y posiez les bonnes questions, pour, encore et toujours, soutenir mordicus de vilains mensonges : « Nos résultats 2001 peuvent-ils réserver de mauvaises surprises ? **Non.** (...) Y a-t-il une incertitude majeure sur le niveau de notre dette ? **Non.** (...) Y a-t-il des hors-bilans cachés du groupe ? **Non.** »

Moins d'un mois après, le 5 mars, vous devez avouer exactement le contraire : la plus importante perte (13,6 milliards d'euros, soit 89,2 milliards de francs) de l'histoire financière et industrielle française, assortie d'un endettement himalayen (19 milliards d'euros, ou 125 milliards de francs, rien que pour les médias et la communication, sans compter les 18 milliards de Vivendi Environnement, ce qui équivaut à l'extraordinaire montant de 118 milliards de francs).

Ici encore, je vous accuse d'avoir honteusement menti.

Qui ne garde en mémoire l'objectif de **60** euros pour septembre 2002 que vous vous fixiez au mois d'avril précédent, lors de l'assemblée générale des actionnaires, offrant à ceux-ci une perspective de hausse de **50 %** ?

Le mardi 3 juillet 2002, au soir du dernier jour de votre gouvernance, l'action Vivendi va perdre en séance jusqu'à **40 %** de sa valeur et ne cote plus que 17,80 euros à la clôture (un plongeon de 25,52 %), contre 61,50 euros le 1er janvier et un « plus haut » de 141,60 euros le 10 mars 2000.

Comme souvent en pareil cas, la panique gagne les membres de l'équipage. Bernard Arnault, le président de LVMH, si brillant chez Liberty surf et Regina Rubens, se jette par-dessus bord, en annonçant avec pertes et fracas qu'il démissionne du conseil d'administration. D'ordinaire peu bruyant, ce puissant patron de l'industrie du luxe a senti la patate. Cependant, cette éclipse tardive ne change rien quant à sa responsabilité pendant toute la période où il était administrateur et, à ce titre, « mandataire social » de l'entreprise. Car, selon la loi, celui-ci est, à titre personnel, responsable de ses fautes dans ses fonctions d'administrateur de la société — qu'elle soit coté en bourse ou non —, à charge pour lui de vérifier comptes et bilans, notamment. Mais cette démission remarquée lui évite de s'enfoncer dans un piège dont il pressent qu'il ne va plus tarder à se refermer. Déjà, le 5 mars 2002, le très mitterrandien René Thomas, président de la BNP alors nationalisée pendant les sombres années du socialisme à la sauce étatiste, avait pris la poudre d'escampette, juste avant Jean-Louis

Beffa, le P-DG de Saint-Gobain, et, le 24 avril, la « révocation » de Pierre Lescure, le patron, déchu par vous, de Canal+.

Le 3 juillet, à la Saint-Thomas (qui ne croyait que ce qu'il voyait) et à la demande de vos administrateurs — sauf votre ami Serge Tchuruk, le P-DG d'Alcatel qui connaît chez lui et en bourse d'égales difficultés —, vous devez remettre votre tablier, pendant que le titre Vivendi continue de s'écrouler dans des volumes considérables et un marché déchaîné.

Le 9 juillet, la COB sort enfin de son sommeil. Comme d'habitude, elle débarque après la bataille. Maintenant que vous n'êtes plus là, remplacé par l'ancien patron de Rhône-Poulenc, puis Aventis, Jean-René Fourtou, le gendarme de la Bourse de Paris annonce l'ouverture d'une enquête sur les comptes et la communication financière de Vivendi, puis s'en va perquisitionner au siège du groupe... où vous conservez, malgré tout, un poste d'administrateur dans la filiale « Environnement » conduite par Henri Proglio, l'homme que vous aviez essayé en vain d'écarter, parce qu'il s'opposait fermement à votre politique dispendieuse, assortie de suicidaires acrobaties financières et stratégiques.

Méritant Henri Proglio qui soutient à juste titre, en septembre 2002, devant la commission des Finances de l'Assemblée nationale que « la France n'est plus aujourd'hui capable de fournir les ressources financières nécessaires au développement de ses entreprises nationales » et qu'« une réflexion devrait être menée sur cette importante question, tant il est vrai que la force économique d'un pays résulte aujourd'hui largement de la présence de grandes entreprises disposant de réelles capacités de financement ». Encore faudrait-il qu'elles ne se ruinent pas — comme l'État luimême — avec un train de vie au-dessus de leurs moyens, tant il est évident que tout un chacun ne peut dépenser plus que ce qu'il a en caisse et peut rembourser.

Une fois l'ampleur des dégâts mesurée par le nouveau président Jean-René Fourtou, l'insoutenable vérité explose enfin, le 3 août 2002, sur les écrans des salles de marché. S'ajoutant aux **13,6** milliards d'euros (89,2 milliards de francs !) de pertes déjà officialisées pour l'année 2001, Vivendi Universal reconnaît une autre perte massive de **12** milliards d'euros (78,6 milliards de francs !) pour le seul premier semestre de 2002. Le scandale tourne au cauchemar.

Total : 13,6 + 12 = **25,6** milliards d'euros (168 milliards de francs !).

Le dépôt de bilan n'est pas loin. Jean-René Fourtou ajoute qu'il lui faut céder d'urgence pour 10 milliards d'euros (65,6 milliards de francs !) d'actifs, aux fins de parer au plus pressé et empêcher que le navire ne coule, corps et biens.

Bravo, monsieur Messier ! Comme me le dit l'économiste qui le premier repéra les acrobaties de Nicolas Gaume chez Kalisto : « L'affaire est simple : tant qu'il y a de la trésorerie, de l'argent dans les caisses, il y a de l'espoir ; quand il n'y en a plus, qu'il n'est plus possible de faire face aux échéances, on doit arrêter les frais et fermer la boutique. Tout le reste n'est que du vent. »

10.

À vous, « l'imperator »
des énarques menteurs et contents d'eux...
qui ont toujours raison

À DÉFAUT d'être devenu « J6M : Jean-Marie Messier Moi-Même Maître du Monde », vous êtes, monsieur, le P-DG narcisse et fossoyeur qui avez creusé au plus profond la tombe des petits épargnants. Au lieu de faire carrière à la Générale des eaux, que n'avez-vous exercé vos funestes talents aux Pompes funèbres générales, la juteuse filiale de la Lyonnaise des eaux, votre concurrent, où j'eus jadis quelques intérêts ?

À ce propos, une question me taraude : comment vous, le fils d'un expert-comptable, l'élève si brillant, premier de la classe au lycée Champollion de Grenoble, ancien de Polytechnique et de l'ENA, membre de l'inspection des Finances, avez-vous pu, en seulement six ans, mener le fleuron centenaire de l'industrie française à cette déconfiture historique ?

La réponse ? Je l'ai trouvée dans le prologue de votre livre *J6M.com.* Vous y diagnostiquez vous-même le mal qui va vous terrasser sous le nom approprié de « syndrome de la limousine » :

« Le danger, écriviez-vous au temps de votre gloire, est de se mettre hors la vie à force d'être persuadé d'avoir raison, à force de travailler avec des collaborateurs auxquels on aurait fait perdre le goût — ou le courage — de la contestation, à force de fréquenter les cénacles où l'on ne rencontre que ses pairs ou même de ne connaître que des bureaux ou des salles de réunion avec vue imprenable sur l'Étoile ou Central Park. L'argent rend la vie si fluide ; la flatterie est si confortable ; la volonté de puissance, un tel antidote à l'ennui. Peu à peu, on risque de s'isoler comme dans ces limousines à rallonge, ces sortes de mille-pattes tout blancs ou tout noirs, que l'on voit glisser silencieusement dans les rues de New York, protégées par des fenêtres teintées et des portes blindées. Pourquoi ai-je donc si peur d'attraper le syndrome de la limousine ? Parce que je sais qu'à terme il est mortel. Il vous anesthésie contre le réel. »

Ah ! comme vous aviez raison, mon bon monsieur.

Au nom de vos actionnaires que vous avez trompés, j'observe qu'il vous fallait une bonne dose de cynisme pour publier ces lignes, en septembre 2000, alors que, déjà malade du « syndrome de la limousine » et bientôt de celui du « kérosène », vous usiez et abusiez des douceurs de l'EBITDA, la fontaine de jouvence des P-DG bluffeurs et mégalos. Hors la vie, isolé dans vos limousines à rallonge, anesthésié contre le réel, il fallait l'être assurément pour vous perdre de réputation, pendant toutes ces années, dans des mensonges si grossiers.

Jusqu'à votre destitution, vous n'avez cessé de jurer, la main sur le cœur, que vos comptes étaient sincères et Vivendi Universal dans une forme olympique, allant « mieux que bien ». Alors comment expliquer que selon le formulaire 6-K transmis par Jean-René Fourtou, le 14 août 2002, à la SEC américaine, les comptes de Vivendi Universal subissent tout à coup pour environ **15** milliards d'euros (98,4 milliards de francs !)

de dépréciations d'actifs, c'est-à-dire de pertes de valeurs ?

Ce document incontestable dresse un état des lieux, poste par poste. Ainsi :

• la valeur du groupe Canal+ fond subitement de **7,59** milliards d'euros (49,8 milliards de francs !) ;

• celle d'Universal Studio de **2,66** milliards d'euros (17,45 milliards de francs !) ;

• celle des activités musique de **3,9** milliards d'euros (25,6 milliards de francs !) ;

• celles de l'Internet et des télécoms de **960** millions d'euros (6,3 milliards de francs) ;

À ce noir tableau, il faut ajouter :

• **300** millions d'euros (2 milliards de francs !) de pertes liées à Elektrim, la filiale polonaise qui, si tout va bien, pourrait être revendue par votre successeur 750 millions d'euros (4,9 milliards de francs), soit moins de la moitié que ce qu'elle a coûté, alors qu'elle ne présentait aucun caractère stratégique ;

• le fardeau d'une dépréciation de **2,3** milliards d'euros (15 milliards de francs !) subie par Vivendi Environnement (filiale à 63 %) en raison du rachat de US Filter.

Addition fantastique, valse endiablée des milliards...

Seriez-vous, monsieur, ainsi que vous le répétez aujourd'hui, un mal-aimé, victime innocente d'un « complot » ourdi par des jaloux ou des revanchards ?

À question précise, réponse précise. Pour connaître de l'intérieur votre étonnant parcours, Jean-René Fourtou n'écrit pas de gaieté de cœur, au cours de l'été 2002, dès après son arrivée à la tête de Vivendi Universal : « Dans un contexte très défavorable, la dégradation de la notation de Vivendi Universal et la crise de confiance des banques sur le devenir du groupe ont porté sa situation financière à son paroxysme début juillet. La crise de trésorerie qui a alors affecté le groupe s'accompagnait d'un niveau de dette insoutenable au regard du cash-flow disponible (35 milliards d'euros [*230 milliards de francs !*] au 30 juin 2002, dont 19 [*125 milliards de francs !*] pour les médias et la communication) et avec un échéancier beaucoup trop court. »

En août 2002, au terme d'un mois d'audit, les conclusions de votre remplaçant sifflent à vos oreilles comme une gifle retentissante : « Salariés, actionnaires du groupe, je vous dois la vérité. Voilà ce qu'il en est. Le résultat net (...) du premier semestre en perte, le montant très important des dépréciations d'actifs, la prise de conscience des problèmes de liquidités, la dégradation (...) du début juillet ont entraîné une chute considérable de notre cours de bourse. (...) Il y a eu une crise de liquidités à court terme dramatique. »

Signé Jean-René Fourtou, ce premier aveu qui en dit long sur l'état de l'entreprise que vous lui avez laissée est assorti d'un bien pénible constat... qui vous rend muet : « À mon arrivée, le 3 juillet, j'ai trouvé une entreprise au bord de la cessation de paiement. Nous avons dû négocier rapidement avec sept banques une facilité de trésorerie d'un milliard d'euros. Cette ligne est aujourd'hui entièrement disponible et sera progressivement utilisée. Deux milliards d'euros supplémentaires sont néanmoins nécessaires afin de tenir nos engagements et d'éviter des ventes d'actifs précipitées. (...) Je me suis engagé à céder, dans les deux ans qui viennent, des actifs pour un minimum de 10 milliards d'euros, dont 5 à réaliser dans les neuf mois à venir. (...) Ce groupe extrêmement endetté a paradoxalement conservé un nombre considérable d'actifs dispersés, peu utiles, ou même inutiles à la stratégie de ses activités... »

Est-ce cela, monsieur le bonimenteur, un groupe en bonne santé, comme vous nous l'assuriez, la main sur le cœur, cinq mois auparavant ?

Quand, le 26 septembre 2002, le même Jean-René Fourtou est interrogé, à 9 h 30, par la commission des Finances de l'Assemblée nationale, les questions mordantes des parlementaires appartenant à la majorité présidentielle UMP lui délient un peu plus la langue : « La trésorerie de l'entreprise s'est révélée très dégradée, la situation devenant même critique avec les perspectives de décision des principales agences de notation, en particulier celle de Moody's, d'abaisser la note de Vivendi Universal au niveau des *junk bonds* [*"obligations pourries" et spéculatives, à très hauts risques et rendements, émises par des sociétés considérées comme de mauvais emprunteurs*[1]]. La tension ainsi créée sur les

1. Le 26 septembre 2002, lors de son audition par les députés, sous la présidence de l'ancien ministre Pierre Méhaignerie, le P-DG Jean-René Fourtou donne à huis clos un point de vue largement partagé : « Les agences de notation ont effectivement un pouvoir considérable, aussi bien sur les entreprises que sur la dette des pays souverains. Certes, ces agences sont indispensables et permettent d'éviter de nombreuses turpitudes. Il serait néanmoins utile de revoir les procédures, afin d'assurer des possibilités d'appel et de débats contradictoires. S'agissant de Vivendi, la situation était la suivante : l'agence avait délégué deux jeunes gens extrêmement compétents, avec lesquels le dialogue a été parfaitement possible, et d'ailleurs fructueux. Mais au-delà de telles considérations, il ne paraît pas logique de confier un tel rôle de justicier à un nombre aussi restreint de personnes dont les décisions peuvent créer un traumatisme considérable pour les entreprises. »

échéances de remboursement des banques et les délais de règlement des fournisseurs faisaient littéralement de la faillite [*sic*] du groupe une question d'heures [*resic*]. »

Selon votre remplaçant, qui décrit une situation surprenante et inattendue, des négociations de dernière minute avec les banques ont permis d'éviter une issue dramatique, malgré un portefeuille d'actifs d'une extraordinaire diversité, allant d'une firme d'embouteillage de jus d'orange en Chine à un restaurant à New York, ce qui a abouti à « un imposant total de 70 lignes ».

Avant que le nouveau directeur général adjoint et financier Jacques Lespinasse explique pourquoi « la spirale est alors devenue rapidement infernale » — car les banques envisageaient le pire et s'affolaient dans « un comportement moutonnier » —, Jean-René Fourtou dresse devant la représentation nationale, hors la présence des caméras, des micros et de la presse, un tableau édifiant de votre gestion : « Les participations financières du groupe sont particulièrement hétéroclites. Dans le groupe Canal+ lui-même, il y a non seulement la chaîne de télévision mais aussi Canal+ Technologies, des studios et des implantations à l'étranger particulièrement hasardeuses, en Italie, en Pologne, au Benelux ou en Scandinavie. »

Hétéroclites, hasardeuses ? Venant d'un décideur qualifié de l'industrie française, ces accusations ne sont pas choisies au hasard. Jean-René Fourtou les fonde sur les données alarmantes qui lui ont été fournies à son arrivée : « Ces implantations absorbent quelque 700 millions d'euros de cash cette année. Telepiù, en Italie, perd 400 millions d'euros par an. La cession d'actifs à l'étranger permettrait donc de gagner du cash-flow. Il convient aussi de se désengager des investissements opérés dans le secteur de la téléphonie non française (Pologne, Hongrie, Kenya...), même si le développement du mobile au Maroc peut être une chance, de même que dans le secteur de l'édition. On saisit mal, par exemple, la justification de certaines participations financières aux États-Unis. Au total, le nombre de lignes d'investissement est impressionnant. On y compte même un palais à Venise. »

Car comme la reine des gitans, vous aimiez le bel canto. Mais pas la trésorerie.

Des deux côtés de l'Atlantique, la justice est aujourd'hui saisie. Même si, s'exprimant à huis clos en septembre 2002 derrière les murs épais de la Chambre des députés, « la nouvelle direction tient à affirmer aux banquiers et aux marchés que les comptes sont fiables, sincères et qu'aucun des documents écrits ne fait apparaître la moindre preuve de fraude, de falsification des comptes ou de malversation » et que « la situation actuelle est le résultat de rêves de développement sanctionnés par les marchés », il reste que vous avez dilapidé — légalement peut-être ? La justice tranchera — les fonds dont vous aviez la garde, faussé la lecture de vos résultats et prévisions, recouru à des artifices comptables pour renvoyer aux calendes grecques l'extériorisation de pertes colossales, ce qui, pour parler franc, revenait à bâillonner la vérité et... à nous tromper.

En France, une information judiciaire contre X des chefs de « publication de faux bilans » et « diffusion d'informations fausses ou trompeuses » a été ouverte par le parquet de Paris le 29 octobre 2002, confiée aux trois juges spécialisés du pôle financier Henri Pons,

René Cros et Bruno Pireyre. Il appartiendra désormais aux enquêteurs de faire la lumière sur les comptes de Vivendi et d'établir dans quelles conditions ils ont été « certifiés », voire astiqués au Miror, en vue, déclarent les plaignants, d'une « présentation erronée du bilan et de la situation de la trésorerie ».

Pour l'heure, vos actionnaires dépités, spoliés de dizaines de milliards d'euros, ont une certitude : vos bilans étaient bel et bien enjolivés, voire repeints par vos experts, des artistes miniaturistes. En qualité de P-DG, vous en supportez l'entière responsabilité. Si elles étaient officiellement confirmées, il s'agirait là d'infractions pénales caractérisées, sans préjuger d'autres délits — « abus de biens sociaux, distribution de dividendes fictifs, délits d'initiés » —, invoqués dans leur plainte initiale avec constitution de partie civile par Didier Cornardeau, le président de l'Appac[1] (l'Association des petits porteurs actifs) et son avocat, Me Frédérik-Karel Canoy, installé à Vincennes : « Aujourd'hui, déclare-t-il sur TF1, j'ai des indices graves et concordants susceptibles de mettre en examen de nombreuses personnes. Si on veut restaurer la confiance, il faut des arrestations à l'américaine. »

Me Canoy n'hésite pas à faire le parallèle avec l'affaire Enron. Lorsqu'on l'interroge, il ne fait pas mystère de ses étonnantes découvertes portées à la connaissance des juges français : « Je suis allé au greffe du tribunal de commerce pour analyser les comptes de Vivendi. Un document de 360 pages. Il manquait soixante pages, celles numérotées de 200 à 260. C'est précisément le passage relatif aux comptes sociaux et le rapport des commissaires aux comptes, soit les élé-

1. Appac : 158, rue des Marlins, 45000 Orléans.

ments essentiels de ce document ! Les commissaires aux comptes ont inséré un document pour dégager leur responsabilité en disant qu'il y avait des anomalies. Choses qu'ils se sont bien abstenus de dire lors de l'assemblée générale des actionnaires. Les soixante pages ont été remplacées par d'autres documents qui ne correspondent pas du tout à ceux présentés lors de l'assemblée générale, en avril dernier. Si M. Messier et sa clique avaient dit plus tôt que les comptes n'étaient pas bons, personne n'aurait acheté d'actions. Au lieu de ça, il disait en souriant : "*Les comptes de Vivendi ? Ça va mieux que bien !*" »

Le conseil de l'Appac parle sans circonvolutions de « fausses informations sur la situation financière de la société, trucages de bilan, omissions de chiffres ». Plus grave, ajoute-t-il, « quand les chiffres existent, ils ne correspondent pas à la réalité ». Aussi demande-t-il des investigations approfondies pour ces diverses infractions dont l'énoncé inquiète les actionnaires, au point d'obliger Jean-René Fourtou à annoncer, en décembre 2002, qu'il saisissait lui aussi la justice et qu'il poursuivait l'Association des petits porteurs actifs. Déposée durant l'été 2002, la plainte de l'Appac avait débouché, en octobre, sur l'ouverture par le parquet de Paris d'une information judiciaire pour « publication de faux bilans pour les exercices clos au 31 décembre 2000 et au 31 décembre 2001 » et « diffusion d'informations fausses ou trompeuses sur les perspectives de Vivendi Universal en 2001 et 2002 ».

Et voilà que l'on parle aussi aujourd'hui, en ce début d'année 2003, de « possibles abus de biens sociaux », de « soupçons de trafic d'influence et de délits d'initiés sur d'anciens cadres de Vivendi Universal » (et non des moindres), voire de « pressions » exercées sur « certains enquêteurs » de la COB pour que le dossier Vivendi ne soit pas transmis à la justice, ce qui pourrait déboucher sur un scandale bien plus vaste encore. Le 20 janvier 2003, une dépêche de l'AFP annonce :

« Une note d'Alain Marsaud, directeur de la prospective chez Vivendi Universal depuis 1998 [*et député UMP*], évoquant des pressions sur des enquêteurs et découvertes dans le cadre de l'enquête sur les comptes de Vivendi Universal a conduit les juges à s'interroger sur un éventuel trafic d'influence. Les juges ont transmis la semaine dernière au parquet de Paris une ordonnance indiquant qu'ils disposaient d'éléments susceptibles de recouvrir des faits de *"trafic d'influence"* et de *"menaces et actes d'intimidation commis contre les personnes exerçant une fonction publique"*, a-t-on indiqué lundi de source judiciaire. Sollicité lundi, le parquet a indiqué que cette ordonnance était *"à l'étude"*. »

Les juges fondent leur démarche sur une note à entête de Vivendi saisie lors de perquisitions effectuées les 12 et 13 décembre 2002, à votre domicile, Jean-Marie Messier et à celui de vos proches collaborateurs, dont Guillaume Hannezo qui, sentant le coup venir, avait préparé et empilé ses cartons à l'entrée de sa résidence. Dans une pièce établie postérieurement à l'ère Messier et découverte lors de cette descente, il est question de faire taire les petits actionnaires par les voies légales et « *tout autre moyen* ». Les juges n'ont pas aimé.

L'ensemble de ces charges — qui restent à vérifier et pour lesquelles vous allez devoir vous expliquer avec vos collaborateurs les plus proches devant les magistrats en charge de l'instruction, tant en France qu'aux États-Unis — ne correspond pas, monsieur Messier, à l'image que l'on se fait d'ordinaire d'une entreprise saine dont les comptes et archives viennent d'être saisis lors de perquisitions au siège de la société et dans vos propres appartements. Je comprends que la perspective d'avoir à répondre sérieusement aux questions de magistrats qualifiés, en France et aux États-Unis — où il est impossible d'aménager les instructions et d'adoucir les jugements —, vous glace le sang.

Habile joueur, vous affichez la sérénité. À vous écouter et à vous lire, vos « erreurs » ne seraient pas celles que l'on prétend.

Dans votre dernier livre publié à grand renfort de publicité, le 14 novembre 2002, en pleine tempête judiciaire et médiatique, pensum larmoyant et plaidoyer pro domo intitulé par antiphrase *Mon vrai journal*[1] — titre emprunté à l'émission de Karl Zéro sur Canal+ —, vous jouez sur la corde sensible : votre amour-propre forcément blessé, votre famille qui n'a pourtant rien à faire dans cette galère, vos états d'âme au moment de l'heure de vérité, quand vous deviez vous soumettre au verdict du « marché » qui — nous le savons tous — a toujours raison. Vous voici en ange blanc, certes maladroit mais sans péché, victime, écrivez-vous, d'un « vrai lynchage », d'un « coup d'État » ourdi par des « pompiers pyromanes », membres pour la plupart de votre état-major :

« Vivendi Universal avait besoin des médias pour engager sa transformation radicale, pour amener celle-ci à son terme aussi rapidement que possible. Il fallait donner une image, une ambition, un enthousiasme, une vision pour Vivendi Universal, à l'extérieur comme à l'intérieur, pour l'ensemble de nos équipes. Il est plus facile d'incarner une telle vision à

1. Éditions Balland, 19,50 euros.

travers un homme. J'ai essayé de personnaliser, de porter haut et fort cette vision, cette ambition pour la France dans les métiers de la communication. C'est peu de dire que le retour de bâton fut cruel. Ces assauts furent-ils à la hauteur de ma médiatisation personnelle, de ma starification ? À la hauteur, aussi, de ce que j'avais moi-même suscité en acceptant des interviews dans la presse populaire au-delà de ce qui était strictement nécessaire pour mon métier de patron et pour mon entreprise ? Oui, certainement. Et soyons clair. Je n'ai pas écouté les mises en garde répétées de mes collaborateurs, de mes amis et d'Antoinette. Combien de fois ma femme ne m'a-t-elle pas dit : "*Jean-Marie, tu en fais trop. C'est inutile et dangereux*" ? Je n'ai pas suffisamment écouté la force de son bon sens. Voilà. Ce sont mes erreurs, sans aucun doute. »

C'est tout ! Antoinette, nous voilà !

Écrit avec l'aide de mon confrère du *Figaro* Yves Messarovitch, votre *Vrai journal* est votre manière, maladroite, de vous autojustifier, de vous auto-amnistier. L'heure n'est pas de vous expliquer sur le fond, en mettant honnêtement le dossier sur la table — quitte à reconnaître vos énormes dérapages —, mais de vider votre rancœur dans une sorte de pot-pourri qui fleure bon la paranoïa. Dans cet ouvrage, vous êtes la victime innocente d'une bande d'affreux, vous criez au « complot », par l'utilisation de folles « rumeurs » et d'un « torrent de boue ». Bref, vous seriez l'objet d'un procès stalinien. Ainsi tentez-vous de faire diversion, en impliquant dans votre Messier-parano-rama :

• La fine fleur du capitalisme français qui serait

peuplé de traîtres syndiqués pour... faire « main basse » sur vos trésors ;

- Vos banquiers de la Société générale et de BNP-Paribas, vendus à l'ennemi ;
- La presse tout entière, coupable d'avoir fait crédit à de malveillantes « rumeurs » ;
- Le journal *Le Monde* de les avoir précédées, puis relayées et exploitées, voire amplifiées, après que son directeur Jean-Marie Colombani, mué en parrain sicilien, vous aurait menacé de vous faire la peau... pour lui avoir refusé de lui céder *L'Express*, en 1998 : « Si vous ne nous vendez pas *L'Express*, vous verrez ce que cela coûte d'avoir *Le Monde* contre soi pendant vingt ans ! » vous aurait-il dit « en substance » [*sic*] lors d'un appel téléphonique reçu dans votre voiture.

« En substance » ? L'expression n'est pas innocente. Choisie à dessein pour donner du corps à votre réquisitoire, elle signifie que cette phrase reproduite par vous entre guillemets est — selon la définition du dictionnaire — « le résumé, l'idée essentielle » qui vous a semblé ressortir de cette ancienne conversation avec Jean-Marie Colombani, commandeur d'une nouvelle Nuit des longs couteaux, en association sournoise avec le président Valéry Giscard d'Estaing, l'Élysée et la fine fleur du patronat français, dont Claude Bébéar, le président du conseil de surveillance de la compagnie d'assurances AXA, « modèle d'hypocrisie, en même temps, il faut le reconnaître, qu'un modèle d'efficacité ».

Un vrai roman de plage. Qui peut vous prendre au sérieux quand vous affirmez que Jean-Marie Colombani aurait prémédité pendant quatre ans votre mise à mort... avec, de surcroît, le concours actif de ses meilleurs enquêteurs métamorphosés en hommes de main : Martine Orange et Laurent Mauduit ?

Si, par extraordinaire, ces mots (improuvables), attribués sous votre plume au patron du *Monde*, ont été réellement prononcés, ne vous imposaient-ils pas, justement, de piloter votre entreprise en bon père de famille, au lieu de la transformer en radeau de la Méduse ? Cela vous aurait évité de vous faire taper sur les doigts par l'ensemble de la presse, de vous retrouver banni, chassé en catastrophe par votre conseil d'administration.

Reçu le 14 novembre au journal télévisé de 20 heures sur France 2, vous êtes en bleu horizon. En forme de leurres, vos répliques aux flèches de mes confrères David Pujadas et Olivier Mazerolle tombent à plat. Gêné aux entournures, vous vous enfoncez dans des développements tordus. Vos quelques mois de traversée du désert ne vous ont rien appris. Tout se passe comme si votre cerveau — que l'on disait bien fait — avait cessé de fonctionner, paralysé à l'idée de devoir rendre bientôt des comptes à des actionnaires qu'avec vos lieutenants vous avez longtemps crus taillables et corvéables à merci.

Des pertes de Vivendi Universal, de vos achats au son du canon, de vos prouesses comptables et de votre fuite en avant pour tenter de masquer la réalité, puis de conserver votre poste ? Vous ne soufflez mot. Comédien accompli, les yeux ostensiblement tournés vers la caméra, vous égrenez un discours cent fois répété, qui nous laisse pantois :

- « Avec mon conseil d'administration [*dépeint dans votre ouvrage comme une assemblée de conjurés putschistes*], on a toujours pris les meilleures décisions [*sic*] dans l'intérêt de Vivendi Universal » ;

• « Bien sûr que j'en ai sans doute trop fait. Mais l'image d'un patron mégalo ? Est-ce que c'est mégalo d'avoir une ambition pour son entreprise ? Est-ce que c'est mégalo d'avoir une ambition industrielle pour la France ? Je ne crois pas ».

Un grand patriote, en somme ? On se frotte les yeux.

Vient maintenant le couplet sur la transparence, avec référence à l'affaire de la faillite frauduleuse du courtier en énergie et géant américain Enron — dont les actifs ont été surévalués, les comptes et bilans trafiqués, les chiffres d'affaires gonflés, grâce à de faux marchés —, énorme scandale Enron qui a ébranlé Wall Street et l'ensemble des bourses du monde. Il symbolise le capitalisme d'esbroufe et de poudre aux yeux... pour répondre aux exigences des analystes financiers de la « nouvelle économie », ces apprentis sorciers qui ont érigé en dogme la « création de valeur », c'est-à-dire une course effrénée aux profits, pour justifier des capitalisations boursières en permanente croissance :

« On a voulu faire croire, ajoutez-vous, que Vivendi Universal était un peu à l'image d'un certain nombre de scandales et de difficultés de sociétés américaines. Ça n'est pas vrai ! Ce que je souhaite dire de manière solennelle [*sic*], parce que ces rumeurs se sont retournées contre Vivendi Universal et ses actionnaires, c'est que Vivendi Universal, ça n'est pas Enron. Il n'y a jamais eu de fraudes comptables chez Vivendi Universal. Il n'y a pas de dirigeants de Vivendi Universal qui s'en sont mis plein les poches sur le dos de leurs actionnaires. Et je voudrais simplement mettre en garde, d'une certaine manière, tous ceux qui seraient tentés de faire là des amalgames : Vivendi Universal doit être respecté, Vivendi Universal, ça n'est pas Enron.

« Je crois que, d'abord, j'ai commis un certain nombre d'erreurs dans le rythme de transformation du groupe, dans cette surexposition médiatique, et vous savez, lorsqu'on est sur le devant de la scène et que brutalement la tempête se lève et que le vent change, on est aussi le premier à en payer le prix, de manière décuplée. Dans des marchés extrêmement difficiles, à des moments de fragilité, l'apparition de rumeurs crée aussi la spirale de la défiance. Et c'est ce qui peut arriver de pire à une entreprise que de se retrouver à un moment donné prise dans cette spirale de défiance.

« Donc : oui, j'ai fait des erreurs, oui les marchés étaient difficiles, mais oui aussi cette déstabilisation contre une personne s'est faite au prix de la déstabilisation d'un groupe. »

Bref, cible de redoutables prédateurs qui voulaient vous bouter dehors, pour pouvoir dévorer tout cru votre belle ouvrage, vous n'avez rien à vous reprocher. Au contraire, vous fûtes exemplaire :

« Le groupe a communiqué sur le plan financier (...) vis-à-vis du marché et des investisseurs, sans doute plus que tout autre groupe français. Vous savez, je ne suis pas venu ce soir régler des comptes [*sic*], je suis venu essayer d'apporter des réponses, parce que je trouve que je les dois aux actionnaires et aux salariés [*resic*]. Cette traque à la française, elle s'est traduite finalement par une OPA [*offre publique d'achat*] sans cash ! C'est-à-dire qu'on a fait changer le contrôle du groupe sans faire d'offre aux actionnaires. Je ne suis pas sûr que ce soit un exemple de modernité du capitalisme... »

Moraliste, en plus ?

Que n'avez-vous exercé votre morale d'airain lors de l'établissement de vos comptes, de vos derniers bilan et rapport annuel, pour prévenir illico vos actionnaires des risques encourus par Vivendi Universal, de sa situation alarmante, telle qu'elle vous était signalée, noir sur blanc, par votre directeur financier, dans des communications demeurées secrètes, confidentielles. Nous y reviendrons...

Croyez-vous convaincre votre monde quand, faisant mine de prendre la défense de vos actionnaires, vous vous en prenez aux « acteurs très spéculatifs qu'on appelle les fameux *hedge funds*, des fonds qui ne sont finalement pas intéressés par la valeur de l'entreprise, mais intéressés à faire un profit tous les jours, quel que soit le cours » ? Est-ce pour cela que vous déclarez le 3 octobre 2002, au journal américain du show business *Variety* : « Au cours des vingt dernières années, trois hommes — Balladur pour les privatisations françaises, Michel David-Weill pour la banque Lazard et Guy Dejouany pour Vivendi — m'ont donné leurs projets à développer. Mon quatrième projet sera le mien. Je veux travailler pour moi » ? Comment, avec quel projet ? En créant à New York « Messier partners »... un fonds d'investissement spéculatif et risqué — autrement dit un *hedge fund*... à votre sauce !

Non, monsieur Messier, ce ne sont ni les *hedge funds*, ni tous les prétendus malandrins dont vous brandissez les noms, ni « la déraison du marché » dont vous avez largement profité avant de la dénoncer, qui sont responsables du désastre Vivendi sanctionné par les investisseurs, à Paris et New York, désastre confirmé par votre remplaçant, Jean-René Fourtou. Il est amusant de vous voir poser les trois bonnes questions relatives à l'étendue de vos dettes, de votre manque de liquidités, de vos acquisitions princières en si peu de temps. Votre explication me rappelle le président François Mitterrand à la fin de son règne, quand il en appelait aux charlatans et cartomanciens. Comme lui, sensible aux charmes de l'astrologue Élizabeth Tessier dont il avait fait son conseiller stratégique et secret, vous lisez l'histoire des hommes et des événements à travers l'examen des planètes :

« Seule une conjoncture astrale, voyant tous les éléments se mettre au rouge, ensemble, et en quelques mois seulement, a pu conduire à cette crise, certes temporaire mais réelle. Une crise de trésorerie ne met pas des années à se déclencher, elle se cristallise en très peu de temps, en quelques semaines, en réalité même en quelques jours, comme un jeu de dominos. Les lucidités rétrospectives sur le thème "*je vous l'avais bien dit*" sont simplistes et artificielles. Car cette crise n'avait rien d'inéluctable. Compte tenu des multiples options offertes au groupe, elle était imprévisible. Et pourtant, elle est arrivée[1]. »

Des leçons de base reçues à l'ENA, monsieur l'ex-Maître du Monde, vous n'avez pas retenu la première, attribuée au président Adolphe Thiers dont l'Assemblée disait le 17 mars 1873 qu'il avait « bien mérité de la patrie » : « Gouverner c'est prévoir. »

Mais, accaparé par vos spéculations à l'origine de votre situation bien réelle de quasi-cessation de paiement survenue au début de l'été 2002, vous n'aviez

1. *Mon vrai journal, op. cit.*, p. 143.

rien prévu et vous n'avez rien vu venir. Vous avez perverti votre fonction d'industriel, en la confondant avec votre précédent métier de « banquier d'affaires ».

Candide, vous l'avouez à plusieurs reprises dans votre livre : bien que prévenu, vous n'avez cessé de dépenser et de vous endetter, alors que vous n'aviez pris aucune mesure de sauvegarde pour protéger Vivendi et ses actionnaires de ce que vous saviez être une mortelle « bulle spéculative ».

De votre démesure mâtinée d'une coupable imprévoyance est née, monsieur Messier, la méfiance, puis la défiance de ces « marchés »... que Votre Éminence pensait à sa main.

Que, comme à France Télécom sous Michel Bon, votre conseil d'administration si grassement rémunéré n'ait été qu'une simple et impuissante chambre d'enregistrement, incapable de voir la dangerosité de votre pataquès et de vos dérives comptables, n'exclut pas — j'en conviens volontiers avec vous — sa coresponsabilité. Mais elle n'atténue en rien celle du chef suprême : vous, Jean-Marie Messier, le président du groupe qui « va mieux que bien », expression dont, curieusement, nous ne trouvons pas trace dans votre *Vrai journal.* L'auriez-vous remisée au placard ? Qu'avez-vous fait des belles assurances que le parangon de vertu, Napoléon Messier, avait données aux épargnants :

« Je me suis fixé pour règle, disiez-vous, que ma parole soit aussi crédible que ma signature... Jamais personne ne pourra me lancer : tu m'as dit cela et tu ne l'as pas fait. »

Jamais ? C'est pourtant, monsieur, ce que votre conduite m'oblige à vous rétorquer, exprimant ici, factuellement, le courroux des millions d'investisseurs que vous avez plumés.

Que nous importent votre littérature, votre dernier vade-mecum (où je n'ai pas trouvé l'ombre d'une sincère confession), que nous importent vos justifications tardives et vos larmes de crocodile, de même que votre analyse critique d'articles de presse, qu'ils soient fondés ou non. Ni les journalistes, ni vos administrateurs, ni les politiques, ni la bande à Bébéar n'ont inventé la déroute dont vous êtes l'unique artisan, en compagnie de Guillaume Hannezo, votre directeur financier avec qui vous travailliez en tandem depuis 1996 et qui vous avait mis en garde. Cet ancien de l'inspection des Finances — où vous vous êtes connus et êtes devenus amis —, puis des cabinets socialistes du ministre de l'Économie Pierre Bérégovoy, et de François Mitterrand, président de la République, dont il fut le conseiller industriel, est le mécanicien en chef de vos montages alambiqués. Génial Hannezo, dont le charabia et les constructions labyrinthiques agacent votre impuissant conseil d'administration, mais avec lequel vous réussissez des exploits dignes du *Guinness des records*.

Dans son livre courageux, *Argent public, fortunes privées*[1], Olivier Toscer salue avec respect votre débrouillardise, qui vous a permis de vivre joyeusement des largesses de l'État durant toute la mandature du Premier ministre Lionel Jospin. Quand, en 1999, vous entreprenez de faire coter les très rentables concessions de service public de la Générale des eaux transférées dans la filiale Vivendi Environnement, son introduction en bourse vous permet d'engranger un bon paquet d'argent frais.

1. Denoël, novembre 2002.

« Normalement, remarque Toscer, celui-ci devrait être soumis à l'impôt. En fait, Messier demande et obtient du socialiste Christian Sautter, alors en charge de Bercy, un agrément fiscal qui le dispense d'impôt sur les plus-values sur l'opération Vivendi Environnement. Rien d'illégal : cette dérogation est prévue dans les textes mais reste à la discrétion du ministre. Cette décision d'État revient à priver l'État de 3,8 milliards d'euros [*25 milliards de francs !*] de rentrées fiscales cette année-là. L'année suivante, Messier repasse au guichet, tenu cette fois par Laurent Fabius. Le groupe Vivendi se transforme en géant du disque et du cinéma en avalant son homologue américain Universal. Et obtient la précieuse franchise d'impôts. L'État renonce cette fois-ci à 8,8 milliards d'euros [*58 milliards de francs*] de recettes fiscales. Seule contrepartie exigée par le ministre avant d'apposer, comme le veut la loi, sa signature au bas de la dérogation : le siège social du groupe Vivendi Universal doit rester en France jusqu'en 2004. La belle affaire ! »

Qui coûte au contribuable une somme astronomique, supérieure aux 9 milliards d'euros que le gouvernement de Jean-Pierre Raffarin, héritier de ces années noires, vient de mettre dans la caisse de France Télécom, via la Caisse des dépôts, pour lui éviter d'être déclarée en faillite.

Certes il est un foyer de pertes — je peux dire un océan — dont, pour partie, je vous exonère, monsieur Messier : je veux parler de l'incroyable pagaille qui, pendant tant d'années, a régné dans le groupe Canal+ dont vous fûtes si fier. L'un de vos grands banquiers le confie en privé :

« Canal+ était au bord du gouffre quand Vivendi l'a

repris à Havas en 1998. Sans les milliards de Messier, il y a longtemps que la chaîne cryptée aurait déposé son bilan. »

À l'origine de cette débâcle ? Ni André Rousselet le « père fondateur », ni vous, Jean-Marie Messier, mais Pierre Lescure, bon journaliste peut-être mais exécrable manager. Lui aussi nourri au bon grain des stock-options, Lescure confondait chiffre d'affaires et bénéfices. C'est sous son règne que furent prises les décisions désastreuses qui allaient plomber les comptes de l'ancienne poule aux œufs d'or : expansion à tout-va à l'étranger ; ruineux et sulfureux contrats avec le monde du football sans lequel Canal+ ne pourrait exister (et qui lui valut d'être poursuivi en justice par TF1), ou de la Formule 1 (sur lesquels il y aurait tant à dire) ; gestion de nouveau riche avec salaires et à-côtés fastueux.

Place forte de la gauche branchée et de ses blousons dorés, Canal+ était une fontaine miraculeuse où l'on pouvait boire le champagne et se rouler dans la farine jusqu'à satiété. Pendant ces années fortes, ces beaux messieurs — Pierre Lescure et son ex-éminence Alain de Greef en tête — eurent même l'idée saugrenue d'investir dans l'*Ocean Voyager*, un brise-glace venu de l'ex-empire soviétique (là où jadis Pierre Lescure avait son compte en banque[1]), pour rivaliser avec les films

1. Voir Jean Montaldo, *Les secrets de la banque soviétique en France*, *op. cit.*, pp. 112 à 115. Pierre Lescure est le fils du militant François Lescure entré au PCF en 1938, l'un de ses très rares membres à avoir rejoint la Résistance dès 1940, alors que durant cette première et cruciale partie de la Seconde Guerre mondiale, le PC, aux ordres de Staline (allié d'Hitler), recommandait aux « camarades » de « saluer le soldat allemand, prolétaire en uniforme ». Entré au quotidien communiste *L'Humanité* en 1946, François Lescure (mort en 1992) en fut le chef du service de

sous-marins de feu le commandant Cousteau. À cet effet, les joyeux lurons réanimèrent la société « Les Cannibales associés » (*sic*), vite rebaptisée « Quirat+ », avec (pour le bateau) pavillon des îles Kerguelen et point de chute à Saint-Pierre-et-Miquelon en vue de réaliser une lucrative opération de « défiscalisation », à coups de « quirats » (parts de navire) et de loi Pons. Cette épopée maritime de haute volée a fait beaucoup rire mes correspondants de Canal+ et du ministère des Finances, ainsi que mon ami le journaliste Jean-Moïse Braitberg, qui avait repéré la morue. Elle s'est évidemment terminée par un remarquable Trafalgar financier. Dans ce studio flottant — je précise qu'il ne servit qu'à noyer un peu plus d'argent... pour une foucade de « guignols » du petit écran se prenant pour des nageurs de combat —, la chaîne cryptée a laissé, au bas mot, une trentaine de millions d'euros (200 millions de francs). Une flammèche, au-dessus d'une historique coulée de lave... en or massif. Aux dernières nouvelles, en juillet 2002, l'*Ocean Voyager*, repris par la société anglaise Gardline, a sombré corps et biens, à 135 000 miles au nord-est de Mascate, dans la mer d'Oman, avec son coûteux équipement scientifique. Naufrage total qui donne tout sens à l'opération « Canal plouf ».

---

politique intérieure, puis de politique étrangère, avant d'en prendre la direction et de devenir le rédacteur en chef de l'hebdomadaire communiste, pur et dur, *France nouvelle*, financé et aux ordres de Moscou (*op. cit.*, pp. 90 à 94, 124 à 134) durant la période brejnévienne, la plus répressive et sanglante de l'après-stalinisme.

De tout cela, monsieur Messier, vous n'êtes pas responsable. Votre faute fut tout de même d'avoir supporté, d'avoir laissé faire, pendant des années, cette équipe de zozos, à seule fin, vous, l'ancien conseiller d'Edouard Balladur aux Finances, de vous concilier les bonnes grâces et les réseaux de la « gauche showbiz », si bien représentés par l'ex-directeur général de Canal+, Denis Olivennes, ancien de l'Élysée sous François Mitterrand, que vous aviez recruté. Lui aussi a pu tirer sa révérence les poches pleines, aux frais des actionnaires de Canal+ (coté en bourse), gratifié d'une incroyable indemnité de départ de plusieurs millions d'euros qui après votre départ vont sérieusement inquiéter le comité d'audit de Vivendi. Ah ! le futé socialiste que voilà.

Est-ce pour ce désastre lamentable que tous ces satrapes cathodiques ont été chaleureusement remerciés, par vous Jean-Marie Messier, avec en poche des chèques se chiffrant en millions d'euros ? Pierre Lescure, pour sa part, a reçu 2,9 millions d'euros (19 millions de francs), sans compter ses paquets de stock-options et d'actions Vivendi Universal, pour des montants à réveiller de leur sommeil éternel Georges Marchais et tous les camarades défunts du « Parti des travailleurs ».

2,9 millions d'euros ? « Le minimum légal », déclare Pierre Lescure, qui, pas gêné, en veut davantage :

« J'estime mériter réparation des conditions dans lesquelles s'est opérée mon éviction. (...) Je n'ai rien contre l'idée d'un arbitrage. Si je n'obtiens rien à ce titre d'ici à la fin de l'année, j'assignerai en justice[1]. »

Car Pierre Lescure, homme d'argent et de bien, se

---

1. *La Tribune de l'économie*, 9 décembre 2002.

veut aussi un homme de loi. Et de morale ! L'honneur est sauf.

Dans ce que vous appelez, monsieur Messier, la *dream team* (l'équipe de rêve) de Vivendi, il est par ailleurs votre numéro deux : le directeur général Éric Licoys, « un ami de vingt ans », dont vous dites : « Je ne décide jamais rien sans son avis. » Passé comme vous par Lazard Frères, après un crochet — entre autres — à la présidence du parc Astérix, en 1986, Licoys aurait mieux fait d'y rester. Car chez Vivendi, de toute évidence, votre copain n'est pas venu avec sa potion magique.

Quant à votre numéro trois, le directeur des ressources humaines, Jean-François Colin (dit « Mayonnaise »), il vient lui aussi (tout comme le camarade Hannezo et le directeur général du groupe Canal+, Denis Olivennes), des cabinets ministériels de la gauche mitterrandienne. Colin, lui au moins, ne sera pas pris au dépourvu en cas de compression de personnel : de 1991 à 1993, juste avant son entrée à la Générale des eaux, l'auberge espagnole (avec Elf Aquitaine) de la République, il dirigeait l'ANPE, l'Agence nationale pour l'emploi, où son successeur (de 1993 à 1995) Michel Bon va se faire la main avant d'aller dynamiter France Télécom.

Pour compléter ce tableau rose bonbon, il ne manque plus à l'appel qu'une de mes vieilles connaissances : votre secrétaire général Jean-François Dubos, un enfant de chœur, recruté par la Générale des eaux en 1991. Vieux militant socialiste blanchi sous le harnais, ancien assistant à la faculté de droit devenu conseiller d'État, par la grâce de François Mitterrand, ce fraternel... compagnon fut d'abord, jusqu'au 24 mars 1982, administrateur d'Urbatechnic, la célébrissime officine de racket, corruption, trafic d'influence et fausses factures du Parti socialiste, sous les ordres de François Mitterrand, puis Lionel Jospin, premier secrétaire du PS. Dubos était alors domicilié rue de Bièvre, ruelle pittoresque du quartier Latin où habitaient les deux membres les plus éminents de la gauche « tout en craquants » : François Mitterrand et son âme damnée Roland Dumas. Responsable des questions de défense au Parti socialiste, le futur secrétaire général de Vivendi Universal avait commis en 1974 un livre bien dans son style : *Vente d'armes : une politique.* Ouvrage prémonitoire : neuf ans plus tard, devenu le chargé de mission et l'éminence grise du ministre de la Défense Charles Hernu, Jean-François Dubos est mis en cause dans l'Irangate français : l'affaire Luchaire. Scandale d'État où l'on voit les plus hauts dirigeants socialistes couvrir, contre argent occulte, un gigantesque trafic d'armes vers l'Iran des ayatollahs, alors sous embargo international. Au même titre que Charles Hernu et les autres hommes du dossier, François Diaz (ancien directeur de la galaxie Urba) et l'intermédiaire André Falcoz, Dubos est sévèrement épinglé, en 1987, dans le rapport du contrôleur général des Armées Jean-François Barba, puis inculpé. Le 16 juin 1989, une fois la gauche revenue au pouvoir, un coup d'éponge magique, sous la forme d'un non-lieu, fait passer l'affaire Luchaire aux oubliettes et... blanchit tout ce beau monde. Le scandale Luchaire ne sera jamais sanctionné en France — habituelle mansuétude ! — et il faudra attendre un petit juge indépendant et courageux de Venise pour que le volet italien de l'affaire soit finalement jugé. En 1991, quand tout est oublié, le fringant Jean-François Dubos peut douillettement se recycler à la Générale des eaux, longtemps rackettée par Urba, comme « conseiller » du président Guy Dejouany, puis secrétaire général et — ces choses-là ne s'inventent pas — « directeur du patrimoine ». Avec un zèbre de cet acabit, notre patrimoine était bien gardé.

Chez Vivendi Universal, je ne suis pas étonné de retrouver le distingué Jean-François Dubos comme administrateur des filiales Aéro-Services Executive et Aéro-Services Handling qui exploitent la flotte d'avions du groupe, au premier rang de laquelle figure votre Airbus A319[1]. Ancien homme à tout faire de Charles Hernu et de François Mitterrand, il ne fut pas pour rien, à vos côtés, un partenaire de toute confiance qui apprécie, comme vous, les jets et vols en haute altitude.

Ah ! le bel état-major que voilà.

Ainsi s'est construite la *dream team* de Vivendi.

Ainsi vont les affaires en France, où les dirigeants des entreprises phares sont recrutés, non en raison de leurs compétences, mais de leurs débrouillardises ou de leurs accointances politiques ou philosophiques, quand ce ne sont pas les deux à la fois.

Tel est le mal qui mine, depuis des lustres, l'économie de la France !

Ma calculette, messieurs Serge Tchuruk, Michel Bon et Jean-Marie Messier, est un instrument qui, lui, ne peut se tromper. Donnons-lui la parole. Nous allons ensemble mesurer l'étendue de vos dégâts laissés à la charge de vos actionnaires.

Vous, monsieur Bon, ne considériez pas comme

1. Cf. supra, pp. 183 à 193.

exagéré ces dernières années que les 100 % du capital de France Télécom (dont 46 % sont détenus par le public et les 54 autres par l'État) soient valorisés en bourse jusqu'à **261** milliards d'euros (1 712 milliards de francs !). L'équivalent du budget 2002 de la France (266 milliards d'euros). Admettez, monsieur le président, qu'avec vos ministres socialistes de tutelle, vous n'y êtes pas allé avec le dos de la cuillère.

Cependant, on ne juge une politique qu'à ses résultats :

• Les vôtres, monsieur Bon, se passent de commentaire : au cours de **16,68** euros le 31 décembre 2002 — accusant une baisse annuelle de température à tuer un ours : « – **62,85 %** » (pour un « plus bas » de 6,75 euros) —, l'entreprise France Télécom ne vaut plus que **20** milliards d'euros (130 milliards de francs). Hausse carnavalesque d'un côté et baisse vertigineuse de l'autre, dont l'ampleur, dans un si court laps de temps, se mesure à l'aune de votre goût du colossal ;

• À un « plus haut » d'environ **140** euros en 2000 — l'époque des folies des France Télécom et autres Kalisto et Liberty surf —, cours délirant que vous, Jean-Marie Messier, considériez à la hauteur de vos prétentions, votre bébé-sumo Vivendi Universal a pesé jusqu'à **152** milliards d'euros (997 milliards de francs !), réduits aujourd'hui, sur la base d'un cours en bourse de **15,39 euros** au 31 décembre 2002, à quelque **16** milliards d'euros (108 milliards de francs). Baisse annuelle de « – **74,97 %** ». Bonjour les dégâts ! Car, depuis votre éviction, pour boucher les trous d'un paquebot qui faisait eau de toute part, tout ce que vous aviez acquis si cher jusqu'à la fin de 2001 est obligatoirement revendu en hâte, avec des écarts de prix à ruiner la reine Juliana !

• Enfin, à un « plus haut » de **93,75** euros en octobre 2000, Alcatel dont vous êtes le mentor, monsieur Serge Tchuruk, était parvenu à afficher une valeur de **116** milliards d'euros (761 milliards de francs !), fortune immense que vous avez fait fondre dans votre sauna chauffé à blanc, la compactant à **5,17** milliards d'euros (34 milliards de francs), pour un cours de bourse effondré au 31 décembre 2002 à **4,18** euros (après un « plus bas » de « 2 »), soit une baisse annuelle de « – **78,22 %** ». Le record des records !

Pour en finir avec ma taquine calculette — dont j'imagine, messieurs, qu'elle doit commencer à vous chauffer les oreilles —, procédons à une dernière et éclairante opération : il nous reste à additionner les valeurs de France Télécom, Vivendi Universal et Alcatel, vos trois mammouths du CAC 40, quand, en l'an 2000, sous l'effet de vos prévisions charlatanesques, elles atteignent les sommets ci-dessus indiqués :

261 milliards (pour France Télécom) ;
+ **152** milliards (pour Vivendi Universal) ;
+ **116** milliards (pour Alcatel)
= **529** milliards d'euros (3 470 milliards de francs !), soit le double du budget de la France en 2002 et le tiers de son produit intérieur brut (PIB) 2001 !

Avouez, mes trésors, qu'avec un si brillant palmarès, vous, les trois ex-premiers de la classe du CAC 40 — que je distinguerai ici sous le noble label de « CAC 3 » —, n'avez plus eu à beaucoup vous forcer pour racoler toujours plus d'actionnaires, de petits porteurs, tant il est vrai que l'argent va toujours à l'argent.

C'est ainsi que des millions de bonnes poires vont se faire croquer à belles dents et que, sous l'effet de votre incapacité à piloter vos mastodontes, ces **529** milliards d'euros vont quasiment disparaître. Ils ne totalisent plus aujourd'hui que **41** malheureux milliards, derniers flonflons d'un bal intercontinental, dont vous étiez les beaux, les riches, les habiles cavaliers... pour la danse des maboules, celle de... l'apocalypse.

11.

À vous, les analystes financiers et les banquiers, piranhas du système dont nous faisons les frais

De toutes ces dizaines de milliards d'euros envolés ou barbotés en bourse, qui est responsable ? Qui aujourd'hui doit rendre des comptes à la multitude des actionnaires bernés ?

En premier lieu, je vous accuse, vous, les P-DG. bonimenteurs qui aviez pour mission — très cher payée — de mener à bon port des entreprises que vous disiez insubmersibles. Vos excuses a posteriori, vos explications larmoyantes sur les aléas de la crise, ne sauraient vous exonérer de vos responsabilités. Dans toute entreprise, à plus forte raison cotée en bourse, le président est, au même titre qu'un commandant au long cours, le « seul maître à bord après Dieu ». Lui seul a le pouvoir de dire « **Non !** », de résister aux tentations, surtout quand il y va du devenir et de la sécurité de sa flotte, de son équipage et de ses passagers.

À titre d'exemple, ne pouvant prétendre à l'exhaustivité, je viens dans ces pages de m'arrêter sur quelques-uns des plus effrayants naufrages de ces années maudites où tout était permis. Vous avoir vus, vous les Nicolas Gaume, Marc Lassus, Pierre Besnainou, Serge Tchuruk, Michel Bon et autre Jean-Marie Messier... vous enfoncer dans le mensonge pour masquer votre incompétence, votre mégalomanie, quand ce n'était pas votre cupidité, m'oblige à vous dire que vous ne pouvez plaider devant nous les circonstances atténuantes. Certes, il appartient maintenant à la justice, si tant est qu'elle le veuille, d'aller plus avant dans vos dossiers gigognes, pour nous dire quelles furent les responsabilités des uns et des autres dans cette longue chaîne de compromissions et de défaillances. Et éventuellement vous laver de tout soupçon. Quoi qu'il advienne, le mal est fait, qui ne pourra être gommé.

Soyons juste, messieurs les P-DG ici cités : l'examen de vos dossiers montre que vous n'avez pas agi seuls mais en bande organisée. Autour de vous, une cohorte de comparses, d'oiseaux de mauvais augure, se pressaient pour vous pousser à la faute, vous faire perdre le plus élémentaire bon sens. Ces « complices », car c'est bien le terme approprié, n'ont pas tous répondu aux mêmes motivations. Il y eut d'abord les incompétents, innombrables, une catégorie malheureusement omniprésente, y compris dans les plus brillants états-majors ou conseils d'administration. Vinrent ensuite les « serviles » prêts à tout pour plaire au « prince » et assurer leur carrière. Roméo, ils n'ont eu de cesse de flatter vos ego, de vous caresser dans le sens du poil, de vous faire miroiter le nirvana. Énarques, polytechniciens, sortis des plus grandes écoles, ces pontifes à roulettes n'ont obéi qu'à une ambition démesurée, sans jamais voir l'étendue des dégâts dont vous étiez, tous ensemble, les artisans. Il y eut enfin les plus blâmables, je veux parler des profiteurs, éduqués dans les banques et leurs succursales, pour manger à tous les râteliers. Sans foi ni loi, ces rapaces n'ont jamais eu en tête que les énormes profits qu'ils pouvaient tirer de votre aveuglement.

Rassemblés en formation d'attaque, vous avez torpillé joyeusement nos portefeuilles, ne pouvant résister à la tentation de l'argent facile, à la pression des marchés et à l'envie de suivre, comme des moutons, les modes les plus imbéciles.

Au bas de la pyramide, dans la hiérarchie des complicités qui ont participé à l'explosion et à la désintégration des marchés, il me faut d'abord distinguer les analystes financiers. Présents dans toutes les grandes institutions financières et sociétés de bourse, ces météorologues de la Bourse, quotidiennement sollicités pour donner leur avis, sont censés passer au crible les stratégies et les comptes des sociétés cotées. Il fut un temps où ces hommes de chiffres faisaient autorité et délivraient des diagnostics sans complaisance sur les entreprises qu'ils étaient chargés d'expertiser. Depuis la disparition des agents de change et le putsch réussi des banquiers sur la Bourse, ces spécialises sont devenus au fil des ans des sorciers déboussolés, débitant, à loisir, des prévisions délirantes. Leur collection, sous mes yeux, réjouit mes longues soirées d'hiver.

À vous, messieurs les analystes, condors d'une Bourse transformée en marché aux voleurs, je dédie ce petit florilège de vos beaux conseils. À n'en pas douter, il serait un grand moment du comique boursier s'il n'avait été dramatique pour ceux — les milliers d'épargnants — que vous avez induits en erreur et délibérément trompés, avec une maniaque obstination.

J'ai dans mes armoires des dizaines d'analyses financières sur les grandes valeurs de la cote, publiées par les Oddo-Pinatton, Aurel Leven, Merrill Lynch, la Société générale, BNP-Paribas, le Crédit Lyonnais, etc.

Recherche Actions

France Télécom

219,00 € ACHETER

Exercice au 31 déc.	1997	1998	1999	2000E	2001E	*1997/02E*
Chiffre d'affaires (M€)	23 420	24 648	27 233	33 717	37 845	*+13,5%*
Résultat net (M€)	2 268	2 300	2 768	5 181	6 134	*+27,8%*
BNA (€)*	2,12	1,84	1.95	3.64	4.82	*+32,7%*
% variation	*ns*	*-13,2%*	*+17,6%*	*+19,0%*	*+12,2%*	-
CFPA (€)	6,3	6	7	9	10.6	*+13.7%*
EBEPA (€)	8,2	8,9	9,3	10,4	11,1	*+7.5%*
ANPA (€)	14,3	16,9	17,7	20	23	*+13,1%*
Dividende net (€)	1,0	1,1	1,3	1,3	1,4	*+10,1%*
P/E (x)	103,2	119	112,2	60,2	45,5	-
P/E Rel. (x)	4	4,5	3,9	2,3	1,9	-
P/CF (x)	34,8	36,3	31.1	24,3	20,6	-
P/EBE (x)	26,6	24,8	23.9	18,8	16	-
P/AN (x)	15,3	12,9	12,4	10.9	9,5	-
Rendement (%)	0,7	0,7	0.9	1.2	1,6	-
VE/CA (x)	10.34	10	9	7,3	6,5	-
VE/EBE (x)	30	27,6	25,7	20.2	17,4	-
Net gearing (%)	132,6	96,2	77	71,1	64,6	-
ROCE (%)	9.2	5,9	6,6	10,8	15,2	-

Reuters FTE.PA
Indice SBF 120 3157
Extrêmes 219 – 62,6€
Volume jour.5,6m
Flottant 22,5%
Actions 1050 m
Cap. Boursière 230 Mds€
Perf. Rel. 1m 3m 12m +27,6% +47,6% +58%
Analyste Antoine Joly (33) 01 53 89 73 61 ajoly@aurel-leven.com

* BPA retraités des éléments spécifiques non récurrents et des plus ou moins-values

La publication des résultats annuels 1999 de France Télécom a permis au marché de valider la stratégie de l'opérateur. France Télécom a démontré que le déclin de son marché historique pouvait être compensé par le développement des nouveaux usages en France et les opérations internationales. Malgré une forte compétition sur l'ensemble des activités, le chiffre d'affaires a progressé de 10,5% à 27 233 M€, l'EBITDA de 7,5% à 8 939 M€ et le résultat net part du groupe de 20,3% à 2 300 M€.

Les perspectives 2000 sont identiques : poursuite de la croissance autour de la téléphonie mobile et de l'internet, amélioration de la rentabilité et expansion européenne.

Ces perspectives de croissance et l'annonce d'une introduction en bourse des activités internet, nous conduisent à modifier notre recommandation de Neutre à Achat, malgré la très forte hausse récente du titre.

Notre valorisation des différentes activités de France Télécom, sur la base d'hypothèses de marché prudentes, fait ressortir un cours de 207€. Nous pensons que les fortes synergies entre les activités de l'opérateur, les opportunités de développement en Europe ainsi qu'une stratégie internet fortement créatrice de valeur justifient une prime de 30% sur la valorisation par la somme des activités.

En conséquence, notre cours objectif s'établit à 270 €, calculé à partir d'hypothèses prudentes.

Cependant, nous recommandons un achat sur repli vers 200€, pour deux raisons :

- **A court terme : la récente hausse exceptionnelle du titre laisse envisager une correction technique.**
- **A moyen terme : une augmentation de capital permettant de financer des acquisitions est à l'ordre du jour. L'effet dilutif pourrait peser un certain temps sur le titre.**

Aurel Leven

Mars 2000 : un document de collection, une analyse financière typique. À « **219 euros** », France Télécom — qui tombera en 2002 à moins de 7 euros — est chaudement recommandé par le « **spécialiste** » de chez Aurel Leven. Un objectif de cours à vous couper le souffle. « **270 euros, à partir d'hypothèses prudentes** » ! Un record.

Jusqu'à l'éclatement de la bulle spéculative, en l'an 2000, aucune de ces « vénérables » institutions n'a vu venir l'orage. Et lorsque celui-ci éclatera, la quasi-totalité va s'acharner à recommander à l'« **achat** » des valeurs (Alcatel, France Télécom, Vivendi Universal, Equant, Cap Gemini, Alstom...) qui bientôt vont perdre jusqu'à 80 ou 90 % et plus de leur valeur, ruinant au passage leurs actionnaires.

Pour que le lecteur se fasse, par lui-même, une idée du sérieux de ces analyses qui portent la signature des établissements les plus prestigieux, employeurs de tordus patentés, j'extrais de mes dossiers quelques-unes de vos productions sur les deux sinistres phares du CAC 40 : France Télécom et Vivendi Universal.

• 31 janvier 2000 : trois analystes de la société de bourse Chevreux, propriété du Crédit agricole-Indosuez, s'enflamment pour le titre France Télécom qui cote 132,50 euros. Sous le titre « Mobile + Internet : le couple gagnant », ils recommandent chaudement l'action France Télécom : « Nous valorisons le titre à plus de 150 euros par action. Ce niveau serait révisé en bourse en cas de cotation des actifs Internet. » On sait maintenant ce qu'il en fut : une chute libre.

• Mars 2000 : l'illustre analyste Antoine Joly de la société de bourse Aurel Leven voit en France Télécom un soleil qui jamais ne pourra s'éteindre. Pour se faire une idée du sérieux de cette analyse, qui nous promet de l'or à gogo pour demain, le lecteur prendra connaissance, page ci-contre, de la première page de cette exemplaire analyse. L'action vient alors d'atteindre un « plus haut » de 219 euros, un sommet à ses yeux de moyenne altitude : « Notre valorisation des différentes activités de France Télécom sur la base d'hypothèses de marché prudentes [*sic*] fait ressortir

SG

Equity Research

France Télécom

Europe
France

Achat

Réseaux de télécommunication

■ **Suivi de recommandation**

3 octobre 2001

Quelle valorisation pour France Télécom ?

Cours au 02/10/01
32.1 EUR

CAC 40 02/10/01
4 045

Capitalisation boursière
36 980 MEUR
33 927 M$

Flottant
12 657 MEUR

Reuters
FTE.PA

Analystes
Thierry Cota, CFA
(33) 1 42 13 84 45
thierry.cota@ota.fr.socgen.com
Dominique de Bourgknecht
(33) 1 42 13 84 12
dominique.de-bourgknecht
@ota.fr.socgen.com
James McCafferty
(44) 20 7762 5157
Sean Johnstone, CFA
(44) 20 7522 1518
Tressan MacCarthy
(44) 20 7522 1522
Steve Trowbridge
(44) 20 7522 1532
Dwayne Taylor
(44) 20 7522 1529
Stephanie Mollin, CFA
(44) 20 7762 5288

La volatilité spectaculaire du titre France Télécom nous amène à analyser son statut sur les marchés financiers et le mode de valorisation qui nous paraît le plus approprié.

- **La volatilité de l'action reflète d'abord la grande incertitude des investisseurs concernant le statut des opérateurs historiques européens.** Nous considérons qu'à moyen et long terme, ce statut deviendra celui de « utility de croissance », à caractère de holding. A cet égard, nous pensons que France Télécom devrait se positionner parmi les opérateurs historiques les mieux valorisés.

- **Cette étude a pour thème central la valorisation de France Télécom.** En valorisation absolue, nous continuons de privilégier l'actif net réévalué et les cash flows actualisés, qui nous semblent particulièrement adaptés au profil de la société. En valorisation comparative, les multiples sectoriels d'EV/EBITDA nous paraissent également valides. A noter également que nous intégrons un scénario risqué dans notre valorisation.

- **Au niveau de cours actuel, il apparaît que la valorisation du titre intègre un scénario excessivement négatif** : valorisation des filiales cotées à leurs cours actuels et prise en compte de la plupart des risques potentiels : CVG Equant, put NTL, consolidation de MobilCom, etc. Rappelons que, sur la base de notre valorisation fondamentale de la société, le cours actuel réduit France Télécom au fixe France et à Orange, supprimant quasiment l'intégralité des autres actifs, industriels comme financiers.

- **En conclusion, la valorisation boursière du titre nous paraît très attrayante** et nous estimons que le risque de mauvaise surprise sur les résultats est très limité Nous maintenons notre recommandation Achat sur la base d'une valorisation moyenne de 50 EUR à 55 EUR.

	Bénéfice déclaré (MEUR)	BNPA (EUR)	P/E	P/E relatif	Cash flow/a (EUR)	Cours/ cash flow	Dividende net (EUR)	Rendt brut (%)
1999	2 768	2.79	11.50	0.60	7.08	4.53	1.00	4.68
2000	3 660	4.11	7.81	0.52	5.90	5.44	1.00	4.68
2001P	468	2.91 *	11.00	0.71	7.64	4.19	1.00	4.68
2002P	-1 359	1.39 *	23.10	1.68	8.36	3.84	1.00	4.68
2003P	-662	2.00 *	16.00		9.40	3.41	1.00	4.68

Tendance du BNPA 1999-2003 : -8.0%

*0.41 & -1.20 & -0.59 BNPA après amortissement survaleur

Extrêmes 12 mois (EUR)	129.4 - 27.0
Cours/actif net 2000	1.10
Payout 2000	26.1%

Performance en %	1 mois	3 mois	12 mois
Action ordinaire	-9.3	-45.7	-73.9
CAC 40	-13.7	-23.6	-36.3

3 octobre 2001 : un autre monument… exemplaire. À « **32,1** euros », huit analystes de la Société générale considèrent que « **la valorisation du titre** [*France Télécom*] **intègre un scénario excessivement négatif** ». « **Achat** » et objectif de « **50 à 55 euros** », deux mois avant l'arrêté des comptes les plus catastrophiques pour une entreprise française.

un cours de 207 euros, écrit-il. Nous pensons que les fortes synergies (...) justifient une prime de 30 % (...). En conséquence, notre objectif s'établit à **270** euros, calculé à partir d'hypothèses prudentes [*resic*]. » Voilà comment, au lieu de ressentir l'ivresse des cimes, l'actionnaire de France Télécom connaîtra deux ans plus tard le mal des profondeurs, avec un cours de France Télécom descendu jusqu'à moins de 7 euros.

• 28 juin 2001 : l'action France Télécom a déjà subi une chute vertigineuse, ne cotant plus que 52 euros. Déjà les premières lézardes se dessinent dans la société publique dirigée par Michel Bon. Mais à la Société générale, les huit analystes maison restent confiants. Le titre de leur note, « Sous la dette... la valorisation », précède une nouvelle recommandation résolument optimiste : « Le cours actuel représente une opportunité d'achat au regard de la valorisation du groupe et de son potentiel de croissance. » Avec des lunettes roses, l'analyse qui se veut fouillée valorise l'action France Télécom « entre 60 et 70 euros ». Elle prévoit même un cours compris « entre 70 et 80 euros » si, comme les huit mercenaires de la banque en sont persuadés, l'opérateur de téléphone mène à bien son « scénario réaliste de surendettement » (*sic*). Encore une fois, on sait maintenant ce qu'il adviendra de ces belles promesses de Michel Bon.

• 3 octobre 2001 : l'action France Télécom a poursuivi sa descente vers les abîmes. Elle cote désormais 32,1 euros. À la Société générale (document page ci-contre), les mêmes analystes s'entêtent, pas gênés par leur précédent pronostic foireux : « Au niveau du cours actuel, il apparaît que la valorisation du titre intègre un scénario excessivement négatif », écrivent-ils. Avec un sens aigu de la prospective, ils assurent

ODDO PINATTON
EQUITIES

France Telecom

Télécoms opérateurs historiques - France

Stock/sector: Top Pick — Sector/market: Outperform — **Strong buy (1)**

Cours : **39.0 EUR**
23 Janvier 2002

Valorisation : 68.0 EUR

CAC 40	4 451
DJ STOXX50 :	3 561
Reuter :	FTE.PA
Bloomberg :	FTE FP

Ratios Boursiers

	2000	2001e	2002e	2003e
PER	45.5	35.8	25.1	18.3
Rdt net (%)	2.6	2.6	2.6	2.6
P/CF	6.6	4.9	4.0	3.5
Cours/ANA	1.4	1.3	1.3	1.3
VE/CA	2.6	2.4	2.3	2.2
VE/ROP	17.6	19.9	16.4	14.5

Données par action

EUR	2000	2001e	2002e	2003e
BNA	0.86	1.09	1.56	2.13
Variation en %	-55.4%	27.05%	42.89%	37.16%
Div. Net	1.00	1.00	1.00	1.00
CAF	5.95	8.02	9.78	11.12
ANA	28.74	29.14	29.72	29.24

Compte de résultat

	30/12	30/12	30/12	30/12
En M EUR	2000	2001e	2002e	2003e
CA	33 674	43 149	52 262	56 493
ROP	4 940	5 277	7 318	8 726
RNpg publié	3 660	1 620	1 821	598.7
RNpg corrigé	978.0	1 220	1 796	2 480

Données financières

% et M EUR	2000	2001e	2002e	2003e
ROCE	8.4%	ns	13.6%	14.5%
ROE	2.9%	3.6%	5.2%	7.4%
EFN/CP	180.0%	154.5%	169.5%	172.6%
EFN	65 227	59 944	66 426	66 504

Performance

	1 mois	3 mois	12 mois
Perf absolue	-11.9%	-7.1%	-57.1%
Perf. Rel. Indice Pays	0.89	0.93	0.56
Perf. Rel. DJ Secteur	0.95	0.96	0.70

Informations Boursières

Capitalisation boursière (M EUR)	44 999
Nombre de titres (M)	1153.83
Etat / french state	56.4%
Flottant / free float	30.4%
Vodafone / Vodafone	4.3%
Autocontrôle / treasury shares	4.2%

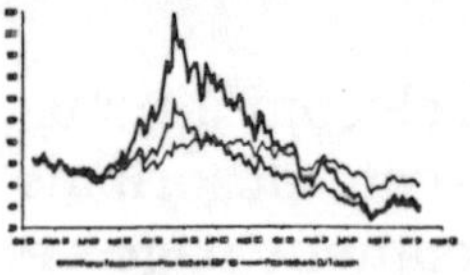

Après plusieurs entretiens avec le management du groupe, et une analyse approfondie des questions financières, nous demeurons confiants sur le titre

L'activité se porte toujours très bien

Le groupe publiera le 29 janvier un CA que nous attendons à 43.1 Md€ (+28.1%), marqué par une très bonne performance des activités fixes, malgré un nombre de lignes ADSL un peu décevant, et mobiles (CA pro forma +26%). Mais les bonnes nouvelles à venir ne seront pas seulement liées au CA :

- FT est désormais plus optimiste sur les perspectives de son activité fixe en France, où l'EBITDA et les CAPEX devraient rester stables sur la période 2001-2004, notamment grâce aux efforts de contrôle des coûts ;
- Orange publiera un EBITDA 2001 supérieur aux annonces initiales : nous escomptons 3.19 Md€ vs 3.0 Md€ annoncés en septembre 2001.

Nous estimons que les leviers opérationnels sont nombreux dans le groupe et que les prochaines années seront celles d'une belle croissance. En intégrant les évolutions de périmètre, l'EBITDA consolidé devrait progresser de +14.7% par an entre 2001 et 2005.

Les inquiétudes des investisseurs sur le niveau de la dette et des engagements hors bilan sont légitimes, mais une analyse approfondie nous amène à penser que la situation est gérable

Le marché a adopté un scénario du pire sur les problèmes de dette et d'engagements hors bilan de FT, qui sont, selon nous, à l'origine d'une grande partie de la piètre performance boursière récente. Une analyse approfondie de ces engagements nous amène à penser que :

- malgré le flou qui entoure le dossier MobilCom, le risque maximal de FT est probablement bien inférieur à ce que pense la majorité des investisseurs. Sur la base des informations disponibles, nous ne voyons pas comment FT pourrait s'en sortir rationnellement avec une ardoise supérieure à 5 Md€ ;
- les autres éléments hors bilan sont relativement circonscrits, même s'ils sont très nombreux (NTL, rachat d'autocontrôle, CVG Equant, put Kulczyk, put EON, effet des obligations convertibles/échangeables, avenir de FT ML, cessions d'actifs, paiement de dividendes en titres) ;
- dans un scénario "normal" comme "catastrophe", FT nous semble capable de régler ses problèmes de dette sans devoir recourir à des opérations extrêmes (augmentation de capital ou cession de titres Orange).

France Telecom est l'un de nos Top picks dans le secteur

La valorisation du titre est très attractive et nous estimons que le marché surjoue actuellement un newsflow négatif. Malgré la probable volatilité à venir, nous continuons de considérer FT comme l'une des valeurs les plus intéressantes dans le secteur.

J.F. Delpech, 33 (0)1.44.51.83.86, jfdelpech@oddo.fr
Frédéric Doussard, 33 (0)1.44.51.86.76, fdoussard@oddo.fr
Frank Maccary, 33 (0)1.44.51.83.80, fmaccary@oddo.fr
David Strauch, 33 (0)1.44.51.81.44, dstrauch@oddo.fr

23 janvier 2002 : chez Oddo-Pinatton, quatre analystes signent la présentation d'une nouvelle perle rare : « **Strong buy** » (Achat fort) de France Télécom. Alors que Michel Bon s'apprête à publier des pertes abyssales, pour ces financiers avisés, « **France Télécom est l'un de nos Top picks** [*sic*], **(...) l'une des valeurs les plus intéressantes...** ».

encore : « Le risque de mauvaise surprise sur les résultats est très limité. » Puis, sans sourciller, ils recommandent à nouveau l'achat du titre, avec cette fois un objectif de « 50 à 55 euros ». Pas un kopeck de moins ! Dans le théâtre de Molière, le docteur Diafoirus ne raisonne pas autrement. À quand une OPA de la Société générale sur la Comédie-Française ?

• 23 janvier 2002 : dopé par toutes ces belles promesses, le titre France Télécom s'est stabilisé autour de 39 euros. Pleins d'eux-mêmes, les quatre analystes de la société de bourse Oddo-Pinatton sont allés puiser leurs informations à la meilleure source « auprès de la haute direction de France Télécom ». C'est tout dire. L'événement les comble d'aise : « Après plusieurs entretiens avec le management du groupe et une analyse approfondie [*sic*] des questions financières, nous demeurons confiants sur le titre », assurent-ils dans l'intitulé de leur note détaillée. Chez Oddo-Pinatton, on aime le jargon anglo-saxon des « golden boys » de la Bourse, à lire avec une loupe et un dictionnaire approprié : « France Télécom est l'un de nos *Top picks* [*premiers choix*] dans le secteur. La valorisation du titre est très *attractive* [*resic*] et nous estimons que le marché surjoue actuellement un *newsflow* [*rere-sic*] négatif. Malgré la probable volatilité à venir, nous continuons de considérer France Télécom comme l'une des valeurs les plus intéressantes dans le secteur. » Aussi recommandent-ils un *strong buy* [*achat fort*] visant un cours de « 68 euros ». Plus dure sera notre gueule de bois. Les investisseurs qui suivront ce conseil (voir document ci-contre) ne pourront par la suite demander aux conseilleurs d'être les payeurs.

• Mars 2002 : l'action France Télécom est encalminée autour des 30 euros. Les mauvaises nouvelles qui

BNP PARIBAS
Equities

Mars 2002

France Télécom

Company note — Télécoms - France

En attendant les résultats...

- **Objectif de cours de 40 €. La somme des parties en intégrant Mobilcom à 100% s'élève à 44.5 €. Le titre ne possède plus de prime sur la médiane du secteur.**
- **Les résultats 2001 devraient confirmer la bonne orientation de l'opérationnel, notamment pour Orange...**
- **... mais seront impactés par des dépréciations d'actifs sur Mobilcom, NTL et Telecom de Argentina.**
- **Nous anticipons une normalisation des relations entre France Télécom et Mobilcom après la récente période de crise.**
- **Le titre intègre d'ores et déjà l'essentiel des mauvaises nouvelles et devrait profiter d'une amélioration de la visibilité à court terme.**

Auteurs
François Travaillé
francois.travaille@bnpparibas.com
+ 33 (0) 1 40 14 07 32
Matthieu Cordier
matthieu.cordier@bnpparibas.com
+ 33 (0) 1 55 77 46 04
Emmet Kelly (mobile)
emmet.kelly@bnpparibas.com
+ 44 (0) 207 595 39 63
Alex Lord (internet)
alex.lord@bnpparibas.com
+ 44 (0) 207 595 48 15
Kerstin Fischer (Mobilcom)
kerstin.fischer@bnpparibas.com
+ 33 (0) 1 40 14 12 07
Equipe
Laurent Mathieu
Neil Juggins
François Pierre Arth
Antoine de Vaublanc

Mars 2002 : deux analystes de BNP Paribas signent ce chef-d'œuvre de bêtises et de prévisions erronées : « **Objectif de cours de 40 euros** » pour France Télécom, car « **le titre... devrait profiter d'une amélioration de la visibilité à court terme** ». Nous allons bientôt découvrir que le passif de l'entreprise dépasse les 80 milliards d'euros.

s'accumulent n'entament en rien l'optimisme des deux analystes de BNP-Paribas. Sous la photo d'un chat avançant en funambule sur un fil de fer, ils donnent un « objectif de cours de 40 euros » et proclament, sans rien deviner des milliards de pertes qui vont bientôt êtres annoncés par le président Michel Bon : « Le titre intègre d'ores et déjà l'essentiel des mauvaises nouvelles et devrait profiter d'une amélioration de la visibilité à court terme. » Adeptes, eux aussi, du jargon ésotérique propre aux têtes d'œuf de la communauté financière, les deux « ostrogoths » de la banque qui se promet de devenir la première de France se fendent d'un passage qui se veut savant. Sa profondeur édifiera le lecteur amateur de belles lettres : « Pour être assuré de rester BBB+ [*sic*], il faudrait une conjonction de facteurs positifs, notamment un non-exercice du pul de Kulczyk [*resic*] sur sa participation dans TPSA [*reresic*] et surtout un report du contrôle de Mobilcom. » Comprenne qui pourra, comprenne qui lira les pages du document BNP Paribas Equities, ci-contre.

• 23 avril 2002 : dans cet océan de sottises, enfin une bouée de sauvetage. Chez KBC Securities, filiale de la troisième banque belge, Joël Raffin-Peyloz et Vincent Fravel tirent enfin le signal d'alarme : « Pourquoi la baisse n'est pas terminée... », titrent-ils à propos de France Télécom. Recommandant de vendre l'action qui cote alors 32,06 euros, ils entrevoient un cours de 20 euros et lancent ce sévère avertissement : « Le caractère extraordinairement optimiste des hypothèses de long terme nécessaires pour justifier la valorisation actuelle ne pourra plus être ignoré longtemps. » Ainsi faut-il se tourner vers le Manneken-Pis de Bruxelles pour obtenir un avis éclairé sur une société du CAC 40 en état de quasi-faillite.

• 22 mai 2002 : les deux analystes de Dexia Securities, la banque des collectivités locales, prennent le contre-pied de leurs collègues de KBC Securities. Sans peur du ridicule, les deux lascars proclament fièrement : « Et si la baisse était terminée... » Le titre France Télécom cote alors 20,5 euros. Il sera divisé par trois, quand il atteindra son « plus bas », quatre mois plus tard.

• 24 juin 2002 : au moment où Francis Mer, le nouveau ministre des Finances de Jean-Pierre Raffarin, hérite du fardeau de France Télécom et tente de rassurer les marchés, annonçant comme il se doit que l'État majoritaire fera son devoir d'actionnaire, les analystes de la banque CDC Ixis ajoutent au pataquès une note qui déclenche la panique. L'agence Reuters annonce que CDC Ixis, filiale de la Caisse des dépôts, établissement public, « a abaissé de 15 à 6 euros son objectif de cours pour France Télécom ». Conséquence : à 14 h 55, l'action chute de 13,54 % à 10,73 euros. Le massacre est consommé... et Bercy confronté à l'indépendante opinion d'analystes qui, durant la période faste de Michel Bon, n'avaient rien vu venir.

Formidables analystes financiers ! Littérature de cirque, où les clowns sont armés de calculettes magiques, annonçant aux épargnants que demain, au Loto de la Bourse, ils gagneront le jackpot.

Les kilomètres d'études que vous avez consacrées à Vivendi Universal, la société de Jean-Marie Messier, ne sont pas moins éloquents. Là encore, comme à l'accoutumée, vos esprits révérencieux vous ont conduits à ne rien voir du désastre qui se préparait. Sauf quelques rares exceptions, vous avez tous applaudi une politique d'endettement qui, comme dans le cas de France Télécom, était en train de conduire Vivendi à la faillite. Jusqu'à la fin, vous aurez, tous en chœur, soutenu celui que vous aviez fait roi : dans vos notes et études, rien n'était assez fort pour vanter les mérites du nouveau roitelet de Hollywood. En février 2000, les analystes de la Société générale — la banque historique du groupe Vivendi — se font on ne peut plus lyriques : « Internet : Vivendi prêt au décollage », lancent-ils en livrant aux investisseurs un objectif de cours de « **148** euros », alors que l'action vaut 125,5 euros. En avril, chez Oddo-Pinatton, c'est l'annonce faite à Marie : « Un géant de la communication est né. Acheter ! » Les yeux fermés. Les mêmes, le 24 août 2000, nous vantent la période des soldes, sans s'embarrasser, outre mesure, des subtilités de la langue française : « Un géant décoté. Vivendi est à la fois le moins cher, le moins cyclique et le plus croissant [*sic*] des géants des médias. Acheter, avec un objectif de cours à 9 mois de **150** euros. » Des fortiches !

En septembre 2000, la fine équipe de Meeschaert-Rousselle, la société de bourse de la banque Fortis, prend des accents hollywoodiens, sous le titre « Vivendi, Veni, Vidi... Vici : Acheter ». Dans un sabir digne des guérisseurs du marché de Sidi-Bel-Abès, ils se félicitent de la fusion Vivendi-Seagram : « La stratégie d'intégration verticale se met en place et avec elle les leviers de la fertilisation croisée [*sic*]. (...) En plein cœur de la révolution technologique entraînée par Internet, Jean-Marie Messier saisit parfaitement l'importance du contenu et la logique d'un tel développement. L'opération lancée sur Seagram et Canal+ s'inscrit dans cette stratégie. (...) Devenu multimédia, multiculturel, multiécran, multicontenu, le groupe devrait profiter d'une clarification de son identité boursière (...). Les différentes méthodes de valorisation utilisées révèlent un objectif de cours de **131** euros, soit un potentiel d'appréciation de plus de 40 % [*resic*]. En admettant que la fertilisation croisée permette [*!*] à la somme des parties de devenir supérieure au tout [*reresic*], le titre devrait alors profiter d'une prime et dépasser notre objectif de cours. (...) Le parcours est prestigieux et le track record [*rereresic*] pour les actionnaires exceptionnel. » Ben voyons !

Le 6 juin 2001, l'action Vivendi Universal a déjà fondu, comme beurre dans la poêle. Elle ne vaut plus que 74,5 euros. Mais à la société de bourse Aurel Leven, les détectives maison n'ont aucun souci. Pour eux, Vivendi Universal est l'affaire du siècle : « Nous réitérons notre recommandation à l'achat, avec un objectif de cours de 94 euros et **intégrons la valeur dans notre liste de valeurs recommandées** », ces derniers mots étant soulignés en gras, par eux. « De plus, ajoutent-ils, Vivendi Universal présente un profil sécurisant [*sic*] dans un contexte de marché incertain. » Ces bons conseils — qui n'engagent que ceux qui les écoutent — valent à Aurel Leven d'être célébré par Bloomberg, la chaîne de télévision câblée où défilent en permanence les Trissotine et Trissotin de l'analyse financière.

À la même époque, chez ODB Equities (aujourd'hui Dexia Equities), l'enthousiasme est égal : « Vivendi Universal, un intéressant mélange d'investissement défensif et spéculatif. Nous recommandons l'achat du titre avec un objectif de cours de **95** euros. » Ah, les beaux prophètes que voilà ! Dans la même veine, le 13 août 2001, l'analyste d'ING-Barings est sur la plage avec sa grosse caisse : « Vivendi Universal, un attrait universel ! » écrit-il en grosses lettres, en titre de son étude. Son objectif de cours à douze mois est de **80** euros. Chez BNP-Paribas, on n'est pas en reste. Les analystes de l'établissement ont un sérieux sens de l'humour. Après le coup du chat équilibriste pour France Télécom, voici les dés qui roulent sur le tapis vert, en guise d'illustration de l'étude consacrée à Vivendi Universal, sous un titre adapté : « Le Pari. » Il n'y manque que le : « Faites vos jeux, rien ne va plus ! » Nous sommes en octobre 2001, au moment où Jean-Marie Messier court après les milliards pour boucler ses fins de mois. Mais dans la grande banque du boulevard des Italiens — qui participe pourtant au financement du groupe —, le ton reste guilleret : « Le potentiel de baisse est limité... alors que le potentiel de hausse est de **38 %** dans notre scénario optimiste. La plupart des métiers offrent une bonne visibilité. Objectif de cours : 61,9 euros, porté à **74,2** euros si l'on relève le pari [*sic*]. Superformance [*resic*]. » Encore des visionnaires !

Le 20 décembre 2001, au moment même où Jean-Marie Messier se prépare à vendre son auto-contrôle pour éviter de tomber en cessation de paiement, les trois analystes de la société d'investissements Exane applaudissent à tout rompre le dernier coup d'éclat de celui qui se présente en Maître du Monde : « Un deal astucieux », commentent-ils à propos du rachat de USA Networks et d'Echo Star, la transaction qui va s'avérer catastrophique en raison du contrat hors norme signé avec Barry Diller, l'ancien propriétaire : elle lui garantit que Vivendi Universal, quoi qu'il arrive, lui paiera ses impôts, à hauteur de 600 millions de dollars. Mais atteints d'une myopie carabinée, les fins limiers d'Exane ont avalé, sans broncher, les bobards qu'on leur a dispensés : « Le montage est doublement habile, écrivent-ils. Opérationnellement parce qu'il associe Barry Diller, et financièrement parce que Vivendi Universal ne devrait pas payer d'impôts à court terme. » Et tant pis si, dans quelques mois, on s'apercevra qu'en matière de « montage habile » Barry Diller a été autrement plus malin que Messier. Et que dans cette bien triste fin, l'« habile » n'était pas celui que l'on croyait... sur parole.

Le 25 février 2002, les analystes de BNP-Paribas en remettent une couche épaisse pour convaincre les investisseurs d'acheter les actions Vivendi Universal dont plus personne ne veut : « Nous maintenons notre opinion Superformance sur le titre avec un objectif de cours de **63,1** euros (soit un potentiel de hausse de **49 %**). Nous estimons que, en à peine plus d'un an, le groupe est devenu un des grands acteurs médias mondiaux. Sa stratégie centrée sur le contenu est claire [*sic*]. Sa faible exposition aux cycles publicitaires constitue un élément positif dans un environnement qui reste incertain. »

Certes, comme tout le monde, les têtes pensantes de BNP-Paribas ont entendu parler des noirs nuages qui menacent d'éclater au-dessus de Vivendi Universal. Mais de cet avis de gros temps, ils n'ont que faire : « Les difficultés du placement des 55 millions de titres d'auto-contrôle annoncé le 7 janvier ont eu un effet négatif sur le cours. La baisse a été amplifiée par des rumeurs diverses en particulier sur la qualité des comptes du groupe. Ces rumeurs ne nous paraissent pas fondées [*sic*]. Nous estimons que le mouvement de baisse est exagéré et restons positifs sur le titre [*resic*]. »

Bravo monsieur Michel Pébereau, P-DG d'une banque aux premières loges qui publie, en toute connaissance de cause, de si fines analyses. Et tant pis, encore une fois, si ce sont les clients qui en feront les frais, dans leurs comptes personnels et leurs sicav.

Du côté de la banque Dexia, on n'est pas moins rassurant. Le 11 avril 2002, un mois après l'annonce de la perte record (13,6 milliards d'euros, soit 89,2 milliards de francs) au titre de l'exercice 2001, les deux analystes de l'établissement sont catégoriques : « Suite à une visite privée, nous maintenons nos recommandations positives sur le titre. (...) Nous estimons que les craintes d'un nouveau dérapage de la structure financière du groupe sont aujourd'hui largement surestimées. » Textuel ! Pour convaincre le lecteur, les deux gourous de Dexia Securities fixent un objectif de cours de **49** euros et la consigne : « **Achat fort** (++). »

Pour clore cette anthologie, j'ai gardé pour la bonne bouche la scandaleuse étude sur Vivendi Universal, publiée le 11 juin 2002 par la Deutsche Bank, dont encore une fois le lecteur savourera la qualité, au vu du fac-similé de sa couverture (page suivante). On y voit cet établissement de premier plan prêter main-forte à Jean-Marie Messier, alors que la Deutsche Bank est directement impliquée dans les manœuvres financières et la survie d'un groupe dont elle connaît les difficultés et forcément tous les secrets. N'est-ce pas la Deutsche Bank qui fut choisie, le 7 janvier 2002, pour vendre l'auto-contrôle de Vivendi, puis le 20 juin 2002, neuf jours après la publication de cette analyse, pour apporter — en urgence ! — 1,4 milliard d'euros de capitaux frais à Vivendi, en échange de la « prise en pension » de 12,6 % du capital de sa filiale Vivendi

Equity Research

Europe

France
Médias

Deutsche Bank

11 juin 2002

Vivendi Universal

Cash-flow: le fond de l'histoire

Recommandation maintenue
Achat

Cours au 10 juin
30.2 EUR

Objectif de cours
41 EUR

Ticker/code
EAUG

Ex. clos 31.12.	CA (MEUR)	EBITDA (MEUR)	EBIT (MEUR)	RN ajusté (MEUR)	BPA aj. (EUR) nouv.	BPA aj. (EUR) anc.	P/E ajusté	EV/EBITDA (médias/comm.)	DPA net (EUR)
2001	57 360	8 796	3 794	-2 331	-2.15	-2.15	-14.4x	11.0x	1.00
2002E	62 916	10 344	5 288	174	0.16	0.70	44.4x	10.6x	0.80
2003E	68 490	12 034	6 782	1 957	1.80	1.90	16.2x	8.5x	0.80
2004E	73 140	13 385	7 962	2 565	2.36	2.47	12.5x	7.3x	0.80

Source: Estimations Deutsche Bank et données société

Malgré des progrès notables ces derniers temps, Vivendi Universal aura un déficit de liquidité de 5.4 MdsEUR en 2003, à combler par des cessions d'actifs et/ou un refinancement de sa dette. La Direction semble attachée à poursuivre ses désinvestissements d'actifs non stratégiques. Cette rationalisation devrait être, dans l'ensemble, soutenue par le marché. En revanche, nous ne verrions pas d'un œil favorable de nouvelles ventes d'actifs clés du secteur des médias, comme celle de Tele+, qui vient d'être annoncée. Nous ramenons notre objectif de cours à 41 EUR par action. Nous estimons que le titre recèle de la valeur à long terme, mais nous reconnaissons que des inquiétudes persistantes sur la dette pourraient limiter le potentiel de hausse à court terme, tant que de nouveaux progrès dans la restructuration ne seront pas visibles.

- Notre analyse montre que Vivendi Universal affichera un déficit de liquidités de 5.4 MdsEUR en 2003, mais que la société satisfera au critère de ratio Dette/EBITDA des agences de notation pour 2002, après cession de Tele+. Par ailleurs, dans son document 6-K, Vivendi Universal a identifié 2.4 MdsEUR supplémentaires de passifs éventuels, - mais nous pensons que le risque de les voir arriver à échéance est faible. Le dividende devrait, selon nous, être réduit, - une suppression pure et simple nous semble même envisageable.
- Il n'y a pas de crise de valorisation chez Vivendi Universal, mais la société devra s'attaquer sérieusement à sa dette, - la Direction se concentre d'ailleurs sur cette tâche. Les cessions d'actifs apparaissent comme la solution la plus évidente : VU dispose de 8.9 MdsEUR d'actifs non stratégiques pour couvrir aussi bien ses besoins de financement en 2003 que l'ensemble de ses passifs éventuels. Faute de quoi, Vivendi Universal devrait peut-être chercher des moyens de renouveler au moins 5.4 MdsEUR de lignes de crédit à des taux potentiellement beaucoup plus élevés qu'aujourd'hui ; ce qui entraînerait des coûts additionnels importants, compte tenu du fait que la dette de VU est évaluée par le marché des défaillances de crédit à 350 points de base au-dessus de l'Euribor.
- Nous avons révisé en baisse nos estimations de cash-flow, compte tenu 1) d'investissements incorporels, 2) des passifs éventuels qui vont apparaître, 3) du coût de l'acquisition de TD, 4) de l'intégration du précompte payable avec les dividendes et 5) de dettes liées aux performances à partir de 2003-05 pour Xfera. Nous avons également revu à la baisse la contribution de USA Networks, en raison d'une activité plus faible que prévu. Nous avons réduit notre valorisation par la somme des parties de 8 EUR, à 41 EUR par action : 2 EUR en raison de l'augmentation de la dette et 6 EUR en raison de la contraction des multiples des sociétés comparables.
- Selon nous, le risque pour l'actionnaire est que Vivendi Universal soit obligé de vendre des actifs pouvant être à forte croissance comme Tele+, qui offrent du potentiel de hausse pour l'avenir, compromettant ainsi son développement futur. Nous verrions plutôt, en dernier recours, une cession du portefeuille de télécommunications, qui est non stratégique, y compris Cegetel. Vivendi Environnement doit également être cédée d'ici à 2003.

Paul Reynolds
+44 20 7547 6539
paul.reynolds1@db.com

Lyonel Françoy
+33 1 4495 6629
lyonel.francoy@db.com

Anja King (Credit research)
+44 20 7545 9260
anja.king@db.com

Deutsche Bank AG

11 juin 2002 : trois analystes de la Deutsche Bank, l'établissement qui assure le financement de Vivendi Universal — celui qui connaît le mieux son état de santé... des plus précaires — recommandent l'« **Achat** » de la valeur, avec un « **Objectif de cours de 41 euros** ». Le 3 juillet, Jean-Marie Messier est évincé et le titre s'effondre.

Environnement[1] ? Lorsque le 11 juin 2002 elle publie son étude intitulée « Cash-flow : le fond de l'histoire », la Deutsche Bank est nécessairement informée des gravissimes difficultés du groupe de Jean-Marie Messier. Celles-ci vont se traduire, dans trois semaines, par l'éviction du P-DG pour cause de faillite imminente. Que penser, dans ces conditions, d'une des plus grandes banques européennes qui persiste à recommander à ses clients à l'« achat » les actions Vivendi Universal avec un objectif de cours à **41** euros, qui ne pourra jamais être atteint ? Et pour cause !

L'attitude de la Deutsche Bank dans l'affaire Vivendi Universal n'est pas sans rappeler de fâcheux précédents. Manifestement, les mauvais exemples ont fait école. Champion du monde de la manipulation, la banque américaine Goldman Sachs s'est particulièrement illustrée, peu de semaines avant la faillite scandaleuse du géant américain de l'énergie Enron.

Le 9 octobre 2001, tandis que le cours d'Enron (à 33 dollars) est déjà en chute libre, que plusieurs de ses dirigeants quittent le navire, que les rumeurs de fraude commencent à courir, Goldman Sachs se fend d'une analyse approfondie sur la valeur, sous un titre des plus comiques : « *Enron, still the best of the best* » (« Enron, toujours le meilleur du meilleur »). Conseil de Goldman Sachs : « **Acheter Enron** », avec pour objectif de cours « **48** dollars » : « Nous pensons que les actions d'Enron vont se redresser spectaculairement dans les prochains mois », assènent sans complexe les experts de Goldman Sachs. Mieux : ils affirment qu'ayant rencontré récemment tous les

1. Cf. *supra*, p. 227.

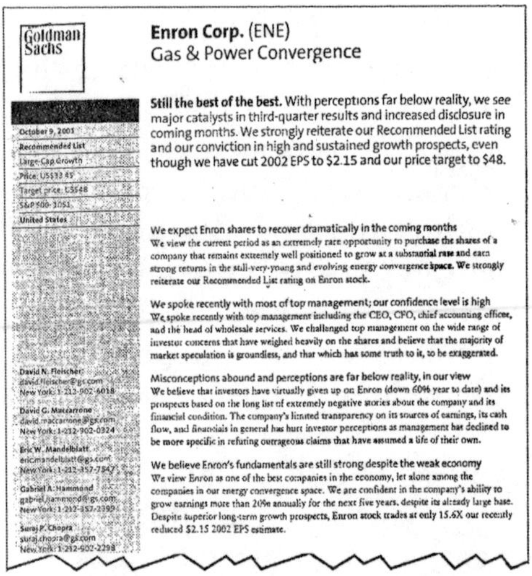

Goldman Sachs

Enron Corp. (ENE)
Gas & Power Convergence

October 9, 2001
Recommended List
Large-Cap Growth
Price: US$33.45
Target price: US$48
S&P 500: 1051
United States

Still the best of the best. With perceptions far below reality, we see major catalysts in third-quarter results and increased disclosure in coming months. We strongly reiterate our Recommended List rating and our conviction in high and sustained growth prospects, even though we have cut 2002 EPS to $2.15 and our price target to $48.

We expect Enron shares to recover dramatically in the coming months
We view the current period as an extremely rare opportunity to purchase the shares of a company that remains extremely well positioned to grow at a substantial rate and earn strong returns in the still-very-young and evolving energy convergence space. We strongly reiterate our Recommended List rating on Enron stock.

We spoke recently with most of top management; our confidence level is high
We spoke recently with top management including the CEO, CFO, chief accounting officer, and the head of wholesale services. We challenged top management on the wide range of investor concerns that have weighed heavily on the shares and believe that the majority of market speculation is groundless, and that which has some truth to it, to be exaggerated.

Misconceptions abound and perceptions are far below reality, in our view
We believe that investors have virtually given up on Enron (down 60% year to date) and its prospects based on the long list of extremely negative stories about the company and its financial condition. The company's limited transparency on its sources of earnings, its cash flow, and financials in general has hurt investor perceptions as management has declined to be more specific in refuting outrageous claims that have assumed a life of their own.

We believe Enron's fundamentals are still strong despite the weak economy
We view Enron as one of the best companies in the economy, let alone among the companies in our energy convergence space. We are confident in the company's ability to grow earnings more than 20% annually for the next five years, despite its already large base. Despite superior long-term growth prospects, Enron stock trades at only 15.6X our recently reduced $2.15 2002 EPS estimate.

David N. Fleischer
david.fleischer@gs.com
New York: 1-212-902-6018
David G. Maccarrone
david.maccarrone@gs.com
New York: 1-212-902-0324
Eric W. Mandelblatt
eric.mandelblatt@gs.com
New York: 1-212-357-7547
Gabriel A. Hammond
gabriel.hammond@gs.com
New York: 1-212-357-2399
Suraj P. Chopra
suraj.chopra@gs.com
New York: 1-212-902-2298

9 octobre 2001 : le scandale des scandales... aux États-Unis, dont en France on ne tiendra pas compte. Une semaine avant que le géant Enron publie des pertes inégalées pour le troisième trimestre 2001 et moins de deux mois avant sa mise en faillite (le 2 décembre 2001, avec plus de 60 milliards de dollars d'ardoise et des fraudes à tire-larigot), les cinq analystes de Goldman Sachs — la banque du groupe ! — sont enthousiastes : « **Our price target to $ 48** » (« Notre objectif de cours est de 48 dollars »). Le second paragraphe de leur analyse restera dans les annales comme un modèle de tromperie, né d'un patent « conflit d'intérêt » : « **Nous pensons que les actions d'Enron vont rebondir spectaculairement dans les mois qui viennent. Nous voyons la période comme une opportunité extrêmement rare d'acheter les actions d'une société qui demeure extrêmement bien positionnée pour croître à un rythme rapide et réaliser des bénéfices importants dans le secteur très jeune et très dynamique de l'énergie. Nous réitérons fortement notre Recommandation de mettre Enron dans la Liste des valeurs recommandées.** » Plus loin (au cinquième et dernier paragraphe), les analystes en service commandé de Goldman Sachs enfoncent le clou : « **Nous voyons Enron comme l'une des plus belles compagnies de l'économie, la seule parmi les sociétés du secteur de l'énergie. Nous sommes confiants dans la capacité de la société à accroître ses bénéfices de plus de 20 % pour les cinq prochaines années...** » Venant de **33** dollars, lors de la publication de cette savante « étude » de Goldman Sachs, l'action Enron va s'écrouler, pour tomber au-dessous de **1** dollar.

hauts dirigeants d'Enron, leur niveau de confiance est « haut », que les « fondamentaux » d'Enron sont « toujours forts » et que la société est victime d'« erreurs d'appréciation ». Bref, les petits actionnaires peuvent acheter Enron les yeux fermés (voir le document ci-contre). Un festival de mensonges rarement égalé ! Car Goldman Sachs est aussi la banque d'Enron. Elle a notamment participé à tous les montages opaques qui ont permis à ses dirigeants de tromper honteusement leur monde. Quelques semaines plus tard, le 2 décembre 2001, Enron se déclare en faillite, avec une ardoise de plus de 60 milliards de dollars, provoquant l'un des scandales les plus retentissants de l'histoire du capitalisme américain. Des poursuites seront engagées pour « fraudes et tromperies ». Entre-temps, le cours d'Enron s'est effondré à moins de 1 dollar... bien loin des 48 dollars visés par Goldman Sachs, qui voulait surtout préserver son client... qui le payait à cet effet. Conflit d'intérêts... caractérisé et volonté de tromper les investisseurs, des millions d'actionnaires, ce qui revient à les... voler !

Soyons équitables et gardons-nous d'être dupes. Dans le même registre que les analystes financiers, la plupart salariés de grandes banques et institutions financières qui tirent d'énormes profits des entreprises cotées en bourse — ce qui aliène évidemment leur indépendance —, il me faut aussi évoquer le rôle des trois grandes agences de notations financières — Standard and Poor's, Moody's et Fitch —, qui font la pluie et le beau temps sur toutes les places financières du monde. Toutes anglo-saxonnes, à l'exception de Fitch, la troisième agence mondiale, propriété (via sa société Fimalac et Cie) de l'homme d'affaires français Marc

Ladreit de Lacharrière, ces entreprises privées, qui ont rôle de censeurs, sont rémunérées à prix d'or pour donner des notes à tous les gros emprunteurs — États, collectivités locales, sociétés cotées en bourse, etc. — et évaluer leur réelle solvabilité. Codifiées, leurs notes font autorité. Dotée du label « AAA », une grande entreprise du CAC 40 pourra emprunter au taux le plus favorable. Si en revanche sa notation est « dégradée », jusqu'à être reléguée au rang des *junk bonds* — celui des « obligations pourries » —, le taux de ses emprunts auprès des banques est majoré de 3,4 voire 5 %, ce qui affecte d'autant sa santé financière et le montant futur de sa dette, voire de ses frais financiers (les capitaux empruntés plus les intérêts). Autant dire un véritable arrêt de mort, dans le cas d'une société exsangue, au bord du dépôt de bilan.

Nul ne saurait contester le rôle salutaire de ces gendarmes indépendants. À condition qu'ils agissent en temps voulu, et non qu'ils surgissent comme les carabiniers, lorsqu'il est trop tard pour prévenir l'accident. Que ce soit dans les dossiers Alcatel, France Télécom, Vivendi Universal et tous les autres, ces agences se sont toujours donné le beau rôle, en pointant les dérives de ces entreprises. Encore aurait-il fallu que ces Rambo de la Finance aient agi en temps voulu, sans attendre que le moribond soit allongé sur son lit de mort pour donner leur diagnostic, puis sonner le glas.

Standard and Poor's, Moody's et Fitch auscultent en permanence les entreprises obligées de faire appel à leurs services. Ces agences ont accès à leurs comptes les plus confidentiels et peuvent réclamer, si besoin, tout complément d'information. Dès lors, comment ne pas s'interroger sur leur incapacité à repérer des situations pré-comateuses, étant entendu qu'aucune ne peut survenir du jour au lendemain ? Quels sont donc ces organismes tout-puissants qui se réveillent à la dernière minute, s'étant gardés au préalable de sanctionner les dépenses outrancières de P-DG saisis par la débauche ?

Vos insuffisances scandaleuses, mesdames et messieurs les analystes financiers, de même que celles des agences internationales de notation, sont une des tares majeures du système. Elles soulèvent le problème de ces professionnels juges et parties, censés êtres indépendants, mais qui, en fait, tirent profit de ceux-là mêmes qu'ils doivent passer au crible. Ainsi naissent ce que nos juges appellent des « conflits d'intérêts ». Ils conduisent tout droit aux grandes catastrophes financières. Quelle peut-être l'indépendance réelle de l'agence de notation Fitch Ratings, présidée et détenue à 96 % par Marc Ladreit de Lacharrière, qui siège (ou a figuré jusqu'à il y a peu) aux conseils d'administration d'une multitude de sociétés cotées en bourse, parmi lesquelles certaines des vedettes de ce livre : France Télécom (de 1995 à 1998) ; Canal+ (de 1987 à 2002) ; Air France (en 1996 et 1997) ; le Crédit Lyonnais (pendant ses années noires, de 1986 à 1993) ; L'Oréal ; le groupe Flo ; Euris ; Casino-Guichard.

Bel exemple de confusion des genres chez un énarque passé par la banque de l'Indochine et de Suez, ancien numéro deux de L'Oréal, aujourd'hui membre du Conseil consultatif de la Banque de France et vice-président de la fondation Agir contre l'exclusion (FACE) de la socialiste et ancien ministre Martine Aubry. Comment est-il possible qu'avec une carte de visite aussi fournie, cet étonnant cumulard et homme d'affaires puisse présider aux destinées d'une agence de notation, tout en continuant à siéger au conseil de plusieurs des grands noms de la Bourse de Paris ? Entre les jetons de présence et la notation, il faut savoir choisir.

Aux États-Unis, les autorités judiciaires, traumatisées par les affaires Enron, WorldCom, Tyco ou Global Crossing qui ont failli mettre à bas Wall Street, n'ont pas tardé à réagir et à frapper fort, envoyant illico derrière les barreaux les dirigeants les plus fautifs. En outre, un nouveau dispositif — la loi Sarbanes-Oxley — vient d'être mis en place pour renforcer la transparence des comptabilités. Elle impose désormais à toutes les entreprises cotées sur le New York Stock Exchange ou le Nasdaq, y compris aux trente-cinq sociétés françaises qui y sont admises, de certifier « sous serment » l'exactitude de leurs comptes et rapports financiers annuels. En cas de malversations comptables ou boursières, les peines sont aggravées. Et les contrevenants risquent maintenant jusqu'à vingt ans de prison et 5 millions de dollars (et autant d'euros) d'amende. De quoi refroidir les envies d'aller conquérir Hollywood et ses starlettes... avec l'argent des autres.

Les analystes financiers marrons — ceux qui vantent les mérites d'entreprises mal en point, clientes des banques qui les emploient — sont eux encore dans le collimateur de la justice américaine. Le 20 décembre 2002, le procureur de l'État de New York, Eliot Spitzer, ne s'est pas gêné pour mettre à l'amende, pour le montant mémorable de 1,4 milliard de dollars, dix des plus prestigieuses banques d'affaires de Wall Street.

Salutaire justice qui, pour protéger l'épargne, moteur essentiel du système capitaliste, se fait un devoir de sanctionner dare-dare les coupables, là où ça fait mal : je veux parler du tiroir-caisse.

La prestigieuse banque Credit Suisse First Boston devra ainsi régler 150 millions de dollars (environ 1 milliard de francs). Les autres grands de Wall Street (Goldman Sachs, JP Morgan Chase, Bear Stearns, Morgan Stanley, Lehman Brothers, UBS Paine Webber et encore une fois l'incontournable Deutsche Bank) ont accepté, sans se plaindre et en se faisant tout petits, de s'acquitter chacun de 50 millions de dollars (soit autant d'euros ou 328 millions de francs). De leur côté, deux sociétés de courtage — Thomas Weisel Associates et US Bancorp — doivent payer 20 millions de dollars (131 millions de francs) chacune. Et ce n'est pas tout. L'intraitable procureur Spitzer a obtenu des contrevenants qu'ils subventionnent sur cinq ans, pour 450 millions de dollars (3 milliards de francs), des études financières réellement indépendantes. Et pour 85 millions de dollars (560 millions de francs) un programme de formation pour des jeunes... candidats aux métiers de la finance. Humour anglo-saxon.

Ludique justice américaine, qui sait joindre l'utile à l'agréable. Elle au moins a compris qu'au « marché aux voleurs » l'unique manière de mettre au pas les forbans est d'exiger d'eux qu'ils rendent l'argent. Histoire de les dissuader de recommencer. En France, le législateur, inconscient des enjeux et des dommages causés, se réfugie, comme toujours, derrière des mesures en trompe l'œil. Le fumeux projet de loi sur la « Sécurité financière », soumis début 2003 à l'appréciation du Parlement, est un emplâtre sur une jambe de bois. Préparé sur les conseils d'hommes qui ont grandement contribué à la déconfiture des marchés financiers, il aboutit, pour l'essentiel, à la création de deux nouveaux « bidules » destinés à remplacer les actuels Commission des opérations de Bourse (COB) et Conseil des marchés financiers (CMF). Si l'Assemblée nationale et le Sénat donnent leur feu vert, une Autorité des marchés financiers (AMF) de seize membres doit voir le jour, accompagnée d'une Commission des sanctions de douze membres, faculté lui étant donnée de saisir la justice et de se constituer partie civile. La seule vraie innovation. Désignés pour cinq ans, les membres de ces institutions, issus de la haute fonction publique, de la magistrature et du monde de la finance, ne pourront que continuer à inaugurer les chrysanthèmes, les infractions les plus criantes à la législation boursière n'étant toujours pas criminalisées. Comme aux États-Unis. Seule manière pourtant d'en finir avec le syndicat des aigrefins qui, depuis tant d'années, s'emploie à détrousser les épargnants.

Dans la filière des tricheurs qui ont fait leur pelote sur le dos des entreprises de la « nouvelle économie » et des mastodontes du CAC 40 partis s'y perdre dans de suicidaires opérations de « reliftage » et de « croissance externe », les banquiers d'affaires — ceux que la justice américaine a justement et impitoyablement sanctionnés, sans mettre de gants ni perdre de temps — ont le génie de cumuler les fonctions les plus lucratives et les moins risquées. Conseils des P-DG et concepteurs de leurs savants montages, en vue de lever en bourse les capitaux convoités, ces requins de la Finance, couleur passe-muraille, sont les seuls à avoir réalisé de gigantesques profits, d'un bout à l'autre de la chaîne, sans presque jamais y laisser de plumes.

Employeurs d'écuries entières d'analystes financiers entretenus à grands frais, qui leur sont directement rattachés, lesquels abreuvent en permanence de leurs conseils les grands décideurs — gestionnaires de fortune et presse économique, notamment —, ils utilisent aussi la complaisance de commissaires aux comptes peu regardants, mais royalement rémunérés pour approuver des bilans tarabiscotés. Enfin, avec toutes les cartes en main et fortes des défauts de vigilance d'autorités boursières incapables d'enrayer un fléau endémique, à « Qui veut gagner des millions » ces grandes institutions peuvent se flatter de gagner à tous les coups. Ainsi, à coups de substantielles commissions et de rondelettes plus-values, au jeu du qui perd gagne, elles multiplient par 10 ou 100 leurs investissements initiaux.

Les exemples foisonnent. Introduite en bourse à la fin février 2001 par la Société générale et le broker Cazenove, un des premiers de Londres, connu dans les milieux de la Finance comme celui de « Sa Majesté », la société Memscap (pour la conception, le développement et la fabrication de produits de communications sans fil et optiques) est cotée pour la première fois sur le Nouveau marché de Paris, le 5 mars 2001. Une aventure boursière typique des mauvaises mœurs du monde bancaire et de la Finance.

Normalement, le développement de cette *start up* de la haute technologie aurait dû être financé par les entreprises spécialisées dites de « capital-risque ». Mais lors de son introduction, au prix demandé aucune n'en voulait. Les bouillons pris dans une multitude d'opérations similaires les conduisaient toutes à fermer le tiroir-caisse... pour éviter de « sauter ». Qu'à cela ne tienne : la Société générale et Cazenove (qui lorgnent leurs juteuses « commissions de placements ») se retournent vers le marché, ce cher public toujours frais et dispos. Incapable de mesurer les chances de réussite de l'entreprise, il ne fera pas de vagues.

Le bilan de Memscap ? Rien de bien folichon. Ses derniers chiffres d'affaires sont restés modestes : 1,7 million d'euros en 1999 et 3,1 millions en 2000.

Le dernier jour du *book building*, aucun des institutionnels sollicités n'a répondu à l'appel. D'où le report de deux jours de l'entrée en bourse. La société et ses financiers ont cependant tout fait pour tenter de séduire. En vain.

Pris à la gorge en raison de leur incapacité à placer « le papier » de Memscap — ce qui, un an auparavant, n'aurait posé aucun problème —, la Générale et Cazenove ravalent leurs prétentions : initialement proposé dans une fourchette de 11,7 à 13,55 euros par action (pour 12,6 millions de titres à émettre), le prix de l'offre est ramené à une fourchette située entre 8 à 9,3 euros, soit un rabais inhabituel de 30 %. Un prix d'ami, en somme ! Qui aura le goût d'un bonbon au cyanure.

Finalement réalisé à 8 euros — ce qui aboutit à une valorisation folle de plus de 200 fois le chiffre d'affaires 2000 et plus de 70 fois celui de 2001 (pour des pertes qui atteindront les 10 millions d'euros) —, le placement (23,51 % du capital de la société), dont « 75 % » devait revenir initialement à des « investisseurs institutionnels français et internationaux » — ce qui avait été annoncé comme certain ! —, est souscrit par le réseau bancaire, pour le compte de ses sicav et clients privés, sous contrat de gestion. C'est-à-dire indirectement par le public qui, comme d'habitude, fait aveuglément confiance à la compétence de ses banquiers gardiens de ses bas de laine. Résultat ? Une grande et heureuse surprise : exceptionnellement, les épargnants sont « servis » à 100 % de leurs demandes. Lors de son premier jour de cotation, l'action du fabricant de composants pour télécoms s'échange 10 % au-dessous de son cours d'introduction. Inéluctable Bérézina, car « l'offre à prix ouvert » n'ayant pas été entièrement souscrite par les institutionnels apparaît immédiatement comme un signe de défiance... à ne surtout pas négliger.

La société a tout de même pu « lever » quelque 101,2 millions d'euros pour lui permettre de mener à bien son ambitieux programme de croissance. Et à ses dirigeants de s'enrichir à hauteur de leur participation dans l'affaire et des titres qu'ils cèdent aux épargnants, pour la plupart nouveaux actionnaires malgré eux.

Scandale... sur toute la ligne. Il intervient en une époque de crise et de disette, où les introductions sont reportées sine die. Aujourd'hui, à un dernier cours coté, le 31 décembre 2002, de 0,5 euro, la capitalisation boursière de Memscap — dont la santé ne s'est guère améliorée — n'est plus que de 32,5 millions d'euros, contre 520 millions d'euros lors de son introduction en 2001, soit une chute de 94 %.

Du beau travail... qui aura tout de même rapporté à la Générale et à Cazenove, le broker de la reine, de bons paquets de millions.

Depuis son petit bureau de Chartres, seule face aux compagnies de brigands qui ont investi les travées de la Bourse, la courageuse Colette Neuville[1], Jeanne d'Arc aux yeux bleus des épargnants (petits et grands), porte le glaive avec panache — et quel mérite ! — depuis plus de dix ans. Cette pasionaria qui connaît ses dossiers sur le bout des doigts va droit au but :

---

1. Colette Neuville : présidente de l'Adam, l'Association de défense des actionnaires minoritaires, 4, rue Montescot, 28004 Chartres.

« Le malheur des uns fait le bonheur des autres. À l'heure où France Télécom et Vivendi doivent déprécier leurs actifs payés beaucoup trop cher et croulent sous le poids de leurs dettes, les banques peuvent se frotter les mains : elles sont gagnantes sur tous les tableaux. Elles ont d'abord perçu des commissions très importantes lors d'acquisitions ruineuses et d'émissions d'actions ou d'obligations réalisées pour les payer. Souvent, elles tirent aussi profit du surendettement de leurs clients. D'abord parce que les intérêts de la dette peuvent être substantiellement majorés en cas de dégradation de la note par les agences de notation. Ensuite, parce que, en tant que banque d'affaires, elles sont souvent chargées de vendre des actifs sur lesquels elles ont éventuellement des garanties. »

Incorruptible Colette Neuville, qui synthétise parfaitement le statut ambigu de ces institutions financières autorisées à manger à tous les râteliers. En effet, les mêmes banques peuvent être tentées de faire passer leur intérêt — qui est d'être remboursé au mieux — avant celui des actionnaires. Et lorsque la dette de l'entreprise cotée devient difficile à régler, elles peuvent proposer de transformer leurs créances en actions, comme ce fut le cas, en 1996, dans le désastreux dossier Eurotunnel qui lésa déjà des millions d'épargnants. Précédemment, les analystes financiers de la principale banque d'Eurotunnel avaient recommandé l'achat des actions de l'entreprise franco-britannique, sans les prévenir bien sûr que ce bon conseil permettait à leur employeur de se défaire, au plus haut (au-dessus de 100 francs, soit 15 euros) — autant dire pour une fortune —, de son importante participation dans cette société archi-endettée, dont les cours fluctuent aujourd'hui autour de 0,6 euro. Ces mœurs n'ont cessé depuis de perdurer et de faire toujours plus de victimes :

« Ainsi, tempête l'ardente porte-parole des petits porteurs qui fait référence ici aux grandes affaires récentes, après avoir été le principal artisan (en tant que conseiller) ou coauteur (en tant qu'apporteur de fonds) de la ruine d'une entreprise, la banque peut l'acquérir à prix "cassé", au nez et à la barbe des actionnaires. Il faut éviter que ce genre de hold-up se renouvelle sur France Télécom. D'autant que, dans ce cas précis, les banques auraient probablement limité l'endettement si la société n'avait pas eu l'État — c'est-à-dire les contribuables — comme actionnaire majoritaire. L'équité voudrait qu'elles supportent une part substantielle des pertes auxquelles elles ont largement contribué, en finançant, sans sourciller, des acquisitions manifestement trop onéreuses. »

Autre cheval de bataille de la présidente de l'Adam : le rôle choquant de ces banquiers qui siègent au conseil d'administration des entreprises, dont ils sont les financiers et donc les créanciers. Tel fut le cas du banquier Marc Viénot, administrateur et ex-P-DG de la Société générale, qui avait son fauteuil au conseil d'administration de Vivendi, dont il présidait aussi le comité d'audit, alors que la Générale est, depuis toujours, l'une des principales banques du groupe. « Dans une telle situation, proteste Colette Neuville, les négociations entre débiteurs et créanciers prennent une dimension surréaliste. De tels exemples doivent être mis à profit pour inspirer les réformes de nature à réduire ou à supprimer les conflits d'intérêts. C'est le prix à payer pour rétablir la confiance [1] ! »

1. *La Vie financière*, 8 novembre 2002.

Comme le dit encore Gérard-Augustin Normand, en gardien intraitable des intérêts des clients de Richelieu Finance, « la responsabilité des banquiers dans la crise actuelle est incontestable, car le ralentissement économique et les retournements de tendance ne peuvent suffire pour justifier de si grands écarts entre les hypothèses retenues dans les documents de présentation des entreprises, lors de leur entrée en bourse ou de leur appel à l'épargne, et la réalité, telle qu'elle est apparue quelques mois à peine plus tard ».

On ne s'étonnera donc pas de voir les investisseurs tourner le dos à la Bourse. Ex-compartiment star du palais Brongniart, le Nouveau marché, dont l'indice a flirté avec les 7 500 points et une capitalisation dépassant les 50 milliards d'euros, se traîne, en ce début de 2003, à l'heure où j'écris ces lignes, sous les 600 points, ne pesant plus que 6 milliards d'euros.

À trop se moquer du monde, à trop tirer sur la corde, à trop se complaire dans des montages financiers abscons qui aboutissent à des pertes abyssales et étendent leurs méfaits sur l'économie réelle, à trop vouloir gagner en jouant sur tous les tableaux... par le cumul de métiers incompatibles (banques de crédit, en même temps que de conseil et de placement), à trop embobiner les épargnants, à trop les prendre pour des vaches à traire, à trop abuser de la confiance aveugle de leurs clients — riche et formidable patrimoine... qui leur conférait une puissance volcanique —, les grandes institutions financières (les banques et leurs cabinets d'analyse, fonds communs de placement, caisses de retraite, sicav en tout genre, assurances-vie investies en actions et autres valeurs mobilières, etc.) ont fini par perdre toute crédibilité aux yeux des millions de personnes si soigneusement étrillées. Qui veut tout et son contraire, qui ignore la leçon d'Abraham Lincoln, fondateur de la démocratie en Amérique — « Vous pouvez tromper tout le monde un certain temps..., vous pouvez même tromper quelques personnes tout le temps..., mais vous ne pouvez pas tromper tout le monde tout le temps... » —, se condamne à l'opprobre, au déshonneur.

Les chiffres parlent d'eux-mêmes : en décembre 2001 et de nouveau en juin 2002, l'ensemble des analystes financiers — sauf un, de JP Morgan Chase — se sont ridiculisés, en pronostiquant pour les indices phares mondiaux (CAC 40 français, Footsie anglais, Euro Stoxx 50 des grandes valeurs européennes, Dow Jones et Nasdaq aux États-Unis) une hausse générale et sensible : prévision moyenne, par exemple, de + 10 % pour le CAC 40, alors que celui-ci a chuté de **– 33,75 %**, contre :

– 24,48 % pour le Footsie,
– 37,30 % pour l'Euro Stoxx,
– 16,76 % pour le Dow Jones,
– 31,53 % pour le Nasdaq.

À l'issue de l'année 2002, le magazine économique *L'Expansion*[1], dont on connaît la compétence et le sérieux, a chiffré le montant des milliards qui se sont envolés au long de cette débâcle boursière. La perte globale de capitalisation engendrée par la crise de confiance née des faillites et scandales boursiers qui ont commencé en octobre 2000 se chiffre, pour les dix plus grandes places financières mondiales, à **– 14 500** milliards d'euros (95 113 milliards de francs !). Rien qu'à la Bourse de Paris, **900** milliards d'euros (5 904 milliards de francs !) se sont volatilisés. À peine

1. Novembre 2002, n° 669.

moins qu'à Francfort (– **1 012** milliards d'euros ou 6 638 milliards de francs !) et Londres (– **1 206** milliards d'euros ou 7 911 milliards de francs !).

Voilà comment partout dans le monde les places boursières, moteurs de l'économie et clés de la croissance qui génère richesse et emplois, sont devenues des coupe-gorge, des « marchés aux voleurs » !

12.

À vous, les gendarmes de la Bourse qui vous dorez la pilule... dans l'ancien siège du Club Med

MÉMORABLE torpillage de la Bourse. Ayant lu ces pages, atterré comme moi par le montant des dégâts, les torrents de turpitudes qui ont dévasté les marchés financiers ces dernières années et ruiné les millions d'épargnants dont les portefeuilles ont été emportés dans ce naufrage provoqué — qui dépasse de loin, en volume d'argent englouti, tous les précédents (la crise de 1929 et le krach de 1987) —, le lecteur attendra, sans aucun doute, une réponse précise aux quatre questions cruciales qui ont hanté mes jours et nuits de travail :

• Mais que fait la police ?

• Où sont passées les autorités de contrôle — la Commission des opérations de Bourse (COB), la Société des bourses françaises (SBF) et le Conseil des marchés financiers (CMF) — censées intervenir pour prévenir les dérapages ?

• Qu'attendent nos juges du pôle financier pour réprimer ces infractions répétées aux lois de la Bourse et de l'épargne ?

• Pourquoi tant d'affaires révélées s'enlisent-elles dans des procédures interminables, dont plus personne ne parle au bout de quelques mois ?

La réponse à ces interrogations achève d'alourdir le dossier : COB, SBF, CMF et magistrats, dans la quasi-totalité des cas, tous dorment du sommeil du juste. Les institutions de la République sont en panne et leurs loupés innombrables.

En matière d'épargne, c'est d'abord à la COB, créée par une ordonnance du 28 septembre 1967, qu'il échoit de veiller à la bonne marche de la Bourse, de combattre les fraudeurs, les P-DG menteurs et les fripons désireux de faire main basse sur les économies des Français. Chaque année, cette autorité, où travaillent quelque 240 personnes, nous gratifie d'un volumineux rapport où elle relate ses découvertes. Or, en quinze ans, à l'exception d'une poignée d'enquêtes significatives (Pechiney, Société générale, Eurotunnel, etc.), d'ailleurs fort mal ficelées et ayant rarement abouti à la sanction des vrais responsables des infractions constatées ! —, la COB est restée étrangement en retrait des graves dysfonctionnements ici évoqués, regardant d'un œil distrait tous les pillages dont nous avons souffert. Quand la justice est saisie et des informations ouvertes, ce sont presque toujours des seconds couteaux qui trinquent.

Justice théâtrale, justice spectacle... dont les défaillances animées par la lâcheté des uns et l'incompétence des autres — quand il ne s'agit pas d'arrangements « fraternels » ou de soumissions militantes à des ordres non écrits — ne font que nourrir la morgue des coupables, persuadés que jamais le glaive de la justice ne s'abattra sur les réseaux qui sc sont emparés des marchés financiers, y imposant — comme disait le président François Mitterrand qui connaissait le sujet, pour en être un orfèvre — le règne de « l'argent facile, de l'argent qui corrompt jusqu'à la conscience des hommes ». Il y va de l'insécurité des épargnants comme de celle de tous les Français. À force d'être agressés, volés, assassinés, jusque dans les campagnes, par des « sauvageons » laissés libres de terroriser les populations, ils ont fini par se révolter, dans les urnes, lors de l'élection présidentielle du printemps 2002 et des législatives qui ont suivi. Nettoyer la Bourse, y interdire à tout jamais que des brebis galeuses contaminent le reste du troupeau, nécessite aussi des mesures urgentes, qui se résument en une seule exigence : l'application de la loi.

Vaste programme, mesdames et messieurs de la COB et de nos palais de justice, vous qui le plus souvent occupez vos journées à chasser les diptères.

Il faudrait — seule manière de vous contraindre à remplir convenablement vos devoirs respectifs de vérification, de prévention et de justice, vous les commissaires aux comptes, vous les autorités de contrôle et vous les juges — ardeur, courage, abnégation et professionnalisme. Des qualités que l'on retrouve chez certains d'entre vous, mais hélas bien rares. Quant à vous, les dirigeants politiques feignant d'être étrangers à un fléau qui participe à l'appauvrissement des Français, il vous appartient de les mettre à l'abri de lois adéquates et enfin appliquées.

Au cinéma de la COB et de l'ensemble des structures en charge de la surveillance des marchés financiers, la comédie judiciaire — dont nous sommes chaque jour les témoins abasourdis — finit par provoquer, chez les victimes innombrables d'une Bourse des valeurs mobilières transformée en champ de mines, un légitime sentiment d'écœurement et de colère.

Petite revue de détail :

• Dans le cas de Kalisto et de son magicien Nicolas Gaume, le gendarme de la Bourse n'a pas vu l'essentiel : la combine où la société utilise une coquille vide, basée en Suisse, pour enjoliver son chiffre d'affaires et rendre ses résultats présentables ;

• Avec Liberty surf, l'autorité de contrôle accorde son visa, pour le premier marché, fleuron de la Bourse de Paris, à une société fantoche, dont les caractéristiques ne répondaient en rien aux critères de protection de l'épargne. Extraordinaire permissivité, surtout quand je découvre qu'elle a bénéficié à un P-DG au passé chargé ;

• Chez Alcatel ou France Télécom, lorsque les P-DG perdent la tête au point de jeter par la fenêtre l'argent de leurs actionnaires, affichant des rapports annuels et bilans qui ne brillent pas par leur transparence, là encore la COB ne s'avise — jamais ! — de prononcer la moindre mise en garde ou d'aller y regarder de plus près ;

• Dans le cas du dossier Vivendi Universal, il est remarquable de constater que la COB attend l'éviction de Jean-Marie Messier — une fois que tout est découvert et que les actionnaires sont lessivés à la soude — pour, timidement, lancer une enquête dont on attend toujours les résultats à l'heure où je termine cet ouvrage, le 27 janvier 2003.

Et je n'insiste pas sur la chasse aux délits d'initiés, autre mission régalienne de la COB. Dans ce domaine, son palmarès est pitoyable. À l'examen des grandes opérations financières de ces dernières années (fusion-acquisition, rachat d'entreprise, OPA, etc.), il apparaît que la plupart d'entre elles donnent lieu, les jours précédant l'annonce de l'événement, à des volumes de transactions anormaux, signe avant-coureur de l'intervention d'une équipe de malfaiteurs. Sans que ces criantes anomalies incitent les autorités de contrôle à déclencher des investigations tous azimuts. La plupart du temps, la COB n'y trouve rien à redire. Mais en a-t-elle seulement les compétences, l'envie et les moyens, elle qui passe son temps à compter les crayons, à chercher des poux là où ils n'existent pas et à agacer les acteurs de la Bourse par ses caprices technocratiques ?

Il n'est qu'à comparer la qualité de ses personnels et de ses résultats avec ceux de la SEC américaine (où s'affairent trois mille personnes) pour voir que la Bourse française vit aujourd'hui sans réelle protection. Fin observateur des milieux de la finance, le journaliste Olivier Toscer du *Nouvel Observateur* a raison de relever que, tandis que le volume des transactions explose sur les marchés financiers, le nombre des dossiers transmis par la COB à la justice demeure ridicule. Et j'ajouterai : quand ils sont transmis au parquet, ces dossiers sont presque toujours mal ficelés.

Comment s'étonner que le gendarme de la Bourse mette si peu d'enthousiasme à traquer les faisans et les fraudeurs de tout poil quand on sait qu'en son sein même ont été débusqués des délinquants de la pire espèce.

Ainsi, au printemps 2000 ont eu lieu, depuis les propres ordinateurs de la COB, toute une série de délits d'initiés, concoctés par l'un des plus hauts dirigeants de l'établissement, le chef-adjoint de son service de l'inspection, justement chargé de superviser la surveillance des marchés financiers ! Effroyable scandale qui, bien entendu, n'a pas été mis au jour par les enquêteurs de la COB dont c'est pourtant le métier, et surtout l'obligation. Car dans le douillet immeuble de béton et de verre de la place de la Bourse, ancien siège social du Club Méditerranée — tout un programme ! —, la tranquillité est celle d'un établissement thermal. Des aigrefins ont pu y spéculer, en toute impunité, sans que personne y trouve rien à redire. C'est grâce à la perspicacité des employés d'un courtier en ligne parisien, CPR-Etrade, filiale de la banque Indosuez, que fut découvert, presque par hasard, ce que nul n'aurait imaginé : la COB, l'organisme chargé de faire la police à la Bourse de Paris, était devenue un paradis pour « initiés » de haut vol.

L'affaire démarre le 19 mai 2000, quand trois auditeurs de la CPR, chargés de contrôler les ordres boursiers passés sur Internet par leurs clients, sont intrigués par le flair et les volumes de transactions inhabituels d'une de leurs clientes, Nathalie Law-Ye. Comment cette simple employée peut-elle engager de si fortes sommes sur le marché ? À chaque fois qu'elle mise sur une valeur, celle-ci, les jours suivants, se met à grimper au ciel telle une fusée, lui procurant d'imposantes plus-values. Autre étrangeté : la jeune femme effectue des virements importants à l'une de ses amies, une certaine Mme Ould-Mint, résidente en Mauritanie, en plein désert, le pays où Jean-Christophe Mitterrand, alias « Papa m'a dit », a investi ses économies helvétiques dans une pêcherie... surveillée par un âne solitaire (en photo à la une du *Figaro*) !

Bref, tout cela sent fort le délit d'initié et le blanchiment d'argent illégalement gagné.

Enquête faite, les contrôleurs de la CPR ne tardent pas à remonter jusqu'à l'ordinateur de Nathalie Law-Ye. Une vraie caverne d'Ali Baba. Ô surprise, il est installé dans le « saint des saints », les locaux mêmes de la COB, là où la jeune femme, bien sûr « présumée innocente », travaille, au service de contrôle des OPCVM (sicav et fonds de placement). Enfin alertés, les enquêteurs de la COB n'ont aucune peine à démanteler le réseau. Le cerveau — lui aussi « présumé innocent », tant que la justice n'en a pas terminé avec ce dossier — n'est pas n'importe qui : Ould Amar Yahya est le chef adjoint de l'inspection. Mauritanien d'origine, brillant ingénieur statisticien, il est en poste à la COB depuis dix ans. Le 30 mars 2000, quelques jours avant de se faire piquer, il a même été auditionné à l'Assemblée nationale, comme spécialiste de « la répression de la délinquance financière et du blanchiment des capitaux en Europe », par la Mission d'information des deux députés socialistes Vincent Peillon et Arnaud Montebourg. C'est un homme de l'art !

À la COB, sa protégée, Nathalie Law-Ye, qu'il a fait embaucher, est la sœur de François Law-Ye, autre « présumé innocent » lui aussi dans la combine. Homme d'affaires d'origine chinoise, il fut naguère le condisciple de Yahya au lycée Janson-de-Sailly, dans le XVIe arrondissement de Paris. Une autre amie de la belle équipe, Annie S. — diplomate au Quai d'Orsay, s'il vous plaît ! —, profite de ses tuyaux boursiers en or massif. En raison de sa haute fonction à la COB, Ould Amar Yahya est aux premières loges. Il connaît, avant tout le monde, les opérations financières prêtes à être lancées à la Bourse de Paris. Ainsi lui et ses complices ont-ils acheté pour environ 2 millions d'euros (13 millions de francs) 26 000 actions Hachette Filipacchi Medias (HFM), les 21, 22 et 23 mars 2000, deux jours avant que soit annoncée, le 25 mars, une OPE (offre publique d'échange) lancée par le groupe

Lagardère sur sa filiale HFM. Bilan : une juteuse plus-value, immédiate et sans risque, de l'ordre de 20 %, soit **400 000** euros (2,6 millions de francs !).

Pour la première fois depuis sa création, en 1967, ce « délit d'initié » vaut à la COB de subir, le 23 juin 2000, l'infamie d'une perquisition de la brigade financière de la police judiciaire, sur ordre du juge d'instruction Valérie Salmeron, du pôle financier de Paris. Suprême affront pour le gendarme de la Bourse, pris en flagrant délit comme un voleur de poules.

Aux États-Unis, semblable affaire aurait provoqué un cataclysme. Le directeur de la SEC (l'équivalent de notre COB) aurait à coup sûr été sommé de s'expliquer, voire de démissionner sur-le-champ. Et une réorganisation complète des services d'enquêtes immédiatement ordonnée. Rien de tel dans notre beau pays, où les requins peuvent nager en eau douce et remonter jusqu'à Paris, prenant possession des eaux de la Seine pour se gaver de milliards.

Que le « marché aux voleurs » où s'épanouissent les aigrefins de la Bourse se soit trouvé une « succursale » jusqu'à la haute direction de la COB n'a guère ému nos autorités. Certes, tout ce beau monde a été « mis en examen » par la juge Valérie Salmeron. Mais ni le président de la COB de l'époque, l'énarque et inspecteur des Finances Michel Prada, ni son directeur général Gérard Rameix n'ont été sommés de s'expliquer sur l'incurie régnant dans leur institution. Ni l'un ni l'autre n'en ont tiré les leçons. Ni l'un ni l'autre n'ont eu l'élémentaire élégance de rendre leur tablier.

À l'occasion de cet invraisemblable scandale, on apprend le bouquet : au cœur de tous les secrets financiers de l'État et des entreprises cotées en bourse, la

COB ne dispose même pas de structure de contrôle interne, d'une « police des polices ». Organisme informé en permanence des opérations financières qui, demain, feront la bonne ou la mauvaise fortune des épargnants, elle ne prend même pas la précaution d'empêcher ses personnels d'intervenir, directement ou indirectement, sur les marchés.

La série noire ne s'arrête pas là. Aujourd'hui, le nom de la COB honore plus souvent la rubrique judiciaire que les chroniques économiques. Peu après le piteux épisode Yahya, voici son service de l'inspection à nouveau au centre d'un scandale.

Le 1er février 2002, les juges Valérie Salmeron et Isabelle Prévost-Desprez mettent en examen et placent sous les verrous, pour « subornation de témoin », le « présumé innocent » et ancien policier Pierre Maurin, qui fut, il y a peu, « chef de mission » au service du marché et de l'inspection de la COB. Maurin est une de mes vieilles connaissances : à la police judiciaire, il se fit remarquer pour son zèle lors de l'enquête sur le scandale socialiste du Carrefour du Développement (en 1986), puis lors de la traque de l'ancien député-maire de Nice, Jacques Médecin, bête noire du gouvernement socialiste de l'époque et du conseiller de François Mitterrand, Michel Charasse. La justice reproche à l'ex-policier d'avoir profité de ses fonctions à la COB — entre 1992 et 1998 — pour prêter main-forte à un marchand de biens, Élie Dahan, en l'épargnant dans un dossier sur lequel il était en train de mener des investigations. L'affaire date de 1998 quand Dahan et la société Kura — dont il était, caché derrière un paravent, le réel ayant droit — se retrouvent mis en cause au sein d'un vaste trafic sur le marché obligataire. Chargé de l'enquête, Maurin avait fait la connaissance du marchand de biens en 1995, au cours d'une précédente enquête de la COB. Aussi se garda-t-il bien d'impliquer son ami, exerçant même de fortes pressions sur plusieurs protagonistes du dossier, pour que son nom n'y soit pas prononcé. Il leur demanda fermement de dédouaner Élie Dahan et de ne rien dire de ses comptes bancaires à l'étranger. À la justice, l'un d'entre eux, Marc B., assure que l'ancien policier l'a « menacé de mort », tout en lui assurant que « l'affaire serait classée ». Mieux, au cours de leurs investigations, les deux juges découvrent que Maurin et Dahan disposent de comptes bancaires dans le même établissement, à Monaco !

Après le chef de l'inspection qui se sucre à coups de délits d'initiés, voici l'enquêteur qui oriente ses enquêtes pour protéger ses amis.

Ah ! comme ils sont beaux, ah ! comme ils sont efficaces, ah ! comme ils sont honnêtes et diligents... les gendarmes de la Bourse !

On le sait : un malheur n'arrive jamais seul. Quelques semaines plus tard, le 26 avril 2002, l'enquêteur Pierre Maurin est à nouveau mis en examen par Isabelle Prévost-Desprez et Valérie Salmeron, cette fois pour « prise illégale d'intérêts ». Les deux magistrates ont trouvé qu'en 1999 — quelques mois seulement après avoir quitté la COB — l'ex-policier (qui confirme ainsi son entrée au club des « présumés innocents ») fut engagé et rémunéré par l'une des filiales du Groupe Valois de l'homme d'affaires Michel Coencas, sur lequel il avait peu avant enquêté. Or, l'article 432-12 du *Code pénal* punit de « cinq ans de prison et 76 000 euros (500 000 francs) » d'amende toute personne disposant de l'autorité publique, qui reçoit « un intérêt quelconque » d'une entreprise dont elle a eu la charge d'assurer la surveillance.

Exemplaire enquêteur, Pierre Maurin, dont on se souvient encore avec émotion à l'école de police de Gif-sur-Yvette, au sud de Paris, où il formait les futurs limiers des brigades financières !

Exemplaire COB, où, de surcroît, on entre comme dans un moulin ! Dans la nuit du samedi 7 au dimanche 8 septembre 2002, à 4 heures du matin, alors que l'affaire Vivendi Universal bat son plein, un vigile est alerté par le système de sécurité intérieur. Il surprend, muni du badge maison, un visiteur nocturne qui, sans effraction, a accédé à plusieurs bureaux. L'individu prend la fuite sans demander son reste. Mais plainte pour « vol » est déposée et une information judiciaire est ouverte. Sur photos, le veilleur de nuit croit reconnaître un ancien chargé de mission de la COB, aujourd'hui avocat dans un grand cabinet d'affaires, intéressé par le dossier... Vivendi Universal. Affaire en cours... Qui, une fois de plus, fait planer sur la Commission des opérations de Bourse un insistant parfum d'amateurisme, de laisser-faire et pour tout dire d'incompétence... à tous les étages.

Étouffée et passée sous silence — à l'exception de quelques articles de François Labrouillère dans *Paris Match* et Hervé Martin dans *Le Canard enchaîné* —, une affaire, autrement plus grave, révèle le dévoiement des mécanismes de contrôle de la Bourse de Paris. Scandale au sommet, mis sous le boisseau : découvert par les deux journalistes — et non par ceux dont c'était l'officielle mission —, il s'agit maintenant de transactions massives et totalement « fictives », opérées sur le

Matif (marché à terme d'instruments financiers). Les noms des huit plus grandes banques de la place de Paris : BNP-Paribas, Caisse des dépôts, CCF, CIC, Crédit agricole-Indosuez, Crédit Lyonnais, Natexis et Société générale sont cités. Pendant plus de deux ans, de 1998 à l'été 2000, ces étoiles de la finance française ont pu gonfler artificiellement et de manière scientifique le volume d'activité sur un Matif alors en pleine déroute. Elles tentaient de sauver, coûte que coûte, par des opérations pour le moins extravagantes, ce qui avait été le fleuron de la Bourse de Paris. Tout cela au mépris de la législation et surtout des intérêts des autres intervenants, tels les NCP (Négociateurs pour compte propre), une centaine de « golden boys » qui interviennent, à titre individuel, sur le Matif. Jusqu'au plus haut niveau de l'État (direction du Trésor, Banque de France, ministère des Finances et Premier ministre), les autorités de tutelle étaient au parfum. Toutes ont fermé les yeux et, pour l'une d'entre elles, ont encouragé ces manœuvres. Elle voulait empêcher une débâcle totale du Matif, qui aurait provoqué un renchérissement du taux de remboursement de la dette publique française, et, par voie de conséquence, un coût supplémentaire pour le budget de l'État de plusieurs centaines de millions d'euros (des milliards de francs) par an. Ainsi, pour cette inavouable « raison d'État » mais en piétinant gaiement la loi et les intérêts des investisseurs, nos huit plus grandes banques, couvertes par le gouvernement de Lionel Jospin, ont contribué à transformer le Matif en « marché aux voleurs ».

L'affaire prend corps en 1998 quand le Matif, fierté de la SBF, la Société des bourses françaises, commence à battre de l'aile, affaibli par un nouveau système informatique défaillant et dangereusement concurrencé par l'efficace place financière de Francfort. Afin de sauvegarder les apparences, faire accroire que le Matif demeure un grand marché, la SBF prend langue avec les huit grandes banques pour les inciter à s'échanger fictivement — je dis bien « fictivement » — des contrats à terme du Matif, dits « Euro Notionnel ». Procédé de voyous et fraude... caractérisée ! C'est l'époque où le très sérieux responsable des « marchés dérivés » d'une des huit banques mobilise ses troupes, via la messagerie électronique de sa salle de marché, à coups d'e-mails qui en disent long sur la « manip ». Sous mes yeux, ces innombrables messages informatiques assortis des bordereaux de transactions donnent une idée précise des méthodes autorisées dans nos plus grandes banques, avec la bénédiction des autorités de l'État.

Adressé le 19 mai 1998, à 14 h 41, par Daniel S., le responsable des marchés dérivés de cet établissement, à cinq de ses traders, un e-mail intitulé « Tenue liquidité Matif » n'y va pas par quatre chemins. Aveux complets de trucages éhontés qui, si la justice française avait rempli sa mission, auraient provoqué — vu le nombre et la qualité des intervenants — un scandale à la hauteur de l'affaire Enron aux États-Unis. Nous voici dans le film *L'Arnaque* où les super-stars ne sont pas hollywoodiennes, mais bien françaises, nourries aux mamelles de sa SBF et de nos grandes banques.

Instructions surréalistes ! Elles semblent rédigées par Michel Audiard pour *Les tontons flingueurs* (voir le fac-similé, page suivante) :

« 1. Je vous fais confiance pour gérer les risques au

From: Daniel S[redacted]@CCMAIL on 19/05/98 14:41

To: Stephane L[redacted], Jean-Philippe B[redacted]Cc: Jean D[redacted], Jean-Marie K[redacted], Olivier B[redacted]

SUBJECT: Re: Tenue liquidité MATIF

1/ je vous fais confiance pour gerer les risques au mieux.
merci de me tenir au courant des pertes éventuelles en les isolant.

2/ la hausse des volumes fictifs est une priorité par rapport au reste, et ce pendant quelques jours ou quelques semaines tout au plus.

Je prends en charge les frais, mais rajouter un courtage en interne m'ennuie.
L'évaluation sera donc qualitative et le coût doit être isolé.

______________ Séparateur Réponse ______________

Objet : Tenue liquidité MATIF
Auteur : Stephane L[redacted] à [redacted]
Date : 19/05/98 09:30

Subject:
Tenue liquidité MATIF

Daniel ,

Depuis quelques jours , en dépit d'un maximum de précautions , nos ordres sont parfois tapés par d'autres contreparties qui envoient des lots dans le système au même moment . Cela produit 2 effets :

1/ nous sommes en position malgré nous et fortement exposés aux colles .
Qu'adviendra-t-il si ces dernières se produisent ?

2/ le risque précité et la hausse des volumes lié à la tenue de liquidité nous mobilisent de manière significative , et ce au détriment des ordres émanant de la salle . Nous demandons en conséquence à être rémunérés pour la tenue de liquidité ; 2 FF / lot seraient souhaitables .

19 mai 1998, 9 h 30 du matin : Stéphane L. de « XXXX » (abréviation du nom de la banque) adresse à Daniel S. un e-mail relatif à la « **tenue** [*de la*] **liquidité** [*du*] **Matif** ». Réponse brutale de celui-ci, à 14 h 41 : « **La hausse des volumes fictifs est une priorité par rapport au reste...** » L'arnaque implique huit grandes banques et la SBF.

mieux. Merci de me tenir au courant des pertes éventuelles en les isolant.

« 2. La hausse des **volumes fictifs** est une **priorité** par rapport au reste, et ce pendant quelques jours ou quelques semaines tout au plus.

« Je prends en charge les frais, mais rajouter un courtage en interne m'ennuie. L'évaluation sera donc qualitative et le coût doit être isolé. »

Le 26 mai 1998, à 20 h 49, l'organisation de l'embrouille exige de la méthode. Le chef donne des instructions précises. Il convient d'être prudents :

« Pour demain :

« · pas d'appli[*cation*] à l'ouverture,

« · de manière générale, faire des montants brisés et de tailles plus discrètes.

« PS : en l'absence de Jean-Philippe la machine ne doit pas s'arrêter. »

Le 3 juin 1998, à 9 h 39, l'un des traders de la même banque, Stéphane L., s'inquiète des ordres donnés par sa direction. Les troupes commencent à renâcler (voir le fac-similé, page suivante) :

« Subject : tenue liquidité Matif.

« Il est de plus en plus difficile de maintenir un volume conséquent sur les échéances liquides du Matif car le risque de colle [*impossibilité de déboucler une position à terme, d'où un risque de perte*] est devenu très important. Compte tenu de l'environnement actuel (réorganisation), nous ne pouvons assumer sereinement ce risque (une colle éventuelle nous sera-t-elle reprochée par la suite ?). C'est pourquoi nous souhaiterions recevoir de ta part des directives claires et précises concernant la tenue de liquidité et les risques liés. »

Réponse immédiate du chef : allez-y, foncez ! Et s'il

From: Daniel S[redacted]@CCMAIL on 18/05/98 11:18

To: Stephane L[redacted] Cc: Philippe R[redacted], Jean-Philippe B[redacted], Jean-Marie K[redacted], Jean

SUBJECT: Re: Tenue liquidité MATIF

On continue à fond svp : forcing sur les semaines à venir.
Si tu peux faire plus, vas y.

18 mai 1998 : Daniel S. demande de renforcer les volumes fictifs.

From: Daniel S[redacted]@CCMAIL on 03/06/98 14:56

To: Stephane L[redacted] Cc: Herve M[redacted] Quoc-Giao T[redacted] Jean D[redacted], Jean-Paul O[redacted]

SUBJECT: Re: Tenue liquidité matif :

Les colles ne vous seront pas reprochées.
Je vous fais confiance pour faire le maximum de volume sans prendre de risques inconsidérés.

Merci de bien isoler le p/l éventuel lié à ces opérations.

_______________ Reply Separator _______________
Subject: Tenue liquidité matif :
Author: Stephane L[redacted] at [redacted]
Date: 6/3/98 9:39 AM

Il est de plus en plus difficile de maintenir un volume conséquent sur les échéances liquides du matif
car le risque de colle est devenu trés important.
Compte tenu de l'environnement actuel (réorganisation), nous ne pouvons assumer sereinement ce risque
(une colle éventuelle nous sera-t-elle reprochée par la suite ?).
C'est pourquoi nous souhaiterions recevoir de ta part des directives claires et précises concernant la tenue de
liquidité et les risques liés.

3 juin 1998, 9 h 39 : Stéphane L. s'inquiète du « **risque** ». Réponse à 14 h 56, du même Daniel S. : « **Je vous fais confiance pour faire le maximum de volume sans prendre de risques inconsidérés.** » Voulue et couverte par les autorités de la Bourse française, l'entourloupe continue... au son du canon.

y a de la casse, la maison l'assumera (voir le fac-similé, page suivante) :

« Les colles ne vous seront pas reprochées. Je vous fais confiance pour faire le maximum de volume sans prendre de risques inconsidérés. Merci de bien isoler le p/l [*abréviation de l'anglais « profit/loss » (profit et perte)*] éventuel lié à ces opérations. »

Les messages de ce type tombent à foison. Déjà, le 18 mai 1998, à 11 h 18, le chef Daniel S. veut du rendement, comme à l'usine (voir son mail, ci-contre) :

« On continue à fond SVP : forcing sur les semaines à venir. Si tu peux faire plus, vas-y. »

« Faire plus » ? Le manège consiste à faire tourner fictivement le Matif déserté par la clientèle, à l'aide de transactions bidons que s'échangent les huit banques vedettes de la place de Paris. Non pour gagner de l'argent, mais, pour l'heure, ranimer un mort... vivant. Cependant, malgré ces invraisemblables manipulations du marché, le Matif tarde à reprendre des couleurs. Que faire ? Toujours sous la houlette de la SBF et de sa filiale Matif SA, les conjurés décident de donner à leur duperie une dimension industrielle.

À compter du 2 décembre 1999, une salle de marché de secours — celle utilisée jadis par le Crédit Lyonnais, après l'incendie de son siège, boulevard des Italiens — est mobilisée dans des locaux discrets, à Levallois-Perret, ville de la proche banlieue ouest de Paris. Sous le nom de MIB (Matif intervention bancaire), chaque jour, six traders (opérateurs) et deux contrôleurs s'y relaient à temps complet. Leur mission ? S'échanger, toujours à coups de fausses transactions, des contrats « Euro Notionnel » pour créer artificiellement un volume d'affaires sur le Matif et faire illusion. Fournis par Paris Bourse SA (le nouveau nom de la SBF), des

« automates » (*sic*) sont installés pour faciliter ces échanges « fictifs ». Et bientôt les communiqués de victoire pleuvent... afin d'attirer les gogos :

- « Le Matif se réanime » ;
- « Le Matif reprend vie ».

Mieux encore, Paris Bourse SA se fend d'une affichette couleur, sur papier glacé, où un petit fantôme en forme de bulle — je n'invente rien ! — arbore les couleurs de ce marché réellement fantomatique. J'ai soigneusement conservé cette pièce de musée, dont le texte est un plaisir pour les yeux :

« Message à tous les traders Euro Notionnel. Il revient. Il est superliquide. L'Euro Notionnel est de retour. Il est en pleine forme. Un volume moyen de 175 000 lots en mars 2000 et une position ouverte de 158 809 lots le 31 mars. (...) La liquidité est au rendez-vous, votre confiance aussi [*sic*]. Alors rejoignez ceux qui construisent chaque jour ce succès [*resic*]. Allumez votre écran et jugez vous-même. »

« Confiance », vous avez dit confiance ? Ces chiffres faramineux, cette « activité qui dépasse toutes les espérances » du responsable trading du Crédit Lyonnais[1], ne sont que poudre aux yeux. Tout repose sur du vent. Le petit manège à huit mains de nos grandes banques va durer jusqu'au 10 juillet 2000, jusqu'à sa révélation par François Labrouillère, dans *Paris Match*. Fin août, une enquête préliminaire sera ordonnée par le parquet de Paris. Elle s'appuie sur une note confidentielle trouvée à la COB, dans le bureau du chef adjoint de l'inspection Ould Amar Yahya, lors d'une perquisi-

1. Voir le quotidien *La Tribune de l'économie* du 19 janvier 2000, sous le titre : « Relancé depuis un mois et demi, le Matif reprend vie. »

tion, quelques semaines auparavant, consécutive à son propre délit d'initié. Une grande famille ! Mais cette fois Ould Amar Yahya n'est pas en cause dans cette enquête préliminaire, dont nul n'entendra jamais plus parler. Il fallait, de toute urgence, éteindre l'incendie. Défendus par l'efficace avocate Me Bénédicte Puybasset, spécialiste du droit boursier, soixante-neuf négociateurs indépendants (pour compte propre), qui ont été lésés par la nouvelle organisation et les méthodes peu orthodoxes du Matif, seront copieusement dédommagés, de même que tous les autres, ce que me révèle un rapport d'assemblée. Et l'affaire enterrée. Encore une fois, les autorités de contrôle se sont distinguées par leur silence et une servilité à la mesure de leur prétention.

Dans ce dossier, la COB et le CMF ne peuvent jouer les Ponce Pilate et prétendre avoir tout ignoré. Dès le 29 mai 1999, un des traders indépendants du Matif, Serge L., avait personnellement alerté Jean-François Lepetit, alors président du Conseil des marchés financiers, nommé le 9 octobre 2002 président de la COB en remplacement du sublime Michel Prada !

Passée, comme le reste, aux oubliettes, cette missive envoyée en « recommandé avec accusé de réception » prouve que le président du CMF était prévenu de tout. Pour l'exemple, pour la petite histoire de la Bourse de Paris et dans l'espoir qu'à l'avenir Jean-François Lepetit, maintenant en charge du contrôle de tous les marchés français, sera plus vigilant à la tête de la COB, je reproduis ici ce courrier inédit :

« Suite à ma conversation téléphonique avec M. Riou, je vous fais parvenir une liste non exhaustive d'applications douteuses relevées sur le marché électronique du notionnel. L'an passé j'avais déjà adressé un courrier à vos services dans lequel je faisais part de mes doutes quant à l'honnêteté des applications qui s'opéraient sur le Matif. À cette époque, nous subissions un préjudice évident puisque nous étions soumis à un quota sur le volume global pour l'obtention d'une prime. Aujourd'hui, je réitère mes craintes et vous fais part de mon exaspération due au manque de transparence des nouveaux systèmes. **J'accuse des membres :**

« • **De commettre des applications sans fondement sur les marchés afin de gonfler artificiellement les volumes.**

« • **D'entrer des faux ordres sur le marché et d'en être aussitôt la contrepartie — soit directement, soit par la pratique de « tournantes » — sans que cela apparaisse comme une application.**

« • **D'être la contrepartie d'ordres clients sans que ceux-ci n'aient été produits sur les marchés.**

« J'émets les plus grands doutes quant à la diligence voire la volonté du CMF de faire cesser les exactions qui se pratiquent régulièrement sur les marchés français et qui, d'une façon ou d'une autre, lèsent les indépendants que sont les NCP [*Négociateurs pour compte propre*]. En conséquence et compte tenu des difficultés que traverse notre profession, il serait bienséant de nous exonérer des cotisations semestrielles que vous nous réclamez et qui sont à ce jour très lourdes à porter, financièrement et psychologiquement. De surcroît, je vous demande de vérifier que les ordres ne viennent pas des plus hautes instances de la SBF et de l'État lui-même. Je vous autorise à montrer cette lettre à qui veut la lire, notamment à ceux que je vise. Je ne suis pas un "puissant", et pour autant, je ne pratique pas l'anonymat. »

Moi non plus, messieurs !

Je vous ai écrit, monsieur Jean-François Lepetit, pour vous offrir loyalement la possibilité de vous expliquer dans ces pages. J'attends toujours votre réponse[1]...

De son côté, un peu plus courageux, le président de la Société générale, Daniel Bouton, me fait répondre par son « directeur des affaires contentieuses », Dominique Bouchery : « Nous avons bien reçu votre lettre en date du 15 janvier adressée à M. Bouton, lui demandant de faire connaître *"la version des faits"* de la Société générale concernant la cellule d'intervention sur le Matif, mise en place par huit établissements de crédit. Nous nous inscrivons en faux contre les qualifications que vous donnez aux faits exposés dans votre lettre et vous invitons à vous reporter au communiqué de presse

---

1. Le 23 janvier 2003, un courrier tardif du CMF signé le 21 janvier par sa nouvelle présidente, Monique Bourven, me répond... enfin : « (...) Vous avez interrogé mon prédécesseur sur les suites données par le CMF aux messages de monsieur L. selon lesquels l'adoption d'un système de négociation électronique par le Matif en mai 1998 aurait eu pour suite le développement d'opérations *"fictives"*. (...) En substance, le CMF n'a pas constaté sur le Matif que l'animation du marché eût donné lieu à des comportements contraires à ses règles. Il va de soi que s'il avait décelé des manquements aux obligations professionnelles sur le Matif, le CMF leur aurait réservé les suites prévues par la loi. » Hypocrisie ! Jean-François Lepetit se garde bien de me répondre lui-même. Il a confié cette corvée à une dame qui n'était pas au CMF au moment des faits. Cette lettre ne nous éclaire ni sur le fond du dossier ni sur les raisons de l'enquête judiciaire en cours. En outre, elle me renvoie vers une avocate tenue au secret professionnel. Une fois de plus, le CMF n'a rien vu, rien entendu. Pourtant ce n'est pas moi qui a inventé le mot « *fictif* ».

ci-joint, daté du 30 novembre 1999, annonçant la mise en place de cette cellule d'animation [*sic*]. Les autorités judiciaires étant saisies, nous ne ferons pas de commentaires sur ce sujet tant que l'enquête sera en cours. »

Formidable réponse... d'où il ressort que le patron de cette vénérable banque et ses services n'ont d'autre explication à me donner qu'un communiqué en quatre lignes, vieux de trois ans, dont voici la teneur : « Huit établissements de crédit ont pris l'initiative de mettre en place une cellule d'animation [*sic*] dont l'objectif est d'améliorer la liquidité du Matif. Ces interventions, limitées dans leur montant et leur durée, se feront au départ sur l'Euro Notionnel. Le lancement de l'opération a été fixé au 1er décembre 1999. »

Par charité chrétienne, je vous épargnerai ici, monsieur Bouton, une remarque à la hauteur de votre non-réponse. En effet, les faits dont il s'agit, pour lesquels je vous ai interrogé, ont commencé au printemps de 1998 et ont été officiellement signalés au président du Conseil des marchés financiers d'alors, Jean-François Lepetit (actuel président de la COB) le 29 mai 1999. Six mois *avant* la création de votre « cellule d'animation ». Passons. Il reste toutefois la seule chose que vous consentez à admettre : l'existence d'une « enquête judiciaire » qui vous empêcherait de « faire des commentaires sur le sujet ». Voilà bien, monsieur le président, ce qui nous différencie : en attendant le verdict des juges (jamais pressés), vous me pardonnerez d'avoir dit ici, preuves en mains, tout ce que je sais de cette pénible affaire.

Et vous, mesdames et messieurs du Trésor et de la COB, vous me pardonnerez d'avoir mis l'accent sur vos singulières et si criantes défaillances.

13.

À vous, les juges et autres gardiens endormis du temple de l'argent

Au panthéon des affaires enterrées, trône d'abord l'affaire du Crédit foncier de France, proprement pillé par la nomenklatura socialiste des années Mitterrand. Un dossier explosif, que la justice s'acharne à ne pas vouloir instruire... jusqu'au bout.

Cher à mon cœur d'investisseur volé comme dans un bois, le scandale du Foncier, valeur de père de famille par excellence, m'a conduit à intervenir dans cette affaire, non pour réaliser des profits mais signaler à l'opinion et empêcher une arnaque en bonne et due forme concoctée par vous, messieurs les cols blancs de Bercy.

En 1997, avec mon propre argent, j'ai acquis en bourse 0,5 % du capital du Foncier, au moment même où la puissance publique y organisait un ultime mauvais coup : la Caisse des dépôts et consignations venait de lancer une offre publique d'achat (OPA) sur cette institution plus que centenaire, créée en 1852. Le but de l'opération ? En premier lieu, se servir du Foncier pour renflouer les caisses de l'État vidées par une infinité de scandales financiers et quasi-faillites, du Crédit Lyonnais et autres banques ou compagnies d'assurances nationalisées. Comment ? En récupérant pour trois francs six sous le richissime patrimoine immobilier du Foncier (dans le triangle d'or de Paris et au centre historique des plus grandes villes de France), actif mirifique que ces messieurs du Trésor, à Bercy, s'étaient évidemment gardés de faire réévaluer. Lucrative, l'opération leur permettait en outre de mettre le couvercle sur la marmite... où mitonnait un nouveau scandale d'État : le Foncier venait d'être méthodiquement utilisé pour assurer le train de vie, l'enrichissement personnel des amis du pouvoir. Aussi, la décision avait été prise de le récupérer, à bas prix, en faisant croire aux actionnaires que, via la Caisse des dépôts, l'État leur faisait un cadeau... en leur rachetant, pour 70 francs (10,67 euros), un titre qui, selon le ministère des Finances, ne valait plus un kopeck.

Mensonge... sur toute la ligne.

Rien du dossier du Crédit foncier ne m'était inconnu. Sous Mitterrand, au même titre que le Crédit Lyonnais, le Crédit foncier avait été l'une des grandes victimes des démons du capitalisme à la française, de l'incroyable légèreté des énarques qui tenaient ses manettes, de l'incompétence ou de la malhonnêteté de certains de ses dirigeants — tous obligés et protégés du pouvoir —, victime aussi de spéculations immobilières incontrôlées et à très haut risque, des privilèges qui avaient été accordés, sans compter, aux nouveaux nobles de la République — hommes politiques, hauts fonctionnaires et leurs familles —, victime enfin de l'incurie des pouvoirs publics, de l'administration du Trésor, de la carence absolue des organismes de surveillance de la Bourse. Tous ensemble, ils avaient eu raison de la réputation du Foncier, ancien « îlot de sécurité » de la Bourse de Paris. Je conserve précieusement dans mes archives les « listings » informatiques des locataires des immeubles de prestige du Crédit foncier où hauts fonctionnaires, conseillers de l'Élysée et hommes politiques (de gauche comme de droite) avaient élu résidence, en plein centre de Paris, du côté du palais de l'Élysée, de l'Assemblée nationale, de l'hôtel Matignon et dans le quartier des Champs-Élysées, à des niveaux de loyers défiant toute concurrence.

Savoir que l'État régnait en maître au Crédit foncier, lui qui n'en était pas même actionnaire, lui qui cependant nommait en conseil des ministres son gouverneur et ses sous-gouverneurs — dont à l'époque, Jean-Pascal Beaufret, l'actuel directeur financier d'Alcatel[1], l'entreprise sinistrée du CAC 40 présidée par Serge Tchuruk —, m'avait incité à aller y regarder de plus près.

Il n'était qu'à se référer à une expertise indépendante, baptisée « attestation d'équité », qui venait d'être réalisée par la banque Indosuez à la demande du gouverneur du Foncier, pour voir que, en dépit de pertes considérables, les actifs de la vénérable institution financière restaient riches d'un « actif net réévalué compris entre... 305 et 332 francs par action » (46,5 et 50,61 euros).

Aussi, par cette prise de participation de 0,5 % du capital du Foncier, décidée entre la poire et le fromage lors d'un chaud déjeuner au restaurant Chez Edgar du regretté Paul Benmussa, avais-je décidé de contrer l'État, pour confondre ses grands commis. Elle me permettait, messieurs du Trésor, de vous faire un pied de nez, tout en faisant savoir à l'opinion que, après en avoir honteusement abusé, vous aviez déclaré le Crédit foncier en état de quasi-faillite, pour simplement le dépecer à loisir, boucher avec ses riches reliques les trous du budget que vous aviez dévasté

1. Cf. supra, pp. 132 et 133.

— comme tout le reste — et « faire disparaître les traces de méfaits qui intéressent maintenant la justice ». Ce que, précisément, j'écrivais au ministre des Finances de l'époque, non sans l'informer de mon projet :

« C'est, Monsieur le ministre, pour démonter les mécanismes de cette spoliation que je suis entré symboliquement dans le capital du Foncier, à la fin de novembre 1996, afin de devenir un acteur de l'affaire. Ce qui me permettra de l'exposer, telle que je l'ai vécue. »

Voilà qui est enfin chose faite.

Aujourd'hui directeur de la rédaction du *Figaro*, le journaliste Jean de Belot, alors éditorialiste du sérieux quotidien économique *Les Échos*, avait fustigé comme moi, et sans ambages, le bilan du Crédit foncier, tant il lui paraissait ressembler à un refrain par trop lancinant :

« Le Trésor, en charge du patrimoine public, ne l'a ni contrôlé ni protégé ; la Commission bancaire, en charge de la surveillance de l'établissement, n'a vu là encore que peu et tard ; la COB, en charge de la protection des actionnaires, ne les a guère alertés. Point de surprise dans ces conditions à ce que la justice s'immisce dans ces arcanes où les détours ont été si nombreux. »

Aujourd'hui, alors que la loi impose que tout dossier doit être bouclé « dans un délai raisonnable », les épargnants attendent toujours les résultats de l'instruction alors confiée au juge d'instruction Jean-Pierre Zanotto... promu depuis, comme il se doit.

Ainsi va la justice d'un pays qui se prétend la patrie des droits de l'homme, se présente comme la vitrine de la démocratie et donne des leçons à la terre entière.

Tel est le mal, bien français, dont souffrent les millions d'épargnants qui ont placé en bourse leurs économies : quand, par miracle, la Commission des opérations de Bourse se saisit d'un dossier, le traite jusqu'au bout et le transmet à la justice, ce sont nos magistrats qui, à leur tour, font de la résistance... et jouent la montre, jusqu'à l'extrême limite.

Dans le registre d'une justice aux ordres, le cas le plus flagrant, le plus honteux, le plus inadmissible, est bien celui du raid sur la Société générale voulu par le pouvoir socialiste de l'époque, immédiatement après la réélection de François Mitterrand en 1988. Non sans courage et honnêteté, Roger Fauroux, ministre de l'Industrie de Michel Rocard et ancien P-DG de Saint-Gobain, ne s'est pas privé de jeter le pavé dans la mare.

Le 13 janvier 1989, tandis que l'affaire Pechiney-Triangle sur les délits d'initiés du premier cercle de François Mitterrand vient à peine d'éclater, cet ancien directeur de l'ENA n'hésite pas à crier sa colère :

« L'affaire de la Société générale apparaît d'une tout autre gravité que l'affaire Pechiney, parce que les plus-values réalisées ont été beaucoup plus importantes et qu'un acteur public, la Caisse des dépôts et consignations, a joué un rôle clé dans cette opération. »

La Caisse des dépôts, encore elle ! Avec maintenant pour partenaire la fine fleur du capitalisme le plus revêche.

Mené de juillet à octobre 1988, le raid avorté sur la Société générale fut organisé par l'homme d'affaires Georges Pébereau, ancien patron de la Compagnie générale d'électricité (aujourd'hui Alcatel) et sa société Marceau Investissements, où l'on retrouvait le gratin des socialo-capitalistes mitterrandiens. Cette équipée sauvage mobilisa 2 milliards de francs (300 millions d'euros), dont la moitié prélevée à la Caisse des dépôts et consignations, propriété de l'État, pour être transférée dans des paradis fiscaux. Il se présente alors comme l'un des plus grands scandales politico-financiers du XXe siècle. L'implication, encore une fois, dans cette affaire d'État des amis les plus proches de François Mitterrand et de certains de ses collaborateurs à l'Élysée va conduire le pouvoir politique, avec le concours de juges, à tout faire pour étouffer le dossier. Il faudra attendre **quatorze années** — je dis bien « quatorze » — pour que le scandale soit enfin jugé, le 7 novembre 2002, devant la 11e chambre du tribunal correctionnel de Paris. A minima ! Seuls des troisièmes couteaux sont assis sur le banc des prévenus. Les principaux acteurs sont absents :

- Général en chef de l'opération, Georges Pébereau a, entre-temps, obtenu un « non-lieu », après avoir été élevé au rang de commandeur de la Légion d'honneur, sur la liste du... président de la République. Allez demander ensuite aux magistrats de le juger pour « délit d'initié », ce pour quoi le juge Zanotto l'avait « inculpé » — on ne disait pas encore « mis en examen » ;
- Ancien P-DG de L'Oréal, François Dalle, ami de jeunesse de François Mitterrand qu'il connut chez les bons pères, est lui encore épargné, de même que sa femme Geneviève, à laquelle il avait recommandé d'acheter des titres, lors d'une escale à Saint-Tropez au cours de l'été 1988. Il s'est entre-temps douillettement installé sur les rives du Léman, à Genève ;
- Autres « golden papies » impliqués dans le raid, l'ancien propriétaire de Perrier, Gustave Leven, et Jean-Louis Descours, le patron des chaussures André, jouissent d'une retraite paisible, à l'abri des foudres de la justice. Indulgence pour eux aussi, pourtant copromoteurs de l'opération.
- Et même traitement pour Christian Pellerin, le

pape déchu du quartier d'affaires de la Défense, à l'ouest de Paris.

À l'arrivée, après un défilé de juges d'instruction qui se sont endormis sur une information judiciaire que le pouvoir socialiste ne voulait surtout pas voir aboutir, seule une brochette de lointains comparses — commode alibi pour une justice totalement déconsidérée — seront convoqués à l'automne 2002 devant le tribunal correctionnel, au Palais de Justice de Paris.

Audience risible, où le président du tribunal et le représentant du ministère public doivent convenir que le dossier a été vidé de sa substance, que les charges retenues contre les boucs émissaires qui leur sont présentés — l'homme d'affaires Jean-Charles Naouri, ancien directeur de cabinet de Pierre Bérégovoy au ministère des Finances, le souffre-douleur et Libanais de service Samir Traboulsi, accompagnés du milliardaire George Soros — ont l'épaisseur du papier à cigarette. Pour sauver la face et puisqu'il faut un coupable, ce sera le plus riche, le spéculateur Soros, qui écopera de 2,2 millions d'euros (14,43 millions de francs) d'amende : le montant de la plus-value qu'il avait réalisée lors de l'opération. La belle affaire ! Naouri et Traboulsi seront purement et simplement relaxés. Et pour cause !

Pantalonnade judiciaire : l'affaire des initiés de la Société générale, qui avaient réalisé, hors frontière, des dizaines de millions d'euros (des centaines de millions de francs) de profits illicites, méritait bien davantage qu'un procès bâclé en trois jours. Pourtant, dès l'éclatement du scandale, tout avait été largement découvert. Interrogé au Sénat, par la Commission de « contrôle de l'action des organismes publics ayant trait à des opérations financières sur le capital des sociétés privatisées », le président de la puissante Compagnie du Midi, Bernard Pagezy, sous la foi du serment, n'avait pas mâché ses mots pour cerner les responsabilités : « J'ai été approché le 3 octobre 1988 par Georges Pébereau, au cours d'un rendez-vous organisé par Michel Pébereau — son frère —, président du CCF [*aujourd'hui P-DG de la BNP-Paribas*], pour participer à l'opération... J'ai mis quinze jours à me résigner. À la suite du rendez-vous avec Georges Pébereau, j'ai reçu un appel de Charles Salzmann, conseiller à l'Élysée [*du président Mitterrand*]. Il m'a dit : "*Si vous voulez pouvoir compter durablement sur l'appui du principal actionnaire de la Compagnie du Midi qu'est la Caisse des dépôts, vous devriez être attentif au fait que Robert Lion* [le président socialiste de cet établissement public] *est complètement impliqué dans le projet de M. Pébereau.*" Je pensais, dans cette affaire, acquérir un devoir de fidélité de la Caisse des dépôts (...). Ma motivation essentielle était de coller à la Caisse... »

Même son de cloche venant du promoteur immobilier Christian Pellerin, entendu par les sénateurs le 1er mars 1989. Il dirigeait à l'époque la SARI-SEERI, filiale de la Générale des eaux, devenue longtemps après Vivendi Universal : « M. Pébereau me garantissait la paix avec Robert Lion, avec qui je ne n'entretenais pas les meilleures relations... Pour moi, la clé de la Société générale était vitale. Après toutes les difficultés que j'avais connues, si M. Lion devenait, derrière M. Pébereau, l'actionnaire de référence de la Société générale, il ne me restait plus qu'à aller à la campagne... Moi, j'y suis allé [*dans l'affaire de la Générale*] à cause de la Caisse des dépôts. »

Ainsi, l'association entre la Caisse des dépôts, organisme d'État, et des partenaires privés, sous l'égide de Georges Pébereau, dans la main de l'Élysée et du pouvoir socialiste, est le fait saillant de ce scandale majeur. De ce fait, il n'intéressera pas les juges. Munis de l'onction de François Mitterrand et partenaires de base de Georges Pébereau, le trio des « golden papies » (Dalle, Descours et Leven) sera comme de bien entendu soigneusement écarté du dossier.

Circulez ! Il n'y a plus rien à voir.

Curieuse justice qui avance à la vitesse de la limace.

À l'heure où je mets un point final à ce livre, s'ouvre devant la 31e chambre du tribunal correctionnel de Paris le procès de l'affaire du Crédit Lyonnais. La comédie judiciaire continue... Elle ne fait qu'aggraver un monstrueux désastre national, lui aussi hérité des années Mitterrand, où bien plus de 100 milliards de francs ont été perdus, dilapidés. Au même titre que dans l'affaire de la Société générale, aucun politique n'est poursuivi. Et encore tant pis si rien n'a pu se faire sans l'approbation des ministres socialistes de tutelle du Lyonnais, alors nationalisé à 100 %, où leurs proches amis allaient tranquillement faire leur marché. Je veux parler, notamment, des socialo-capitalistes les mieux traités : Bernard Tapie (dont Mitterrand allait faire un ministre) ; les escrocs Robert Maxwell (faux milliardaire), Giancarlo Parretti et Florio Fiorini qui, grâce à leurs appuis occultes et aux milliards généreusement prêtés par la filiale hollandaise du Crédit Lyonnais, s'étaient octroyé, sans coup férir, Pathé-Cinéma puis à Hollywood la légendaire MGM et ses studios de cinéma. Une dizaine d'années avant que Jean-Marie Messier n'aille se perdre, à son tour, dans l'univers impitoyable de Hollywood, en y rachetant les studios Universal. Avec la MGM, l'aventure s'est terminée, en 1991, dans un krach retentissant. Ardoise sans précédent et milliards de passif échus à l'éternel bon Samaritain... le sempiternel Crédit Lyonnais.

Alors que la loi ordonne que toute information judiciaire doit être conduite dans un délai raisonnable, là encore la justice s'est mise au service minimum : plus de dix années d'instruction brouillonne, pour un dossier réduit à l'état de squelette.

Comparée aux 572 pages du très fourni livre *L'argent sale, Enquête sur un krach retentissant*[1], publié en 1993 — déjà dix ans ! — par l'actuel député-maire UMP de Laval et ancien ministre François d'Aubert — qui lui n'eut pas besoin de plus d'une année pour faire le tour du dossier du Lyonnais et débrouiller tous ses fils, jusque dans les paradis fiscaux les plus opaques —, en ce début de 2003, l'enquête judiciaire soumise aux juges fait figure de bien pâle copie. À l'issue de la première audience du tribunal, le chroniqueur judiciaire du *Figaro* donne la température des débats : « Le procès s'ébranle donc doucement, comme il sied à ce type d'affaire tentaculaire. Une chose est sûre : la séparation des pouvoirs est d'entrée de jeu réaffirmée. On ne parlera pas des responsabilités présumées de tel ou tel homme politique. Comme si les neuf prévenus de la 31e chambre, énarques ou sortis du rang, constituaient une petite forêt suffisamment fournie pour cacher l'arbre de Bercy. »

Dix ans après les faits, seule une infime partie du scandale du Crédit Lyonnais est soumise à la sanction des juges. Les neuf prévenus — parmi lesquels je retrouve l'ineffable Jean-Pascal Beaufret, aujourd'hui numéro deux d'Alcatel — sont seulement accusés de

1. Éditions Plon, 1993.

« présentation de comptes inexacts », « diffusion d'informations fausses ou trompeuses », « répartition de dividendes fictifs » ou « complicité », pour avoir retardé l'annonce de pertes colossales, en affichant un bénéfice en 1991 et un petit déficit en 1992. En revanche, le dossier ne fait qu'effleurer les dizaines de milliards qui se sont évaporés, souvent dans des opérations frauduleuses, avec ramifications à l'étranger, dans les multiples activités du Lyonnais et de ses dizaines de filiales. J'en veux pour preuve le dossier Altus finances et sa filiale américaine Executive Life où la justice — c'est un comble ! — est plus avancée et motivée aux États-Unis que celle de notre pays. Défenseur d'un commissaire aux comptes, Me Guy Danet fustige à bon droit ces lenteurs judiciaires qui arrangent tout le monde. Atteint par la maladie d'Alzheimer, son client a subi deux attaques cérébrales : « Sa mémoire ne remonte pas au-delà de deux ans. Il est encore capable de comprendre l'instruction pénale, mais on ne peut plus l'interroger sur les faits reprochés. »

Et tant pis si c'est la même justice qui nous dit, à nous journalistes et écrivains, quand nous devons faire devant elle « la preuve de la vérité » d'événements vieux de plus de dix ans que nous avons révélés : « Non, vous ne pouvez le faire, car au-delà de ce délai, en justice, devant le tribunal qui juge les infractions à la liberté de la presse et de l'édition, les faits sont dès lors prescrits et votre offre de preuves ne peut plus être acceptée. »

Deux poids, deux mesures ! Justice de carnaval... qui se ridiculise, et ne s'en rend même pas compte !

En ce début de 2003, au procès des dirigeants du Lyonnais, le festival des non-dits continue. Risible bal masqué, où l'immense et ultime scandale de la fin du

XXe siècle — lors duquel bien plus de 100 milliards de francs ont disparu — se solde par la présentation mondaine, à la barre du tribunal, d'énarques toujours arrogants et, comme de bien entendu, contents d'eux. Souriant, l'ancien directeur du Trésor, Jean-Claude Trichet, n'aspire qu'à une chose : que sa corvée judiciaire finisse surtout au plus vite. Après avoir contribué à la ruine du Crédit Lyonnais, qui aura coûté à la France de quoi se payer cinq porte-avions nucléaires, des dizaines d'hôpitaux ou des centaines d'écoles, Jean-Claude Trichet, actuel gouverneur de la Banque de France, vise un destin à la hauteur de sa carrière et de ses fulgurants états de service. Ce grand commis doit prendre la tête prochainement de la Banque centrale européenne, où son arrivée est programmée et où il pourra faire la démonstration de ses indéniables compétences et de son savoir-faire brillamment acquis lors de l'aventure du Crédit Lyonnais.

Étrange France où, quand un quidam fait une grosse bourde, il est normalement renvoyé par son employeur... sur-le-champ. Mais où, quand un P-DG ou un haut fonctionnaire de l'État dilapide des milliards, on s'empresse de le décorer et de le promouvoir. Symbole parfait de ce royal mépris : l'attitude de l'ancien président du Crédit Lyonnais, Jean-Yves Haberer, qui, à l'inverse de certains de ses collègues — Loïk Le Floch-Prigent, l'ex-patron d'Elf Aquitaine, par exemple —, a eu la chance insigne de ne pas connaître la paille humide des cachots. Pendant les dix années qu'a duré l'instruction judiciaire de l'affaire du Crédit Lyonnais, il eut tout le temps de méditer les fautes qui ont conduit à la déroute de la vieille institution dont il avait la responsabilité suprême.

Prétentieux, content de lui, technocrate et ballot jusqu'au bout, cet ex-patron de ce qui fut, avant qu'il ne la détruise, la première banque française, a le front de déclarer, haut et fort à la barre du tribunal, à la troisième personne, s'il vous plaît : « Le président du Crédit Lyonnais ne peut pas, n'a pas la formation, pour s'occuper des risques... »

Il avait en revanche celle d'aller en bourse, pour y faire coter ses bien nommés « certificats d'investissement », mentir aux épargnants, aux millions d'investisseurs et de petits porteurs, encore une fois rincés. Ainsi se termine, une bonne dizaine d'années après les faits, l'un des plus grands scandales financiers de l'histoire de l'économie française.

Voilà comment des aigrefins ont été, au fil du temps qui passe, encouragés à prospérer, avec la bénédiction de souverains pontifes.

Voilà comment, vous, mesdames et messieurs du Trésor, de la COB et autres gardiens du temple de l'argent, vous avez continué vos siestes.

Voilà comment, vous, les P-DG maîtres du monde, vous êtes appliqués à nous duper et à nous dévaliser à qui mieux mieux sur... « le marché aux voleurs ».

Val-d'Isère, le 27 janvier 2003
Jean Montaldo

jean.montaldo@albin-michel.fr

Post-scriptum : pour un exploit exceptionnel, représentatif de tous ceux exposés dans *Le marché aux voleurs*, j'accorde le grand prix du festival des « vampires-fossoyeurs de la petite épargne » au P-DG Russ Robinson du groupe Metaleurop, spécialiste de la transformation des métaux, coté au premier marché de Paris, avec cette mention spéciale du jury... à encadrer :

« Dans un message posté à Paris Saint-Lazare, le 24 décembre 2002, vous, Russ Robinson, président-directeur général du groupe Metaleurop, avez souhaité "*de bonnes fêtes de Noël et une bonne année 2003*" aux détenteurs des 23 342 641 actions de votre entreprise ; vous avez assorti ces vœux de quatre promesses : "*créer de la valeur*", "*un bilan solide en 2003*", "*un retour à la rentabilité*", "*un résultat de 1 euro par action en 2004*", alors que celle-ci finissait l'année à **1,65** euro, subissant une baisse de **– 46,42** % en 2002. Par ce message de Noël, vous incitiez les épargnants à ajouter un peu plus de titres Metaleurop dans leurs portefeuilles, globalement amaigris. Le 16 janvier 2003, pour commencer cette année de "*création de valeur*" et pour remercier vos actionnaires et salariés de leur "*confiance*", vous avez annoncé "*lâcher*" votre filiale de Noyelles-Godault dans le Nord-Pas-de-Calais, en déclarant ne pas avoir "*les 50 millions d'euros nécessaires pour assurer sa survie, et ne pas disposer des ressources financières suffisantes pour la réalisation du plan de restructuration*", annoncé pourtant trois semaines auparavant, tandis que les pouvoirs publics vous obligent à remettre en état votre site pollué au plomb. À **0,88** euro le 21 janvier 2003 et en moins de vingt jours, vous avez fait perdre au titre Metaleurop "**– 46,6** %" de sa valeur et êtes ainsi entré au *Guinness des records* des P-DG menteurs et alchimistes qui transforment l'or... en plomb. »

ANNEXE

Un rapport confidentiel et... exemplaire

Le texte intégral (et son annexe) du rapport confidentiel remis en juillet 2002 à Jean-René Fourtou, le P-DG de Vivendi Universal, par Guillaume Hannezo, bras droit et directeur financier de son prédécesseur déchu, Jean-Marie Messier. Un texte inimitable, pour qui veut s'initier au jargon de l'énarchie et des apprentis sorciers de la Finance. Ne devient pas « vice-maître du monde » qui veut.

Vivendi universal : les origines de la crise

1) 1997-2000 — Déplacement du centre de gravité du groupe, diversifications globalement positives

La Compagnie Générale des Eaux s'est transformée en groupe de communication en suivant les basculements du marché autant, au moins, que le tropisme de ses dirigeants.

Utilité centenaire appuyée sur des cashflows prévisibles, mais fortement endettée et affectée par les stigmates de ses pertes immobilières, la CGE avait, à la fin des années 90, développé des positions assez fortes et créatrices de valeur dans trois domaines se situant hors de ses métiers traditionnels :

— Les télécommunications : en créant par croissance interne le premier challenger à l'opérateur historique français, et en faisant le pari du développement du téléphone mobile, le groupe a crée ex-nihilo une société stable, générant d'important cashflows. Le rendement pour l'actionnaire est incontestable, au-delà des bouleversements des marchés (1.6 Md€ d'investissements ayant valu 15 à 20 Mds€ au top du marché et 5 à 7 Mds€ aujourd'hui). L'état d'endettement du milieu des années 90 n'ayant pas permis à la société de consentir seule les investissements nécessaires, ceux-ci ont été partagés avec 3 opérateurs de telecoms (BT, Mannesman — ultérieurement absorbé par Vodafone,

SBC), la Compagnie Générale des Eaux gardant 44 % et le contrôle managérial de Cegetel.

— L'édition, avec la prise de contrôle d'Havas : Havas était un conglomérat décoté de diverses activités françaises de publicité et de médias. Son intégration au sein de la Compagnie Générale des Eaux a principalement permis de la doter d'un management plus dynamique et de lui faire restructurer profondément son portefeuille en la spécialisant sur l'édition de livres scolaires et d'ouvrages de référence, et sur les jeux interactifs. L'opération a plutôt créé de la valeur, son coût d'acquisition se situant aujourd'hui nettement en dessous du consensus de marché, alors que la plupart des sociétés de médias ont perdu de la valeur entre 1998 et 2002.

— La télévision payante avec les opérations sur Canal + et BSkyB. Canal + était, au titre d'une très ancienne application de la convergence des contenus et des tuyaux, un très ancien partenaire de la Compagnie Générales des Eaux, notamment pour les développements du plan câble en France. La CGE en détenait 15 %. La fusion avec Havas la fit monter à 34 %. À la mi 99, la CGE/Vivendi se lança dans deux opérations complémentaires :

— La montée de 34 % à 49 % dans Canal +, en reprenant la part détenue par les sud africains anciens propriétaires de Nethold. À l'époque de cette opération, Canal vaut environ 70 € et le vendeur est payé en actions Vivendi valorisées environ 65 €.

— L'acquisition de 20 % de BSkyB, qui résulte elle-même de la fusion avec Pathé. Cette fusion servait un objectif purement défensif, qui visait à éviter que TF1 ne lance une opération hostile sur Pathé afin d'acquérir une position minoritaire bloquante dans Canal Satellite. La fusion de Vivendi avec Pathé conduit donc à un démantèlement organisé de son portefeuille, Canal + récupérant le contrôle de Canal Satellite, J. Seydoux les activités historiques de cinéma de Pathé, et Vivendi la participation dans BSkyB. Cette opération sera profitable pour Vivendi : achetés à 440 pence action, et payés en actions Vivendi à 70 E, les titres seront revendus en 2002 autour de 700 pence par titre. Elle aurait pu l'être plus encore, si Vivendi s'était convaincu plus tôt de son caractère non stratégique. L'action BSkyB est montée au-delà de 2000 pence pendant la grande spéculation de l'année 2000. À 1500 pence, le rendement cash pour Vivendi aurait été de 9 Mds€. Les diversifications de la Générale des Eaux, pour l'avoir éloignée de son métier traditionnel, ont donc été globalement créatrices de valeur. Mais, dès la fin de l'année 1999, elles aboutissent à déplacer le centre de gravité du groupe et à le transformer en un conglomérat investi, pour quatre quarts à peu près égales, dans quatre métiers fondamentalement différents :

— Les métiers historiques, qui, du fait de la politique de diversification et du déplacement des valeurs de marché, ne représentent plus que 20 à 25 % de la valeur.
— Les télecoms : participation dans Cegetel, 44 %
— Les médias : Havas
— La pay TV : 49 % de Canal + et 20 % de BSkyB.

Cette situation n'est évidemment pas tenable, car elle provoque une décote sur la somme des parties et expose le groupe à un risque d'OPA. Elle crée par ailleurs une difficulté pour le groupe à identifier des investisseurs (investisseurs médias, telecoms, utilités ? investisseur growth ou value ?) et des analystes prêts à consacrer le temps nécessaire à sa compréhension.

Chacun admet donc, à l'époque, qu'il faut choisir une ligne de métier. Personne ne propose, à l'époque, le retour aux métiers historiques et la vente ou le demerging des métiers de communication qui représentent, des 99, l'essentiel de la valeur (constatation ironique, car il est clair que cette stratégie aurait été, de loin, la plus enrichissante pour l'actionnaire). Le marché, considérant que Vivendi est une sorte de « Mannesman » français, souhaiterait nous voir consolider les télécoms en Europe (seconde constatation ironique, car c'était précisément la stratégie qui aurait été encore pire que celle finalement choisie). Nous nous y essayons, en regardant successivement Orange, E+, KPN, les licences UMTS mises aux enchères, etc... ; c'est un échec, parce que l'analyse en cash flows actualisés à laquelle nous nous prêtons pour évaluer ces dossiers aboutit toujours à une valeur de plus de 50 % inférieure au prix finalement payé, et comme notre titre n'est pas un papier purement « télécoms », nous nous sentons pas capables d'imposer à nos actionnaires la dilution qui accompagnerait une stratégie d'acquisition dans les télécoms.

2) L'année 2000 — année des choix : inflation des valeurs d'actifs, Vivendi surfe sur la vague et fusionne avec Seagram

Quand Vodafone lance son OPA sur Mannesmann, Vivendi est donc dans une situation d'impasse stratégique : ses origines sont déjà abandonnées et ne représentent plus que 20 % de la valeur ; le destin que le marché lui prête, i.e. devenir une société de télécoms européennes, est déjà inaccessible.

Pour utiliser la planche de salut qu'offre la bataille boursière initiée par Vodafone, qui remet Vivendi au centre du jeu (selon le consensus de l'époque, la fusion Vivendi/Mannesmann était la seule alternative crédible que K. Esser pouvait présenter à l'absorption par Vodafone), nous décidons de « miser sur les deux tableaux ».

Une première équipe tente, pendant plusieurs semaines, de négocier une fusion d'égaux avec Mannesmann. Elle n'y parviendra pas, se heurtant à des problèmes de valorisation (Mannesmann a un cours inflaté par la bataille boursière, alors que Vivendi n'est pas en jeu) et de pouvoir (le concept d'une fusion d'égaux est totalement étranger à la pensée de Klaus Esser).

À défaut, nous décidons donc de nous rallier à Vodafone, et de nous faire payer des deniers de Judas, un pourboire, un accord commercial qui avait été discuté parallèlement avec Vodafone pour le cas où nous n'arriverions à rien avec Mannesmann. Cet accord pourboire, conçu dès le début comme un « second best », c'est l'accord Vizzavi. À une époque où le marché commence à concevoir le rêve d'un internet mobile qui transformerait les opérateurs de téléphone en « gatekeepers » de l'ère digitale, l'idée est d'utiliser la diversité de métiers de Vivendi pour nourrir un portail qui accèderait d'emblée aux 70 millions d'utilisateurs de téléphone mobile Vodafone, aux 10 millions d'abonnées de SFR et aux 15 millions d'abonnés de Canal +.

Le marché réagit à cet accord au-delà de toute espérance, en considérant que Vivendi, qui est à 50 % dans le portail alors qu'il ne contribue qu'à 10 % des abonnés mobiles (et des abonnés TV à beaucoup plus long terme), a capté à son profit une bonne part de la valeur du portefeuille d'abonnés de Vodafone (c'est l'époque où le marché valorise l'abonné mobile non pas seulement sur la base des flux de revenus de tarification téléphonique, mais sur l'espoir du développement de l'e-commerce, de vente de contenus, de publicité, etc...). Aussi le cours monte t-il de 30 % dans les jours suivants l'annonce de l'accord, et les analystes sortent des études pour valoriser Vizzavi, qui n'est encore qu'un projet, une ébauche sur un cahier à spirale, un concept un peu orwellien, à plus de 30 Mds€, soit 15 Mds€ pour la part détenue par Vivendi et Canal +.

En surfant ainsi sur la vague internet, Vivendi fait trancher par le marché le débat de ses choix stratégiques : il est, au printemps 2000, une société du secteur des télécoms et de l'internet. Outre la participation dans Cegetel, valorisée à l'époque autour de 20 Mds€, il possède 20 Mds€ de promesses dans l'internet (Vizzavi), et un peu plus encore dans la pay TV (10 Mds€ investis dans BskyB, près de 15 dans Canal +). Face à ces valeurs de « promesses, » les métiers traditionnels, à cash flow solides, comme l'environnement (un peu moins de 10 Mds€ de valeur nette des dettes) et même Havas (idem) ne représentent qu'une part absolument minoritaire de l'actif. Le marché, à cette époque, valorise la capacité à contrôler les flux de revenus attendus d'une explosion de l'usage du réseau : opérateurs télécoms, portails, — opérateurs de pay TV.

Peu importe alors que Cegetel soit juste en train de passer en cash flow positifs, que Canal saigne de près d'un milliard d'Euros par an, que BSkyB ne soit pas contrôlé et que Vizzavi ne soit qu'un projet : ils représentent, tous ensemble, 80 % de l'actif net réévalué de Vivendi.

La société réfléchit alors à son avenir et effectue, à ma connaissance, son premier choix stratégique qui n'ait pas été purement opportuniste. Dans le sillage de l'annonce de la fusion entre AOL et Time Warner, qui construit un groupe sur la perspective de synergies entre des contenus et les canaux nouveaux qui permettent au consommateur d'y accéder, elle décide de devenir un groupe de médias et d'utiliser la valorisation généreuse de ses activités d'accès pour contrôler des contenus.

Ce choix stratégique, à l'intérieur du management comme à l'intérieur du board, fut extrêmement consensuel.

Il satisfaisait aussi bien ceux qui croyaient à la convergence — puisqu'elle venait au cœur de la stratégie — et ceux qui n'y croyaient pas ; pour ces derniers, il restait qu'utiliser un papier hypervalorisé pour acquérir des contenus (musique, films, TV) à cash flow récurrents ne pouvait que mettre un « peu de cale » dans le système et était de nature à amortir la baisse du cours si les marchés venaient à se retourner.

Si les espoirs de la convergence ont été remis à des lendemains assez lointains, ce dernier raisonnement reste exact. Si l'on considère ce que Vivendi était début 2000 — pour l'essentiel une société de pay TV, de telecoms et d'internet — on se demande ce qu'il serait devenu en restant seul : l'ensemble de la valeur internet a disparu, la pay TV a baissé d'environ 80 %, de même que les télécoms. Par comparaison, la valeur d'Universal Music, mesurée en consensus de marché, n'a baissé « que de 50 à 60 %, et VUE de 20 % a 30 % ; UMG et Universal Studios ont contribué en 01 et 02 pour près d'1 Md€ aux cash flows opérationnels du groupe, alors que tous les métiers d'internet et de pay TV ont accumulé les cash flows négatifs, et que les cash flows positifs de Cegetel ne pouvaient pas être réalloués pour financer les autres besoins du groupe.

La fusion avec Seagram a donc été, pour l'actionnaire de Vivendi, plutôt relutive en terme de valeur et de cash flows.

Il n'en fut pas de même de l'absorption de Canal. En passant de 49 % à 100 % de Canal +, le groupe faisait le choix de permettre une intégration industrielle complète au détriment du choix du timing approprié. Ces 51 % de Canal ont donc été acquis à un prix extrêmement élevé, presque en haut de la bulle, pour une valeur de l'action Canal supérieure à 200 E. À l'époque, les associations de minoritaires considéraient que Vivendi avait sous payé Canal..., en mettant près de 17 Mds€ sur la table (certes en titres) pour une société perdant, en cash comme en résultat récurrent, environ 700 ME par an, et en rachetant Canal y inclus la « valeur de promesse » des 25 % que celui-ci possédait dans Vizzavi. L'affaire se révéla d'autant plus mauvaise que de nombreux engagements hors bilan furent découverts, vis-à-vis des studios américains, des organisateurs de Formule 1, des clubs français de football... qui pèsent encore sur les cash flows opérationnels de l'entreprise.

Toujours est-il qu'au moment où il clôture sa fusion avec Seagram et Canal +, le groupe pensait sortir de son impasse stratégique ; il parait mieux armé pour résister à un retournement de marché, s'étant bardé de quelques cash flows solides ; il est devenu un leader de son secteur ; il n'hésite plus sur ce qu'il est, essentiellement un groupe de médias franco-américain rassemblant des positions fortes sur les contenus essentiels d'entertainment (musique, films, jeux, éducation), le contrôle à 100 % d'un leader européen de la TV payante, deux participations de contrôle dans des métiers dont l'un n'a rien à voir, l'environnement, et l'autre ne peut que converger à long terme — les telecoms, plus quelques participations financières à valeur élevée, comme BSkyB.

3) 2001 — L'année des erreurs

À l'issue de ce processus de mutation profonde des activités, l'année 2001 aurait dû être consacrée à marquer une pause, à intégrer les acquisitions, simplifier les structures et accumuler les disponibilités en cash en anticipation d'un retournement des marchés. Malheureusement, le groupe ne choisit pas cette voie, et commit une série d'erreurs qui, cumulées à un retournement violent des marchés, expliquent de la crise actuelle.

Notons, afin de ne plus y revenir ensuite, que la direction financière (qui n'était naturellement pas en charge de la définition de la stratégie) au cours de ces années 2000, 2001, 2002, a constamment et dans toutes les instances de management internes à la société, comme le montrent les documents saisis par les services d'inspection de la COB :

— essayé de ralentir ou d'éviter le mouvement d'acquisitions (à l'exception de la fusion et de l'acquisition d'USA Networks),
— proposé, dès 2000 et continûment, de vendre BSkyB ou Vivendi Environnement, ou de procéder à d'autre arbitrages majeurs,
— proposé de stopper ou d'inverser le mouvement d'acquisition d'actions d'autocontrôle,
— proposé, dès l'été 2001, de fermer Vizzavi.

a) La sous-estimation du problème de la dette

La Générale des Eaux a toujours communiqué, en normes françaises, sur son endettement net des placements de trésorerie (titres d'autocontrôle, titres de portefeuille, créances sur tiers) — tout en détaillant son endettement brut dans les documents financiers. Ce mode de communication est en effet le plus adapté pour un conglomérat sur lequel les recherches des analystes visent à évaluer séparément chacun des métiers, puis à retirer la dette nette des placements de trésorerie. Mais il ne rend pas compte de la pression exercée par le volume brut de la dette sur les banques et les marchés.

Au début de l'année 2001, Vivendi Universal a logé le maximum de dette soutenable, soit environ 15 Mds€ en net, dans

Vivendi Environnement. La dette acquise dans l'opération Seagram, soit environ 7Mds€ plus 1,5 dans un véhicule déconsolidé (que nous avons d'ailleurs reconsolidé dans un souci de transparence comptable et d'économie de frais financiers) est compensée par le produit attendu de la vente de l'activité boissons de Seagram (qui ne sera encaissé qu'en Décembre). Hors Vivendi Environnement et post cession des boissons, le groupe enregistre donc une dette brute d'environ 12 Mds€, et une dette nette, dans sa présentation traditionnelle en normes françaises, de l'ordre de 3 à 4 Mds€. La différence vient essentiellement des titres d'autocontrôle détenus pour couvrir les stock options, des créances sur des tiers, de l'héritage des schémas immobiliers déconsolidés et des actions détenues en contrepartie d'obligations convertibles.

Par ailleurs, le « groupe central » correspondant au core business détient une participation dans Vivendi Environnement dont la valeur varie entre 8 et 10 Mds€, et une participation dans BSkyB du même ordre de grandeur.

Si, à ce stade, le groupe s'était résolu à vendre avant d'acheter, il avait donc, de très loin, la possibilité d'effacer sa dette et de dégager des ressources significatives pour la croissance externe d'un groupe centré sur les médias et les télécommunications. Malheureusement, il s'est orienté vers le choix inverse, se satisfaisant de la richesse « potentielle » que donnait la présence au bilan d'actifs liquides pour un montant très supérieur au niveau de la dette. Dans une phase de retournement de marché, ce choix était nécessairement destructeur de valeur.

b) La persistance des investissements à perte dans l'internet

Vivendi Universal a été plus lent que d'autres groupes médias (Disney, Viacom, et même News Corp ou AOL) à ralentir puis stopper ses investissements dans Internet, au moment où il devenait clair d'une part que les nouvelles technologies (cable broadband, ADSL, UMTS) seraient plus longues que prévu à se développer et où les sociétés présentes dans l'Internet ne trouvaient pas de modèle d'équilibre économique. Entre l'investissement dans Vizzavi pour près de 500 ME, qui paradoxalement revenait à subventionner le développement de l'usage des données dans le réseau de Vodafone, l'investissement dans Scoot, les activités de capital risque (Viventures, @viso), l'investissement dans i France, l'acquisition de MP3, le développement de filiales propres (musique, régies), c'est près de 2Mds€ que le groupe a investi, en pure perte, dans ces activités en 2000 et 2001.

Ces investissements dans des sociétés sans modèle économique apparaissent aujourd'hui comme « naïfs », et on se demande comment ils ont pu ne pas être évités sur la base du simple bon sens. Mais à l'époque, la mise en doute d'un investissement Internet était vite portée au débit de l'obscurantisme de son auteur ; chez Vivendi, cette dérive « sectaire » était accentuée par la crédibilité du management des opérations Internet, qui était constitué essentiellement des principaux dirigeants de Cegetel réorientant leurs activités, et bénéficiait ainsi du crédit de la valeur qui avait été créée dans les télécoms.

c) La persistance de la croissance externe en dehors des métiers centraux

Pour ses investissements les plus lourds en 2001, le groupe a créé la confusion dans le marché, et alourdi sa dette en consacrant l'essentiel de ses capacités disponibles à des acquisitions qui, si elles avaient chacune leurs mérites propres, se situaient clairement aux marges de ce que le marché percevait comme étant le cœur de l'activité du nouveau groupe. Cette tendance renouait fâcheusement avec le « développement par capillarité » qui avait marqué la Générale des Eaux, et se traduisait par l'incapacité du management central à résister aux propositions de croissance externe des branches opérationnelles, et ceci d'autant plus qu'elles se trouvaient « à la marge » du nouveau périmètre central et faisaient en permanence « tester » l'attachement du groupe à leurs métiers. À ce chapitre, on peut citer :

— l'acquisition de 35 % de Maroc Telecoms, au début 2001, pour 2,5 Mds€, sans accès au cash et sans synergie avec les activités principales du groupe (sauf, à la marge, un transfert d'expérience de Cegetel) ;
— l'acquisition d'Houghton Mifflin pour 2,5 Mds€, qui permettait au moins de compléter les positions du groupe dans l'éducation, mais qui pesait sur le bilan ; il devait être financé par la vente des activités de presse professionnelle d'Havas, mais celle-ci ne fut finalisée que beaucoup plus tard, pour 1 Md€ seulement, dans les conditions où la pression de trésorerie qui pesait sur le groupe l'a finalement obligé à accepter de vendre ces actifs pour un prix dégageant une rentabilité « cash on cash » en bas de cycle supérieure à 12 % pour l'acheteur ;
— l'investissement dans Echostar : acquisition, pour 1,7 Md€, de 10 % d'Echostar, pour fonder un accord de partenariat qui devait permettre d'installer la technologie de Canal + aux USA et d'y développer de nouvelles chaînes.

Certaines autres acquisitions de ce type ont pu être évitées (Europ@web, Yahoo, Club Med, réplique du modèle Echostar avec ATT broadband et Comcast, Belgacom, etc...). Elles n'en ont pas moins pesé sur l'endettement du groupe tout en accroissant son caractère de conglomérat (intérêts minoritaires, non accès au cash, etc...) et en réduisant la crédibilité du management.

d) Le rachat par la société de ses propres actions

Au temps où elle était une utilité et n'avait pas besoin de capitaux aussi considérables, la société avait fait le choix de consentir des stock options « non dilutives », c'est-à-dire livrables non pas en titres nouvellement créés, mais en titres que la société devait acheter pour se couvrir. Ceci la rendait structurellement acheteuse de ses titres, pour des montants représentant 1 à 1,5 % du capital chaque année.

La société étant en permanence acheteuse et les cours baissant continûment, ceux qui pensaient que cette baisse ne serait que provisoire pouvaient considérer légitime de prendre un peu d'avance par rapport aux besoins, en intervenant pour réguler les cours autant que pour constituer la réserve d'autocontrôle nécessaire à la couverture des options.

Cette tendance s'était déjà manifestée avant la fusion, à l'occasion de laquelle 13 millions d'actions d'autocontrôle, représentant l'excès de titres détenus par rapport aux besoins de couverture des actions, ont été annulés. La société portait par ailleurs à fin 2000 (ceci était indiqué dans les états financiers) des engagements de rachat sur environ 30 millions d'actions (puts) à un cours de l'ordre de 20 à 30 % inférieur au cours de la fusion. Elle s'est accélérée avec le mouvement de baisse des cours enregistré en 2001. Entre la fusion et les premiers mois de 2002, la société a acheté pour un total de 6.4 Mds€ d'actions, soit 104 millions d'actions, dont 17 millions pour 1.3 Mds€ auprès de la famille Bronfman et le reste sur le marché. Sur ces 104 millions, elle a :

— utilisé environ 40 millions d'actions pour réaliser des acquisitions (aux écarts de cours près, tout se passe donc comme si les acquisitions avaient été payés en cash), principalement les titres USA Networks achetés à Liberty Media et MP3,
— vendu environ 11 millions d'actions dans le courant de l'année 2001 et 55 millions dans le placement de janvier 2002 auprès de Deutsche Bank et Goldman Sachs,
— annulé (bien sûr avec l'accord de son conseil) 23 millions de titres.

Les puts ont par ailleurs été « roulés » et réduits en fin d'année 2001 à environ 20 millions à un prix d'exercice d'environ 70 €.

Ces opérations ont naturellement été disclosées, notamment à travers le compte rendu mensuel des opérations à la

COB et les états financiers. Dès le printemps 2001, certaines études d'analystes critiquent d'ailleurs la tendance excessive du management à racheter ses propres actions, et ce mouvement, qui avait été au départ perçu comme un signe de confiance, se retourne contre la crédibilité de la société quand celle-ci est prise à revers par l'évolution des marchés.

Quel a été le poids sur la trésorerie, une fois le placement de janvier effectué ? Il s'analyse différemment par rapport à la situation dans laquelle on se place :

a) par rapport à un scénario où on considère que la société devait détenir des couvertures sur toutes ses options et régler ses acquisitions en cash, la trésorerie a été tendue :
— en 2000, des actions annulées, soit 13 millions d'actions, soit un peu plus de 1 Md€,
— en 2001, les actions annulées, environ 1,9 Md€, et le coût fiscal des puts, environ 900 m€
b) par rapport à une situation où l'acquisition d'USA Networks aurait pu être réglée en titres nouvellement créés, le poids supplémentaire représente environ 37 millions d'actions, soit 2 Mds€,
c) et, pour mémoire, si la société avait dès l'origine fait le choix de stock options de souscription et n'avait pas acheté ses titres, elle n'aurait pas eu à acheter 11 Mds€ d'actions et à vendre 4, ce qui aurait amélioré sa trésorerie de 7 Mds€. Mais ce raisonnement suppose des choix constamment différents de ceux retenus par le Conseil, dès 1997 (stock options de souscription, acquisition d'USA.i en actions nouvelles, etc...).

Le coût de cette erreur de jugement s'analyse donc en termes de trésorerie, mais aussi de crédibilité du marché.

4) 2002 — L'année des engrenages

a) L'acquisition d'USA Networks

À la fin de l'année 2001, la société se retrouve donc dans une situation où son bilan est extrêmement tendu par les acquisitions successives (Maroc Télécoms, Houghton Mifflin, investissements internet, Echostar, titres d'autocontrole) alors que les cessions tardent : la cession des boissons de Seagram ne se concrétise qu'a Noël 2001, celles de la presse professionnelle de VUP et d'Elektrim sont enlisées...

C'est justement à ce moment la que s'offre la possibilité de régler la situation de la participation d'USA Networks. Seagram détenait en effet 43 % de cette société, qui détenait d'une part des actifs d'entertainement (chaînes de cable américaines et un petit studio cinéma et TV) et d'autre part des actifs Internet, à peu prés les seuls à dégager des cashflows dans cette activité aux États Unis.

Cette participation n'emporte aucun contrôle ; le dirigeant de la société, Barry Diller, contrôle en effet la gestion courante et la nomination des mandataires sociaux et du Conseil, et Seagram/Vivendi Universal n'a que le droit de s'opposer aux acquisitions entraînant une trop forte dilution du capital. Pour Seagram/VU, c'est donc une participation d'une valeur de 6 Mds€ totalement inactive ; les synergies, assez évidentes, entre la production TV et la programmation des chaînes cable de USA Networks d'une part, la production et les catalogues de film d'Universal Studios d'autre part, n'ont donc aucune chance de se réaliser, et les deux sociétés développent des activités concurrentes dans le domaine où l'autre est fort (Universal faits des pertes pour développer sa production TV, USA Networks pour développer des films). Quant à USA Networks, elle est empêchée de participer au mouvement de consolidation de ses métiers par le droit de veto que VU, après Seagram, annonce être prêt à utiliser en cas de dilution.

L'accord avec USA Networks consiste donc à couper la société en deux : une société d'internet et de e-commerce cotée de manière indépendante et totalement contrôlée par Barry Diller d'une part, dans laquelle VU n'aura pas de droit de vote ; une société d'entertainement totalement intégrée à VU et à Universal Studios d'autre part, dans laquelle Barry Diller aura un mandat de président soumis à la volonté et aux choix du board.

Comme les actifs d'entertainement valent plus que 43 % du total, et qu'il faut payer une prime de contrôle, VU devra rajouter de l'argent. Le prix de 11 Md€ est donc payé :

- par l'entrée d'USA Networks et Barry Diller comme minoritaires à 7 % dans USG devenue Vivendi Universal Entertainement ;
- par la remise des titres USA Networks pour un peu moins de 6 Mds€ ;
- en actions d'autocontrôle VU pour 32 million d'actions (37 en comptant l'acquisition de Multithématiques) pour un peu plus de 1.5 Md€ ;
- en cash pour 1.7 Md€
- et sous forme de deux « preferred » d'une valeur actuelle d'un peu plus de 1 Md (comptabilises en dette en normes françaises, en intérêts minoritaires en normes US)

Le prix est élevé, environ 20 fois l'EBITDA des chaînes cable, mais cohérent avec les transactions du secteur. Il permet à tout le moins d'intégrer une participation inactive et des cash flow stables, en payant plus de la moite du prix en titres d'une société internet très bien valorisée par le marché.

L'opération, à la différence de la plupart des autres acquisitions de 2001, présente donc un intérêt industriel incontestable, mais elle pèse encore, à hauteur de la partie cash, sur la trésorerie, et à hauteur du cash et des « preferred » sur l'endettement.

b) Un changement de politique financière, mais trop tardif

Les deux dernières acquisitions, Echostar et USA Networks, conduisent à des discussions tendues avec les agences de rating, qui exigent des engagements précis de deleveraging pour ramener la dette, à l'horizon de la deuxième moitié de l'année 2002, en dessous de 3 fois l'EBITDA consolidé, soit nettement en dessous de 18 Mds€ à la fin 02.

La société prend donc des engagements en ce sens vis-à-vis des agences de ratings et décide d'accélérer son programme de cessions de titres de placements et de filiales non stratégiques, et de ne pas annuler les 30 millions d'actions supplémentaires qu'elle avait annoncé avoir l'intention de détruire. Elle l'explique à son conseil et au marché.

Par ailleurs, au même moment, la société décide de centrer de plus en plus son système de suivi budgétaire sur les free cash flows opérationnels, et d'indexer au moins 50 % du bonus des managers opérationnels sur cet indicateur, au détriment de l'EBITDA. Le comite exécutif se réunit donc, à partir de février/mars 02, deux ou trois fois par mois pour faire le point du programme de cessions, des réductions des investissements opérationnels et d'amélioration des besoins en fonds de roulement. Bref, la société essaie de se normaliser et de se gérer comme un groupe industriel.

Il en résultera que les prévisions budgétaires de free cashflows seront établies de manière très conservatrice, et, comme elles sont « trimestrialisées » pour la première fois, seront parfois inexactes dans la répartition du free cashflow entre trimestres.

À la fin du premier trimestre, la société se retrouve donc comptabiliser des free cashflows opérationnels (EBITDA, moins investissements, moins BFR) supérieurs d'un milliard d'euros aux prévisions pour l'ensemble medias et communication (1.4 au lieu de 0.4 Md€) ; une part de l'écart prévient d'erreurs de provisions entre trimestres, notamment sur les droits sportifs chez Canal +, mais le reste résulte d'une part de bonnes ventes de fin d'année encaissées au début 02 et non prévues au budget, d'autre part du mouvement général de contrôle des investissements et du BFR. La société se fixe donc comme objectif de conserver environ les 3/4 de l'avance du premier trimestre en fin d'année, environ 800 M€ de plus que le budget. À fin juin 02, environ la moitié de cet objectif est reprise en compte dans les prévisions spontanées des filiales, ce qui place la fourchette de prévision entre 400 et 800 M€ au dessus du budget, Cegetel représentant à lui seul la plus grande part de cette amélioration.

Néanmoins, comme les free cashflows opérationnels sont les variables les plus difficiles à prévoir avec précision, et de plus dépendantes des chevauchements d'exercice à exercice, il est décidé de ne pas donner d'indication chiffrée au marché sur les prévisions de fin d'année.

c) Le placement de titres raté de janvier 2002

Le levier le plus immédiat pour réduire l'endettement, une fois placés 9 % de Vivendi Environnement et 7 % de BskyB en décembre, est naturellement d'effectuer un placement des titres d'autocontrôle accumulés au cours de l'année 2001. Pour éviter de peser sur le cours, il est décidé de ne pas se lancer dans un « book building », mais ou bien de saisir l'opportunité d'une prise ferme si celle-ci vient à se présenter, ou bien, à l'horizon de mars/avril, d'émettre une obligation échangeable en actions (« mandatory exchangeable »).

L'opportunité s'ouvre au début de l'année 2002 sur un marché plutôt positif sur l'ensemble des valeurs medias et positivement impressionné par la cohérence industrielle de l'intégration d'USA Networks et d'Universal Studios. Le banquier qui nous a suivi dans nos discussions de fin d'année avec les agences de rating — Goldman Sachs — ainsi que Deutsche Bank également très proche à l'époque du groupe, nous proposent donc une prise ferme des titres à replacer.

Afin de maximiser la réduction de l'endettement, et de limiter l'autocontrôle au strict besoin de couverture des stock options en tenant compte de la significative probabilité d'exercice en cours d'année des puts à 70 euros, il est alors décidé de leur proposer de prendre le montant maximum de la fourchette envisageable, 55 millions de titres. Les deux banquiers entrent donc en compétition sur le prix, net de commissions, auquel ils sont prêts à prendre ferme ce bloc. Deutsche Bank est le plus agressif, proposant plus d'un euro de mieux que Goldman, qui demande finalement à pouvoir s'aligner sur le prix de Deutsche Bank, lequel accepte de partager l'opération.

55 Millions de titres sont donc vendus ferme le 7 janvier, pour 3.3 Mds€, à Deutsche Bank et Goldman.

Malheureusement, leur replacement s'effectue le jour même où le marché des valeurs medias se retourne brutalement à la suite de la double annonce par AOL Time Warner d'un profit warning opérationnel et d'une perte d'impairment de l'ordre de 60 Mds $ en 2001. Dans un marché devenu brutalement baissier, la décote par rapport au cours de bourse, qui avait sans doute été un peu trop tendue par la compétition entre les deux banques, se révèle en cours de journée insuffisante pour absorber le placement.

Les banquiers se retrouvent donc collés avec la grande majorité des titres, ce qui crée un overhang (pression vendeuse) supplémentaire en période de retournement de marché. Ils supporteront en fin de compte une perte considérable sur ce placement.

d) L'explosion de la complexité comptable et la multiplication des rumeurs déstabilisatrices

Société franco-américaine, Vivendi Universal avait, des son origine, à surmonter une contradiction : société d'origine française, 40 % de son activité et de sa valeur était investie sur des activités américaines ; conglomérat en cours de restructuration, son objectif affiché était de devenir un leader mondial des medias et de l'entertainment, métier dans lequel les produits globaux (films, musique), les sociétés comparables (AOL Time Warner, Viacom, News Corp., Disney, Fox, etc...), les analystes spécialisés se trouvent tous aux États-Unis.

Or, comme tout société européenne venant d'absorber une société américaine, elle génère un « flowback » lié à la faible puissance des places européennes par rapport aux marchés américains : en absorbant Seagram, Vivendi était repondérée à la hausse dans les indices européens, mais sortait des indices américains ; il en résultait une pression mécanique sur le cours, sans doute sous-estimée à l'origine, qui venait de ce que les fonds indiciels ou quasi indiciels américains — qui vendaient — gèrent des masses d'actifs beaucoup plus importantes que les fonds indiciels européens — qui achetaient. Pour lutter contre ce mouvement, VU n'avait pas d'autre choix que de se vendre sur le marché américain et de se comparer à ses homologues pour convaincre le marché de revenir à des valorisations fondamentales. D'où le double projet qui peut rétrospectivement être considéré comme ayant accéléré la spirale, consistant :

- à installer le management en grande partie aux États-Unis, ce qui, associé à des erreurs de communication ou de style, a provoqué incompréhension, inquiétude, et éloignement du management par rapport à ses bases.
- À convertir la société en US GAAP intégral, c'est-à-dire à présenter l'intégralité des documents et des soldes intermédiaires de gestion dans ce language comptable, et non pas seulement, comme les autres sociétés européennes aux États-Unis, à réconcilier le résultat net.

Ce choix n'aura pas l'effet de rééquilibrer la base d'actionnaires dans des proportions qui auraient permis d'absorber le flowback. Il aura plutôt l'effet inverse, du fait à la fois d'une erreur et d'une malchance.

L'erreur est d'être passé aux normes américaines sans avoir simplifié la structure de la société et sans avoir été en même temps jusqu'au bout de la logique de restructuration du conglomérat autour des métiers de medias. Un conglomérat bardé d'intérêts minoritaires, dont la plus grande part des revenus et des cash flows comptables consolidés viennent de métiers (environnement, télécoms) ayant des logiques économiques entièrement différentes, sur lequel il faut investir des jours et des jours d'analyse avant de se former une opinion éclairée, qui produit deux jeux de comptes entièrement incompatibles (français, américains), et qui « croise » des niveaux d'analyse différents (consolidé/proportionnel/social et medias/médias-telco/consolidé), ce conglomérat avait en fait peu de chances d'intéresser les investisseurs américains, qui ont le choix entre une infinité de société de medias plus simples.

La malchance, par ailleurs, est d'être passé aux normes américaines juste au moment ou celles-ci, dans le sillage de l'affaire ENRON, perdaient une grande part de leur crédit, de sorte que ce qui apparaissait au départ comme un choix d'une extrême rigueur, au demeurant assez pénalisant sur un grand nombre d'indicateurs clés (dette, résultats nets, EBITDA), a été perçu par les marchés comme suspect. Du reste, à partir de l'affaire Enron qui est d'abord une affaire de mauvais choix industriels et d'absence total de déontologie des dirigeants — toute complexité devient suspecte, et Vivendi Universal, avec ses deux jeux des comptes, ses intérêts minoritaires, ses 7 ou 8 métiers, sa « deal-machine » permanente, ses deux nationalités, ses optimisations fiscales, et Arthur Andersen comme auditeur, apparaît plus suspect que les autres.

La décrédibilisation d'Arthur Andersen conduira d'ailleurs à demander à un auditeur supplémentaire, en l'espèce KPMG, de redonner une opinion sur les principales options comptables de l'arrêté des comptes 2001.

L'ironie est d'ailleurs qu'aucune société sans doute n'aura été contrôlée autant, en tous cas par plus de cabinets d'audits que Vivendi Universal. Regardons ce qui se passe sur un cycle de 3 ans :

— Vivendi, tout en gardant Salustro, passe de Deloitte à Arthur Andersen ;
— Seagram, à l'occasion de la fusion passe de PriceWaterHouse à Arthur Andersen ;
— La décrédibilisation d'Arthur conduit, en mars 2002, le

management à demander une opinion complémentaire à KPMG ;
— Les valeurs d'impairment seront, elles, revues de façon indépendante par Ricol l'Asteyrye et Ernst and Young ;
— Ernst and Young, reprenant Arthur Andersen, re-vérifie d'ailleurs tous ses dossiers ;
— Et le nouveau management demandera pour sa part une nouvelle revue supplémentaire à PriceWaterHouse, ce qui, pour Seagram, revient au point de départ.

Ce tour complet de tous les auditeurs du marché, en moins de deux ans, est très révélateur d'une société qui n'a, pour le moins, rien à cacher, applique dans toute leur rigueur les principes comptables, mais dont la complexité peine à convaincre le marché.

Et s'il est vrai que si les engagements hors bilan sont maîtrisés et publiés et s'il n'y a pas de fraude ou d'erreur comptable — mais cela le marché ne le sait pas — la comptabilité de Vivendi Universal et ses états financiers sont extraordinairement complexes. En témoignent les trois heures d'atelier comptable que le management, à l'occasion des comptes 2001, présente au marché :

- Raisons de la consolidation de Cegetel et de Maroc Télécom, malgré une position de 35/44 % ;
- comptabilisation entièrement différente, en normes françaises et américaines, des produits dérivés et des échangeables ;
- comptabilisation différente, et soumise à revue de la SEC, de l'opération BskyB ;
- différences sur L'EBITDA (réglées par convergence sur les normes US) ;
- différences sur l'operating income ;
- différences dans le prix de revient des acquisitions en actions, et donc dans les plus values dégagées et les amortissements recurrents du goodwill. ;
- différences dans les chiffres d'affaires de VE, du fait de l'absence d'intégration proportionnelle aux États-Unis ;

- différences sur l'amortissement des marques ;
- différences dans les deux sens sur la dette, avec un solde de 5 Mds€ ;
- différences sur la comptabilisation des pertes et profits sur actions d'autocontrôle ;
- et enfin spécificité de la règle l'impairment des actifs (FAS 141/142) aux États-Unis, qui conduit le management à passer, dans les deux référentiel comptables 13/15 Mds€ de dépréciations de goodwills.

L'annonce de cette perte a été maladroite, à cause de trop lourds efforts pour expliquer qu'elle n'avait aucune signification, et ceci a beaucoup participé à la conclusion que les chiffres de VU étaient définitivement incompréhensibles. Il est pourtant vrai qu'une partie seulement de ces pertes correspondait à des investissements en cash alors que sur l'essentiel la perte qui était prise n'était que la contrepartie d'une émission des titres Vivendi à près 100 € en rémunération de Seagram. Mais, au niveau de complexité (élevé) ou se trouvaient les comptes et de crédibilité (faible) du management, il n'était pas possible d'expliquer à la fois que l'acquisition de Seagram avait été une bonne affaire, relativement à la monnaie dans laquelle Vivendi avait payé, et qu'il fallait néanmoins enregistrer une perte comptable considérable ; difficile aussi d'expliquer que les actifs se portaient bien et qu'on enregistrait la plus grande perte de l'histoire française.

Au delà de la comptabilité, et dans l'environnement des affaires ENRON, WOLRDCOM, TYCO, etc., cette association d'une grande complexité structurelle, d'une décrédibilisation du management lié à une politique de communication inappropriée aux besoins d'une entreprise, et d'une campagne de presse, de rumeurs et de pouvoir pour renverser ce management décrédibilisé, mais accroché à son entreprise, conduit à un tourbillonnement médiatique dont les marchés retiennent que ce ne sont pas seulement les comptes, mais la valeur et les engagements hors bilan qui sont en cause.

Les engagements disclosés (Rondor — un ancien CVG consenti par Seagram — les puts sur actions Vivendi — que la baisse du cours rend coûteux — le montage BSkyB) sont donc ressortis par la presse et présentés quotidiennement — parfois plusieurs fois le même engagement — comme des « découvertes ». Et, comme si cela ne suffisait pas, on en invente d'autres, qui n'existent pas : a-t-on garanti un prix de l'action Vivendi à Liberty Media ? À Goldman Sachs ? À Deutsche Bank ? À Barry Diller ? Aux détenteurs de stock options ? Et sur la base de « what if... » (antienne d'une analyse de Crédit Lyonnais envoyée confidentiellement à des investisseurs), on construit des scénarios d'extrême détresse, sur lesquels les hedge funds gagnent de l'argent en shortant le titre (une rumeur même, vers la fin, prétend que le management fait exprès de faire baisser son titre pour se positionner à la baisse, ce qui est particulièrement absurde compte tenu de son track record et de ses intérêts). Les vrais actionnaires, eux, lâchent prise.

e) L'incapacité à allonger la dette

Au moment où les marchés se retournent et se rétractent, Vivendi Universal se retrouve non seulement avec une dette excessive, proche de 20 Mds€, mais aussi avec une dette trop courte, d'une maturité moyenne évoluant entre 3 et 4 ans et par conséquent avec des échéances annuelles à refinancer sur les années 2002, 2003 et 2004, de l'ordre de 4 à 5 Mds€ par an.

Cette situation vient de ce que le rythme auquel le groupe a procédé à des changements de structure, depuis la fusion, ne lui a pas permis de dégager ou d'utiliser les créneaux disponibles pour procéder aux grandes émissions obligataires qui seules auraient pu lui permettre d'allonger très significativement la maturité de sa dette.

Aux lendemains de la fusion, l'émission obligatoire n'apparaît pas comme une priorité, d'abord parce que la dette brute est moins élevée, ensuite parce qu'elle est d'un niveau très inférieur à la masse d'actifs non-stratégiques à vendre (BskyB vaut a ce moment la 7 à 8 Mds€, Vivendi Environnement 10) et apparaît comme une dette « transitionelle » entre les achats et les ventes, à absorber par les cessions. Vers le milieu de l'année 2001, l'intérêt d'une émission obligataire commence à être considéré, mais elle est empêchée par le fait que c'est Vivendi Environnement qui doit, par deux fois, allonger sa dette, et ce mouvement est prioritaire car la dette de VE est elle, structurelle, et adossée aux cashflows de l'entreprise et non à un portefeuille d'actifs cessibles : les clauses de « clear market » liées aux émissions de VE empêchent donc VU de venir sur le marché jusqu'à septembre. À l'automne, la mauvaise nouvelle est que les difficultés réglementaires liées à la cession de boisson de Seagram retardent l'encaissement de 8 Mds€ dus par Diageo et Pernod, et le consensus est que VU doit attendre cet encaissement pour venir sur le marché. L'opération est donc retardée de mois en mois, et le groupe se rabat, au cours de l'année 2001, sur des émissions d'obligations échangeables (VE, BskyB).

À l'occasion de la réévaluation de la stratégie financière à la fin de l'année 2001, le groupe se fixe comme objectif d'allonger sa dette. Il parvient en janvier/février à négocier un allongement de ses facilités bancaires, portées à 5 ans pour 3 Mds€, ce qui est un premier pas. Mais d'émission obligataire en janvier, il ne saurait être question après le placement raté. En février et jusqu'à la présentation des comptes de mars, une émission est rendue impossible par l'absence des comptes disponibles et la préparation des pertes massives.

Entre la publication des comptes et le début du mois de mai, il subsiste l'incertitude de la certification ou du restatement des comptes américains sur le dossier BskyB (voir annexe) ; ceci rend impossible une émission sur le marche américain (la dette doit à l'époque être plutôt rééquilibrée vers le dollar) ; un créneau se dégage sur le marche européen, qui coïncide avec l'assemble générale, mais le niveau de pression est alors déjà tel (crise Canal +, impossibilité d'annoncer nos intentions sur VE) que, dans l'espoir de voir la situation se calmer après l'AG et de peur que le débat sur les comptes US ne perturbe le placement en Europe, nous commettons l'erreur de ne pas forcer le destin. La société est alors rendue à un calendrier consistant à enchaîner d'assez près, sur les mois de mai/juin/juillet, la cession de BskyB, la cession de VE, et, une fois que ces deux opérations seront censées rassurer le marché sur le rythme du désendettement, la consolidation de la dette. C'est ce calendrier, sans doute trop serré, que la crise de management et la crise des marchés financiers nous empêchera de tenir.

f) Le changement total d'optique du marché, des agences de rating et des banques sur le niveau de dette soutenable de VU

Dans une société où l'analyse des ratios d'endettement présente un caractère particulièrement complexe, lié à la diversité des métiers, au nombre des participations stratégiques et aux intérêts minoritaires, l'optique dans laquelle le niveau d'endettement soutenable est analysé peut aboutir à des conclusions assez différentes. Or, dans une situation de crise extrême, les agences de rating, les marchés et les banques vont changer leur angle d'analyse beaucoup plus rapidement que le management ne pourra ajuster son niveau d'endettement, que la politique d'acquisition avait placé en permanence aux limites de la soutenabilité, alors que la limite allait changer.

En 2000, la dette était principalement analysée, par le marché et par les banques, en proportion de la valeur des actifs : pour VU, 10 à 20 Mds€ de dette, hors VE, ne représentait que 10 à 20 % de la valeur des actifs, et moins que les actifs à vendre. Personne ne s'inquiétait donc de ce niveau de dette, et même la perspective d'y rajouter 5 Mds€ de dette dans Cegetel au titre de paiement de la licence UMTS n'empêchait pas les banques de se battre pour financer Vivendi ou Cegetel avec des marges de 30 à 40 points de base.

Les agences de rating, elles, regardaient en plus les variables opérationnelles. C'est-à-dire les EBITDA (cash généré avant investissements et augmentation de BFR) et les free cashflows opérationnels (cash après investissement et BFR).

Sur ce terrain, notons au passage qu'il n'y a jamais eu, entre la fusion et juin 2002, de déception, par rapport aux prévisions ou aux objectifs, sur la capacité de génération de cash flow de Vivendi Universal.

- les prévisions D'EBITDA ont été globalement tenues, en 2001 et au premier trimestre de 2002 ;
- les prévisions de FCF ont été dépassées : FCF opérationnelle de 2 Mds€ en 2001, au lieu de 1.2/1.5 annoncés, excès d'1 Md€ sur les prévisions budgétaires au premier trimestre 2002 (notons d'ailleurs que des FCF supérieurs aux prévisions quand les indicateurs comptables sont seulement en ligne sont en général une bonne indication qu'il n'y a pas de comptabilité « aggressive ») ;
- dans l'ensemble, ces résultats opérationnels satisfaisants venaient de mouvements qui se compensaient : dépassement très net des prévisions d'EBITDA et de cash flow chez Cegetel et Universal Studios, stabilité chez VUP, le tout compensant et au-delà des déceptions chez Universal music (marché sans croissance du fait du développement du piratage) et chez Canal + (poids des engagements hors bilan).

Ce ne sont donc pas les chiffres qui ont changé, mais la grille d'analyse qui leur était appliquée.

La norme fixée à la fin 2001 par les agences de rating pour considérer que VU pouvait rester confortablement installé à un niveau d'investment grade était d'un endettement consolidé inférieur à 3 fois l'EBITDA consolidé, ce qui situait le niveau d'endettement consolidé maximum vers 15 Mds€ à fin 2001 et 18 Mds€ à fin 2002. Ceci était a la portée d'un programme de désinvestissement assez progressif, si on se plaçait à l'horizon de fin 2002.

Cela dit, l'accélération des investissements dans le périmètre central, détenu à 100 %, et la disparition rapide de la dette dans Cegetel (suppression réussie de l'essentiel de la charge de l'UMTS, excellents cashflows opérationnels) ont déporté peu à peu l'analyse vers un calcul en « proportionnel » : dans la mesure où Cegetel n'avait presque plus de dette, la dette de la holding devait être comparée à la proportion des cash flows opérationnels correspondant à la part qu'elle possédait dans Cegetel. Mesurée à cette aune, la capacité d'endettement soutenable à l'horizon de la fin 2002 n'était plus que de 14/15 Mds€, et c'est par rapport à cet objectif que le management avait présenté aux Conseils d'avril/mai un plan de désendettement plus agressif.

Mais, le marché perdant confiance, les inquiétudes sur la trésorerie progressant (notamment lors de la mise en place de la mise en pension de titres VE — qui servait à optimiser les impôts autant qu'à sécuriser la trésorerie) et la campagne de rumeurs s'intensifiant, le marché s'orientait vers une approche plus radicale encore, consistant à déconsolider totalement Cegetel aussi longtemps que ses cashflows ne circulaient pas librement avec la holding. Dans cette approche « boite par boite », la capacité d'endettement et les flux financiers de la holding apparaissaient sous un angle beaucoup plus pessimiste dans la mesure où :

- En EBITDA, le périmètre à 100 % ne produisait que 3 Mds€ ; 2 à 3 fois cet indicateur auraient donc dû conduire à 6 à 9 Mds€ de dettes ; c'est la dette normale du périmètre médias s'il n'avait pas possédé de participations supplémentaires ;
- en cash flows opérationnels, les cash flows positifs du périmètre à près de 100 %, qui venaient principalement de VUP, de la musique et d'USG, pour 1,5 à 1,8 Md€ (ce qui représente 10 % de leur chiffres d'affaires, ce qui n'est pas mauvais en soi), devaient d'abord financer les pertes des sociétés Internet et de Canal ainsi que les coûts de la holding, 900 M€ au total, puis les intérêts sur 18 Mds€ de dette, puis les impôts, et les contributions au capital des sociétés non consolidées (Vizzavi) etc... Si les opérations dégageaient donc, en consolidé, une capacité de réduction progressive de la dette, celle-ci s'accumulait dans Cegetel, et non pas dans le périmètre à 100 %. Ce qui est une autre manière de dire que la contrepartie de la dette ne se trouvait pas dans les cash flows à 100 %, mais, pour la plus

grande part, dans la valeur des sociétés portées par la holding sans accéder à leur cash, c'est-à-dire Vivendi Environnement et Cegetel ; ou une autre manière de dire que des arbitrages d'actifs majeurs auraient dû être faits plus tôt, ne l'avaient pas été quand les conditions de marché étaient plus favorables, et devaient l'être dans un environnement très difficile.

g) Les chocs sur la trésorerie

À la publication des comptes 2001, la société se trouve dans une situation où :

- La dette est trop élevée par rapport à des normes de marché qui se durcissent plus vite que sa capacité de réaction, et dans un contexte de grande incertitude sur la valeur des actifs.
- La dette est trop courte, ce qui la rend dépendante, pour son refinancement, de la confiance des banques et/ou du marché.
- Le système d'information de gestion est axé sur l'effort considérable qu'exige la publication trimestrielle de comptes consolidés, en deux normes comptables, et de cash flows détaillés par métier (Vivendi est d'ailleurs la seule société du secteur à détailler ses cash flows par métier et par trimestre) ; le système de prévision, au jour le jour et société par société, de la trésorerie ne s'améliorant qu'avec retard sur les données comptables (ce dernier sujet faisant l'objet depuis début 2002 d'un effort de rattrapage intensif, avec l'aide de Goldman Sachs et sous le contrôle d'un comité spécialisé du conseil, non sans résultats, puisque les prévisions hebdomadaires de cash flow remises aux banques début juillet se sont trouvées justes) ; et les équipes de la trésorerie, très légères (12 personnes), n'ont pas été dotées d'un back office suffisant — pour gérer toutes les complexités des contrats bancaires dans une situation pré-contentieuse avec les prêteurs.

- Le programme de cession censé refinancer l'excès d'acqui sitions de l'année 2001 ne progresse qu'avec lenteur.

Dans cette situation déjà difficile, la société va enregistrer, par rapport à ses prévisions initiales, une succession de chocs sur sa trésorerie dus pour partie à la situation des marchés, et pour le reste à la faiblesse d'un management restant en place mais contesté, depuis avril, par une partie de plus en plus significative du board, à l'intérieur duquel règne une atmosphère de guerilla urbaine, sans que jamais les conflits ne soient tranchés ouvertement d'une façon qui aurait pu permettre de prendre à temps les décisions qu'imposait la gravité de la situation.

Le premier choc vient de la décision, prise au Conseil de mai, de maintenir un dividende en cash d'un euro, soit une charge pour la société de près de 1.4 Md€. Ce dividende était le dividende par action de la CGE, société d'« utilités », appliqué à un groupe de medias ayant multiplié par plus de deux le nombre de ses actions pour absorber des sociétés en perte (Canal+), des participations financières sans contribution cash ni dividende (BskyB) et une société de médias produisant des cash flows, mais dans des proportions inférieures (Seagram). S'il était parfaitement légal du point de vue des réserves comptable disponibles, il était clairement inadapté, en trésorerie, à la situation de contraction des marchés, d'excès d'endettement, et de difficulté d'accès au cash de Cegetel qui caractérisait Vivendi Universal.

Aussi la première proposition du management, dans des contact informels avec les administrateurs avant le Conseil de mars, avait été de ne pas payer de dividende en cash d'un euro, mais de diviser le dividende par deux et de le payer en actions ou en distribuant une action gratuite. Cette conclusion avait d'ailleurs été partagée par les membres du comité des comptes préalable au conseil. Mais la pression des grands actionnaires, qui estimaient avoir suffisamment souffert de la baisse des cours et trouvaient inapproprié d'associer l'annonce de pertes massives mais « non cash », de bons cash flows opérationnels et d'une réduction du dividende, eut raison de ces arguments et conduisit le management à proposer au Conseil le maintien du dividende en cash.

Le second choc vient de la réduction des produits de la cession espérée de Vivendi Environnement qui, au lieu de près 2.5 Mds€ initialement programmés, rapportera seulement 1.5 Md€. Le consensus de conseil fut très long à établir pour effectuer cette cession, en partie parce que les conséquences stratégiques de la réorientation du groupe n'avaient jamais été débattues assez clairement, en partie parce qu'une minorité des membres n'avait jamais, au fond, partagé la philosophie de cette réorientation, et pour le reste du fait de pressions politiques qui exigeaient que la cession fût réduite dans son volume, laisse place à une plus grande augmentation de capital de VE, et n'intervienne qu'après les élections législatives. Les titres ne furent donc vendus qu'en plus petite quantité, pour beaucoup moins cher (effet d'anticipation du marché), et dans un processus assorti de clauses de lock-up interdisant pour longtemps à la société de profiter de la flexibilité financière liée à cette participation.

Troisième choc : le refus par le Conseil d'une cession de calls sur USA Networks, reçus à l'occasion de l'opération de décembre, qui aurait rapporté 400 à 500 M€. L'opération comportait des risques de contentieux aux États-Unis, sur lesquels les avocats estimaient avoir « 90 % de chances » de s'en sortir sans dommages, risque dont nous pensions qu'il devait être comparé avec l'extrême volatilité de cette valeur, qui est un produit dérivé sur une société internet (la valeur a d'ailleurs été divisé par deux en trois mois).

Quatrième choc : les actionnaires de Cegetel, menés par British Telecom qui souhaitait disposer d'un levier dans sa négociation de sortie de Cegetel, demandent le remboursement immédiat par Vivendi du compte courant de Cegetel placé en billets de trésorerie de VU. Cette exigence prive le groupe de près d'1 Md€ à très court terme, dont 250 M€ devaient être dépensé rapidement pour payer les impôts de Cegetel et 350 M€ pour acheter, éventuellement, TD en septembre. Sur le plan juridique, Vivendi contrôle la gestion de trésorerie de Cegetel, et peut donc décider de les investir en disponibilités à court terme, mais la concentration de ces disponibilités sur le risque de signature de VU est analysée par les avocats de BT comme une « related parties transaction » nécessitant l'accord de l'unanimité des actionnaires.

Celui-ci avait été donné en 2001, puis renouvelé tacitement, mais pouvait être rappelé à première demande. Cegetel sera donc remboursé dans les premiers jours du mois de juillet, ce qui fait perdre à VU à la fois le bénéfice d'un crédit à court terme et celui de l'intégration des trésoreries de la holding et de Cegetel.

Cinquième choc et coup de grâce : ayant enregistré tous ces écarts successifs sur sa prévision de trésorerie, le groupe devait procéder à son émission obligataire pour 2 Mds€ avant la fin du mois de septembre pour équilibrer ses flux et compenser le tarissement des billets de trésorerie lié à la dégradation de son rating. Jusqu'à la fin du mois de juin, on pouvait raisonnablement penser que cette émission pourrait se faire dans la foulée du placement de Vivendi Environnement, quitte à la faire à un coût que la dégradation des marchés et de la situation de VU aurait fait déraper de 150/200 à 300, voire 400 points de base. Dans le rapport présenté par Goldman Sachs au conseil du 25 juin, la crise de trésorerie n'est d'ailleurs encore présentée que comme le plus noir de quatre « scénarios », avec une faible probabilité d'occurrence. Mais c'est à ce moment là qu'éclate le scandale WORLDCOM, et que la courbe des crédits défaut swaps explose littéralement, aboutissant à la situation, sans doute inconnue depuis des décennies, où une société aussi solvable que Vivendi Universal ne peut plus, à aucun prix, émettre une obligation.

À partir de là, tout s'enchaîne, assez classiquement, pour qu'une crise de trésorerie possible à l'horizon septembre en l'absence du soutien des banques, d'un placement obligataire ou d'une vente rapide se produise plus brutalement encore :

— Les négociations, que le board du 25 juin avait demandé au management de conduire avec ses principales banques pour sécuriser un crédit relais en cas de retard de l'émission obligataire, échouent subitement, les banques prenant peur dans un contexte de rumeurs tous azimuts et de décrédibilisation du management.

— Moody's, qui suit au jour le jour les prévisions de liquidité, dégrade le 1er juillet VU en dessous « d'investment grade, » sur la base non de la dégradation des cashflows, mais du risque de liquidité lié à la fermeture du marché obligataire, à la « désintégration » de la trésorerie de Cegetel et au rendement moins élevé des cessions.

Les banques qui assuraient des lignes de back-up, et qui ne sont pas les mêmes que les banques principales, ne renouvelleront pas leurs lignes à l'échéance (Barclays, fin juin, pour 900 M€) ou développeront des arguments juridiques pour retarder ou limiter l'exécution d'engagement formellement pris (BLB pour 1 Md€ pour besoins généraux qui seront finalement réduits à 400 M€ en relais d'un mois aux billets de trésorerie). Ceci en sachant que, en cas de restructuration de la dette, la « new money » est toujours mieux traitée, en prix et en garanties, que la old money, de sorte que les banques cherchent à éviter de fournir les dernières sommes avant la restructuration.

La suite est connue, et conclut provisoirement peut être, l'histoire d'une entreprise qui a tenté, et raté de très peu mais dramatiquement — par une succession d'erreurs de gestion et de malchances — la construction du premier opérateur financièrement et culturellement « global », c'est-à-dire non exclusivement américain, des métiers de la communication.

Histoire qui pousse le paradoxe jusqu'au point où l'accumulation d'actifs dans l'ensemble très sains, dont la valeur intrinsèque n'a pas, sur la durée, sous performé le marché, aboutit — par excès de levier, par excès de provocation dans la communication, par excès de précipitation dans les mouvement stratégiques, jointe à un refus d'en tirer toutes les conséquences en termes de cessions — à un sinistre de valeur pour les actionnaires, qui vu au delà de ce que les mouvements déjà erratiques des marchés financiers auraient dû entraîner.

Au delà de toute opinion stratégique, on ne peut donc aujourd'hui conclure qu'en souhaitant que le nouveau management se voie donner le temps de rendre aux actionnaires la valeur intrinsèque d'un portefeuille d'actifs de qualité.

ANNEXE

Complexité comptable et rumeurs de marché : l'exemple de l'opération BSkyB

En contrepartie de l'autorisation qu'elle avait donné à la fusion, la Commission européenne avait imposé au groupe en décembre 2000 de se séparer des 20 % (400 millions d'actions) qu'il détenait dans BSkyB au plus tard en juin 2002, faute de quoi un processus de vente obligatoire serait mis en place entre juin et décembre 2002.

Le groupe n'ayant pas saisi l'opportunité de vendre dans la première moitié de 2001 entre 1 000 et 1 500 pence par action (6 à 8 Mds€), il s'est retrouvé à l'automne 2001 dans une situation ou l'approche de la deadline de la mi 2002 fait peser un overhang sur un titre BSkyB par ailleurs bien valorisé et peu liquide. Par ailleurs, une vente à cette époque aurait conduit à une sous-optimisation fiscale, car il apparaissait que l'administration britannique devait supprimer l'impôt sur les plus values au printemps 2002. L'enjeu, pour un cours de l'ordre de 750 pence, était de 800 millions d'euros à payer en cash, sauf si l'on parvenait à repousser la vente fiscale après mai/juin 2002.

Le montage de la vente des titres à Deutsche Bank est construit pour gérer au mieux ces deux contraintes. Pour le résumer, Vivendi vend à Deutsche Bank 400 millions de titres BSkyB ; les titres sont logés dans un SPV contrôlé par Deutsche Bank, mais qui appartient au périmètre fiscal de Vivendi ; et Vivendi contracte auprès de DB un « total return swap » correspondant à l'appréciation ou la dépréciation des titres, moins le coût de l'argent ; l'ensemble du dispositif devant être débouclé au plus tard au bout de 4 ans.

Les trois contraintes essentielles sont respectées :

— la Commission Européenne considère que la vente est faite : de son point de vue, c'est le contrôle qui compte, et Vivendi a transféré toutes les décisions et les droits de vote à Deutsche Bank, sans aucune possibilité de retour ?
— le deadline de juin 2002 disparaissant, l'overhang se réduit, et le titre peut vivre sa vie normale, et évoluer en fonction de ses résultats et non au gré des rumeurs de cessions. Il se reprend d'ailleurs après la mise en place du montage de la structure,
— enfin, la vente fiscale étant repoussée, la taxation sur les plus values n'est pas déclenchée en Grande-Bretagne, et Vivendi économisera, au moment de la cession, ses 800 M€ cash.

Naturellement, Vivendi Universal, s'il a « vendu » les titres au sens du contrôle, n'a rien changé à son exposition économique. Il continue de s'enrichir si le cours monte, de s'appauvrir si le cours baisse, et de payer des intérêts jusqu'au moment où VU dénoue le swap et DB vend les titres. En communication financière, ceci a d'ailleurs été scrupuleusement rappelé, et l'opération a été intitulée « monétisation » et non « vente ».

Dès l'opération enregistrée, se pose le problème et son traitement comptable, qui n'avait pas été la contrainte essentielle de la structure.

En normes américaines, la conclusion des auditeurs est absolument dénuée de doutes : l'opération doit être enregistrée comme une vente, et la plus value prise en résultat, le cash levé déduit de la dette, et le compte de résultat doit enregistrer tous les trimestres la mise en valeur de marché du swap, c'est-à-dire prendre un produit les hausses et en charges les baisses. Cette conclusion vient de ce que les normes américaines privilégient l'analyse juridique par rapport à l'interprétation économique, et de ce qu'il est indubitable que Vivendi Universal ne contrôle pas le SPV.

En normes françaises, la question est plus complexe, car l'interprétation joue son rôle. Les auditeurs considèrent néanmoins qu'il est raisonnable de défendre une position identique à celle des comptes US, et il est décidé d'aller présenter le cas à la COB pour s'en assurer. Ce qui est fait en novembre ; à ce stade le service des affaires comptables pose des questions, demande et reçoit des compléments d'analyse, mais ne fait pas état d'une opinion opposée. Il réserve son jugement.

Au moment du bouclage des comptes, l'« environnement » de la question a été notablement transformé par l'affaire ENRON, qui a justement fait apparaître une utilisation massive et frauduleuse du dispositif des SPV déconsolidés (utilisés non pas en l'espèce pour optimiser les impôts au profit des actionnaires, mais pour cacher les pertes de contrats de trading et enrichir les dirigeants). Les autorités françaises sont donc, assez justement, attachées à montrer que l'environnement légal français (deux commissaires aux comptes, mandat de 6 ans, limitation des cumuls avec les fonctions de conseil, etc...) fait obstacle à l'apparition de ces dérives. Elle décident donc de se servir du cas BSkyB pour faire évoluer la jurisprudence, et privilégier la substance économique (les titres ne sont pas considérés comme vendus jusqu'à ce que VU n'ait plus d'exposition économique) sur l'analyse contractuelle. Elles développent donc l'argumentation inverse des CAC de VU, et demandent que ne soient comptabilisés comme vendus que les 150 millions de titres sur lesquels le contrat de swap a été dénoué en décembre 2001.

Vivendi Universal accepte immédiatement. Contrairement à ce que dira ensuite la presse, l'affaire n'est d'ailleurs pas si grave que cela : en février, nous préparons en effet les pertes d'impairment, et finir à 12 ou 13 Mds€ de pertes ne change rien à la communication financière. Il n'y a donc pas de débat, pas de « pressions » et pas d'appel au collège. Il en reste seulement une complexité et une réconciliation supplémentaire, portant sur près d'un milliard d'euros, entre les comptes en normes françaises et ceux en normes US.

L'affaire pèsera néanmoins sur la société, car elle est prise en otage des campagnes de rumeurs :

a) le Monde, le jour même où la société est au cœur de sa crise de trésorerie de début juillet et se trouve sans management, fera une « une » pour annoncer la découverte de « manipulations comptables » chez Vivendi ; il faut lire l'article assez loin pour s'apercevoir que la « manipulation » a été abandonnée avant même la publication des compte, et on ne lit nul part que le traitement est strictement conforme aux normes américaines aux US, à la jurisprudence française en France.
b) Arthur Andersen, déstabilisé par sa crise interne, annonce la veille du conseil des comptes, que, s'il maintient son opinion sur le traitement US, il n'approuvera définitivement les comptes qu'après que la SEC ait revu ce point de peur que la réflexion autour d'Enron et le traitement français ne conduise à un changement de jurisprudence aux USA. La SEC confirmera début mai que le traitement était parfaitement conforme aux normes américaines. Mais entre mars et mai, la société vivra dans la crainte d'un restatement, n'aura pas de comptes complètement audités, et ne pourra donc pas se présenter sur les marchés obligatoires.
c) Enfin, et sur un plan plus « anecdotique », une autre campagne se développe sur le thème des « pressions sur les auditeurs », à l'intérieur du Cabinet Salustro. Il n'y a naturellement eu aucune pression. La séquence des événements est la suivante :
— au moment de déterminer leur position et pendant les discussions de la COB, les services de VU n'ont eu connaissance que d'une seule position du Cabinet Salustro, la même que celle d'AA, consistant à aligner le traitement comptable français sur l'américain,
— après l'arrêté des comptes, nous apprenons qu'un associé de Salustro autre que celui ayant en charge le dossier Vivendi a présenté une opinion inverse à la COB. Dans les e mails ci-joints, D. Gibert, puis moi-même, puis J-M Messier faisons donc en termes vifs une remarque de méthode tout à fait justifiée au Cabinet Salustro qui dit en gros : mettez vous d'accord entre vous et, s'il y a eu une opinion

divergente, nous aurions bien aimé le savoir avant que le dossier soit présenté à la COB,

— à l'époque, le Cabinet Salustro est par ailleurs en crise ouverte : la majorité des associés, emmenée par M. Reydel, souhaite intégrer le cabinet à un des grands réseaux internationaux (ce qu'en tant que client nous voyons alors d'un bon œil ; Arthur Andersen n'ayant plus aucune crédibilité et ne pouvant pas être remplacé avant la fin de son mandat, l'intérêt de la société serait de s'appuyer sur un second auditeur ayant une signature internationale crédible et pouvant présenter des dossiers à la SEC) ; une minorité de blocage, entraînée par E. Salustro souhaite rester français.

d) Le manque de coordination entre les associés de Salustro, que nous regrettons à mon avis à juste titre, intervient donc sur fond d'un conflit interne au cabinet. Après que nous ayons présenté nos observations, la COB nous apprend qu'une procédure disciplinaire risque d'être engagée contre l'associé ayant présenté l'opinion divergente. Elle nous demande de nous joindre à elle pour calmer le jeu et éviter cette procédure, ce que nous faisons, et c'est la seule « pression » que nous ayons jamais exercée sur cet auditeur.

Table

1. À vous tous, les fossoyeurs de la Bourse et de la petite épargne 11

2. À vous, mes professeurs, les gnomes communistes de la banque rouge... qui avez introduit le ver dans le fruit 21

3. À vous, les P-DG marrons, Landru de la Finance... qui avez carbonisé nos portefeuilles. 47

4. À vous, les requins de Liberty surf, bonsaï du premier marché qui se faisait passer pour un séquoia géant 81

5. À vous, Marc Lassus, le président de Gemplus... qui avez perdu vos puces, mais pas la boule 101

6. À vous, Serge Tchuruk et Michel Bon, les P-DG bluffeurs et sentencieux qui avez plumé la poule aux œufs d'or 123

7. À vous, Jean-Marie Messier, « Maître du Monde » et palme d'or des patrons mégalos 157

8. À vous, le P-DG flambeur dont les comptes étaient fardés comme une cantatrice chauve.... 195

9. À vous, le géant super-star... au « Messier-parano-rama » 215

10. À vous, « l'imperator » des énarques menteurs et contents d'eux... qui ont toujours raison 249

11. À vous, les analystes financiers et les banquiers, piranhas du système dont nous faisons les frais 281

12. À vous, les gendarmes de la Bourse qui vous dorez la pilule... dans l'ancien siège du Club Med 317

13. À vous, les juges et autres gardiens endormis du temple de l'argent.................................... 341

Annexe
Un rapport confidentiel et... exemplaire :
Vivendi Universal : les origines de la crise,
par Guillaume Hannezo 357

La composition de cet ouvrage
a été réalisée par Nord Compo
à Villeneuve-d'Ascq,
l'impression et le brochage ont été effectués
sur presse Cameron dans les ateliers
de Bussière Camedan Imprimeries
à Saint-Amand-Montrond (Cher),
pour le compte des Éditions Albin Michel.

Achevé d'imprimer en janvier 2003.
N° d'édition : 21214. N° d'impression : 030543/4.
Dépôt légal : février 2003.
Imprimé en France